T0222228

Natürliche Kognition technologisch begreifen

Matthias Haun

Natürliche Kognition technologisch begreifen

Möglichkeiten und Grenzen der KI Forschung

 Springer Vieweg

Matthias Haun
Fakultät Elektrotechnik und
Informationstechnik
Hochschule Offenburg
Offenburg, Deutschland

ISBN 978-3-662-64669-4   ISBN 978-3-662-64670-0   (eBook)
https://doi.org/10.1007/978-3-662-64670-0

Die Deutsche Nationalbibliothek verzeichnet diese Publikation in der Deutschen Nationalbiblio-grafie; detaillierte bibliografische Daten sind im Internet über http://dnb.d-nb.de abrufbar.

Planung/Lektorat: Alexander Grün
Springer Vieweg ist ein Imprint der eingetragenen Gesellschaft Springer-Verlag GmbH, DE und ist ein Teil von Springer Nature.
Die Anschrift der Gesellschaft ist: Heidelberger Platz 3, 14197 Berlin, Germany

Danksagung

Die vorliegende Arbeit wäre in dieser Form nicht zu Stande gekommen ohne die Unterstützung anderer, denen ich an dieser Stelle herzlich danken möchte. In erster Linie fühle ich mich meinem Kollegen Prof. Dr. Nordmann verpflichtet, der meiner vielleicht etwas philosophiefernen Themenwahl und meiner vielleicht etwas technologisch erscheinenden Ausgangsthese sehr aufgeschlossen begegnete, mir väterliches Vertrauen entgegenbrachte und hinsichtlich der Entwicklung dieser Arbeit einige „kognitive" Freiheiten einräumte. Für inspirierende Gespräche und kritische Diskussionen möchte ich vor allem Afsaneh Bastani, Gerhard Kachel und all denen danken, die an meinem Entwicklungsprojekt teilgenommen haben. Dem Springer-Verlag und dort vor allem Frau Sabine Bromby für ihre nahezu „stoische" Veredelung des originären Manuskripts zur druckfertigen Vorlage und Herrn Alexander Grün für seine konstruktiv-kritische Durchsicht und Annahme des Manuskripts. Was wäre ein Forschungs- und Buchvorhaben ohne solche Menschen. Es wäre einfach am Ende unvollkommen oder bereits am Anfang in der Idee erstickt. Mein größter Dank geht an meine drei Söhne Nicolai, Alexej und Sergej, nicht zuletzt, weil sie mich in so manchem Alltäglichen während der Entwicklung an der *artifiziellen* Kognition einfach durch ihr *natürliches* Dasein belehrt und damit meine Lebenswelt mehr als bereichert haben.

Inhalt

Abbildungsverzeichnis

X

Tabellenverzeichnis

Zusammenfassung

Die Technologisierung der Wissenschaften verändert die Welt, bzw. die Sichtweisen auf uns und die Welt. Dies zeigt sich insbesondere an der Erforschung der artifiziellen Kognition, was im Folgenden in Bezug auf ein spezifisches industrienahes Forschungs- und Entwicklungsprojekt aufgezeigt wird. Aufgrund der zu erwarteten Implikationen aus der wirklichkeitsverändernden Macht einer Technologisierung im Allgemeinen und der Entwicklung künstlicher Kognitionen im Speziellen gilt es, den Forschungsgegenstand der „natürlichen und artifiziellen Kognition" zu begreifen oder zumindest begreiflich zu machen. Für das so skizzierte Vorhaben bedarf es einerseits einer Klärung der Differenz zwischen Phänomen und Artefakt von Kognition sowie eine Explikation von „Begreifen" (mit technischen Mitteln) im Gegensatz zum „Verstehen" (als intellektuellem Nachvollzug).

Die folgenden Überlegungen resultieren primär aus der Teilnahme an einem Projekt zur Entwicklung artifizieller Kognitionen und werden durch Beobachtungen der Forschungspraxis der Künstlichen Intelligenz flankiert. Da es im Projekt vorrangig und vordergründig darum geht, natürliche kognitive Fähigkeiten in Algorithmen zu transformieren, firmiert das Entwicklungsprojekt im Folgenden unter der Bezeichnung „Artifizielle Kognition". Eine solche artifizielle Kognition kann zum einen als Technologie und zum anderen als ein simulatives Verfahren zum Begreifen der natürlichen Kognition verstanden werden.

Als Ausgangspunkt der Überlegungen gelten die Konzeptionalisierung (Kognitionsmodell), Formalisierung (Algorithmen), Implementierung (Applikation) und

Validierung (Simulation) kognitiver Fähigkeiten.[1] Eine derart konstruierte Brainware[2] ist zudem nicht bloß eine klassische Maschine, sie ist eine implementierte Theorie, eine Vorstellung über die Organisation eines kognitiven Systems, eine Theorie über die Struktur und Funktionalität der natürlichen Kognition und damit die Materialisierung einer artifiziellen Kognition. Eine solche Theorie der Kognition ermöglicht somit zunächst keinen gegenständlichen, sondern einen strukturalen, prozessualen, technologischen und damit insgesamt einen funktionalen Zugang zur Kognition. Artifizielle Kognition ist modellierbar, implementierbar, berechenbar, damit machbar und natürliche Kognition wird dadurch insgesamt begreifbar.

Um diesem Anspruch des Begreifens gerecht zu werden, soll wissenschaftsphilosophisch aufgezeigt werden, wo die etwaigen Defizite eines solchen Vorgehens liegen. Insofern werden forschungsmethodische, gegenstandstheoretische und technologische Fragestellungen akzentuiert. Damit soll dem Umstand Rechnung getragen werden, dass der zu einer bestimmten historischen Zeit in einer spezifischen Forschungskultur selbstverständliche Gebrauch von Hilfs- und Erkenntnismitteln allzu leicht darüber hinwegtäuscht, dass Forschungsergebnisse in aller Regel in Abhängigkeit von Menschen, Technologien, Apparaten und Instrumenten zustande gebracht und demnach auch kritisch überprüft werden müssen.

Der enge Bezug zur Praxis des Entwicklungsprojektes „Artifizielle Kognition" provoziert gleichzeitig eine Schärfung der Begriffe des Verstehens und des Erklärens, um in der Folge den Begriff des Begreifens in der Ausprägung einer Realisierungskompetenz zu positionieren. Dabei gilt es, nicht rein philosophisch von Erkenntnis und gedanklichem Nachvollzug auszugehen, sondern ein „Begreifen" zu fokussieren, das nicht nur als Kontemplation, sondern auch als Konstruktion einer artifiziellen Kognition zum Zweck der Simulation einer natürlichen Kognition zu verstehen ist. Dabei gilt es zu bedenken,

---

[1] Man verfährt damit gewissermaßen wie bei der physikalischen Theorienentwicklung, wo sich die Entwicklung zunächst auf einer verbal-begrifflichen und dann auf einer formal-mathematischen Ebene vollzieht.

[2] Als Brainware wird die softwaretechnische Implementierung eines Kognitionsmodells verstanden.

dass die Quelle oder besser der Träger dieser Leistung das eigene Denken ist und dieses Denken immer ein Denken der Kognition bleibt, also auf die Wirklichkeit im Rahmen der Grenzen dieser Kognition bezogen ist. Nicht ohne Grund rekrutiert sich die Bedeutung von „Begriff" ausgehend von „ergreifen", „umgreifen" bis zum „begreifen" einer Wirklichkeit. Insofern erscheint das Denken als ein besonderer Modus der Kognition oder, in der hier angewandten Terminologie, als ein selbstbezügliches und sich in dieser Bezüglichkeit sich selbst bewusstes System. Auch das Wissen um diese Zusammenhänge wird so zu einer Form von Besitz, was das Synonym „Begreifen" ebenfalls andeutet. Was die natürliche Kognition nicht irgendwie „begreifen" kann, bleibt ihr nebulös, letztendlich verschlossen und lässt sich nicht in handlungsorientiertes Wissen umsetzen. Aus dieser Perspektive heraus gilt es in Anlehnung an das Credo der synthetischen Biologie, das besagt, dass man nur verstehen kann, was man herstellen kann, dahingehend zu erweitern, dass man natürliche Kognition nur begreifen kann, wenn man deren Modell algorithmisieren, damit natürliche Kognition in Form einer artifiziellen Kognition applizieren und damit eine natürliche Kognition als solche simulieren kann.

Mit diesem Vorausblick auf das Vorhaben der Entwicklung einer artifiziellen Kognition zeigt sich mit einem ersten Seitenblick auf erkenntnistheoretische Ismen, dass sich der Entwicklungs- als Erkenntnisprozess in Form eines wechselseitiger Austausches von Theorie und Praxis, als eine Vernetzung wissenschaftlicher Konzepte bzw. Theorien, als eine Rekombination von Begriffen und als eine Komposition technologischer Instrumente gestaltet.[3] Dieser Erkenntniszugang als technologische Dialektik von natürlicher Kognition als Phänomen und artifizieller Kognition als Artefakt nimmt in Kauf, dass diese Dialektik auf die permanente Wechselwirkung von Konstruktion und Dekonstruktion einer Kognition angewiesen ist. Bei dieser Wechselwirkung geht es also nicht so sehr um formale Ordnung, sondern um die Dynamik des Ordnens, nicht um starre Naturgesetze,

---

[3] So kann man in Anlehnung an den Idealismus einen Realismus vertreten, der davon ausgeht, dass der Kognition zunächst als Konzept, spätestens als Simulation eine eigenständige Realität zukommt. Ein Nominalismus würde die Kognition als reine Bezeichnung bzw. einen Namen verstehen, der dem Phänomen der Kognition, ihren Funktionen oder deren Simulation verliehen wird. Ein Konzeptualismus als Folge des Nominalismus würde im Umkehrschluss hinter der Vergabe von Bezeichnungen für das Phänomen der Kognition eine nachvollziehbare Konzeption für eine über Technologien materialisierte Realisation sehen.

sondern um Beschreibungen eines realen Netzes von Wechselwirkungen der Bestandteile der Kognition.[4] Dieser Konnektionismus von Wechselwirkung ist Ausdruck der kreativen Adaptation der Kognition, indem diese semantische Konzepte transformiert, und dadurch wiederum sich adaptiv an externe Inputs anpasst, wobei gerade diese Adaption ein originär konstruktiver Akt der Kognition ist.[5] Während Theorien und Modelle also ideelle Instrumente des konzeptionellen Zugangs zu einer Kognition bleiben, müssen Algorithmen als realisierte Lösungen einer verwirklichten, weil materialisierten Kognition gelten. Ein „Begreifen" von Kognition zeigt sich gerade nicht durch die traditionelle Pforte der philosophischen Kontemplation, sondern durch den Ausgleich derer „blinden Flecke" durch Technologie. Diese blinden Flecken resultieren am Ende der wissenschaftsphilosophischen Analyse darin, dass bezüglich des Begreifens der natürlichen Kognition die Sprache im Allgemeinen und in Bezug auf die Entwicklung einer algorithmisierten und damit artifiziellen Kognition die Programmiersprache als formale Sprache im Speziellen als epistemologischer „Flaschenhals" erscheint. Insofern wird damit unter anderem die These vertreten, dass Sprache die Art und Weise formt, wie man über natürliche Kognition in nuancierter bzw. differenzierter Weise spricht, modelliert und als artifizielle Kognition appliziert bzw. realisiert.[6]

---

[4] Das erinnert an den Hylomorphismus des Aristoteles, wo es eine materielle, klassische Wirklichkeit und darüber hinaus eine immaterielle, formale Wirklichkeit zu geben scheint. Dort ist alles Seiende aus Materie und Form zusammengesetzt, wobei er unter der Form sowohl die sichtbare Gestalt, die figurale Konfiguration, die Morphologie, als auch den Grund dieser sichtbaren Gestalt versteht. Unter Materie versteht er ein zerstreutes Prinzip der Wirklichkeit, ein sogenanntes Seinsprinzip wie das der Form. Das „Sein" splittet sich also auf in ein informierendes, weil formales und in ein informierbares, weil materielles Prinzip auf. Zugleich versteht Aristoteles unter Materie auch die sichtbare Materie, also nicht nur das ideelle Seinsprinzip. Materie ist damit reine Potenz.

[5] Konzept steht hier für Wissensinhalt, der einer Bildung von Kategorien, Taxonomien oder der sprachlichen Bezeichnung von Etwas zugrunde liegt.

[6] Dies steht auch im Einklang mit der Erkenntnis, dass für die Entwicklung des menschlichen Bewusstseins das Erlernen einer Sprache als essenziell gilt. Es ist Voraussetzung, um sich an die Vergangenheit zu erinnern und für die Zukunft zu planen.

In diesem Sinne endet diese Arbeit mit einem Plädoyer für eine Kognitive Kybernetik in der Ausprägung eines Wissenschaftssystems als erkenntnistheoretischer und entwicklungspraktischer Rahmen zur Realisierung kognitiver Systeme. In dessen Grenzen wird ein Begreifen von Kognition durch die funktionalistische Konstruktion auf Basis von reduktionistischen Kognitionsmodellen und der konstruktivistischen Realisierung durch Cognitive Computing Techniken und damit insgesamt durch einen technologischen respektive epistemologischen Expansionismus möglich. Diese geforderte enge Verbindung zwischen Theorie (Modelle) und Praxis (Applikation) durch Technologisierung ist charakteristisch für das Paradigma der kognitiven Kybernetik als Wissenschaftsdisziplin. Es wird dabei herausgearbeitet, inwieweit es sich bei diesem verfolgten Reduktionismus, Funktionalismus und Konstruktivismus um epistemologisch adäquate Zugänge handelt. In diesem Zusammenhang wird sich dann auch zeigen, inwieweit die Theorie der natürlichen Kognition durch deren Algorithmisierung bzw. Realisierung zu einer artifiziellen Kognition mit einer Erkenntnistheorie der Kognition an sich zusammenfällt.

Prolog

Sowohl der Prolog als auch der Epilog zählen nicht zum eigentlichen Kern dieser Arbeit. Dennoch erscheinen beide Teile erforderlich, da sie einige Aspekte ansprechen, die zwar nur in mittelbarem Zusammenhang mit der Thematik stehen, aber dennoch nicht unwesentlich erscheinen. In diesem Sinne geht der Prolog dieser Arbeit sprichwörtlich voraus, um mit dem Epilog in letzter Konsequenz einige provokante Gedanken zu dieser Arbeit folgen zu lassen.

Die Erforschung kognitiver Phänomene und Fähigkeiten wurde vor allem durch die „kognitive Wende" der Psychologie um die vergangene Jahrhundertmitte initiiert.[7] Ausgehend davon werden mit Kognition in dieser Arbeit solche Verarbeitungsprozesse höherer Ordnung bezeichnet, die das Gehirn durchführt, um „in der Welt zu sein", „da" zu sein, um Entitäten zu identifizieren und um zu handeln. Im Allgemeinen bezieht sich Kognition auf Gedanken, Entscheidungen und Verhaltensweisen samt den damit einhergehenden Stimmungen. Dazu gehören auch Funktionen wie die der Aufmerksamkeit, Konzentration, Wahrnehmung, Lernen, Gedächtnis, Problemlösung und Kreativität. Die Hirnforschung in ihrer ursprünglichen Ausprägung als eine Biologie von Nervensystemen hat sich jedoch erst in den letzten Jahren vor allem durch neue bildgebende Techniken als eine technologisierte Kognitionswissenschaft etabliert. So gelten bildgebende Verfahren in Form von nichtinvasivem fMRI, PET, MEG usw. als die

---

[7] „Phänomen" heißt „Erscheinung" und der Begriff kommt aus dem Griechischen, wo er ursprünglich das bezeichnet, was man mit den Sinnen wahrnehmen kann. Was die Phänomene sind, mit denen sich diese Arbeit befasst, hängt also vom theoretischen und experimentellen Stand der Forschung ab. Ein Phänomen ist immer etwas, das sich als stabile, hartnäckige und objektivierbare Naturerscheinung herausgestellt hat, aber sich noch der Erklärung, dem Verstehen und dem Begreifen entzieht. Insofern sind die Phänomene dieser Arbeit ein Konglomerat von neurobiologischen und kognitiven Funktionen. Erstere sind vom Typ der Phänomene der Physik. Sie reichen von messbaren elektrischen Aktionspotentialen im Gehirn bis zur Visualisierung durch moderne bildgebende Verfahren, vom Nachweis biochemischer Botenstoffe zur Messung ihrer Konzentration, von den Neuronen und Synapsen bis zur Anatomie des Gehirns. Die kognitiven Funktionen dagegen sind subjektiv, nur begrenzt objektivierbar und alles andere als genau messbar.

wichtigen und verbreiteten Visualisierungstechniken zur Erforschung des Gehirns, um sich sprichwörtlich ein Bild von den Gehirnstrukturen und den dort ablaufenden Prozessen zu machen. Diese Instrumente zur Visualisierung sollen dabei helfen, bestimmte Gehirnregionen mit kognitiven Funktionen in Verbindung zu bringen und damit die Entwicklung eines Organisationsprinzips des Gehirns als Träger dieser Funktionen zu ermöglichen.[8] Dieser mediale Bildersturm hat die Auffassungen bezüglich des Aufbaus des Gehirns und der dort lokalisierten Hirnfunktionen nachhaltig inspiriert. Allerdings ist noch nicht sicher, inwieweit der spezielle kognitive Prozess, der mit solchen Korrelationen dediziert assoziiert wird, völlig von anderen kognitiven Prozessen isoliert ist. Dennoch kommen diesen bildgebenden Verfahren auch weiterhin die Hauptaufgabe zu, bestimmte kognitive Zustände respektive Funktionen im Gehirn topologisch zu verorten. So lässt sich das lebendige Gehirn durch computergenerierte Modelle visualisieren, ohne massiv in das eigentliche Organ eingreifen zu müssen. Man kann zwar Hirnvorgänge in einem bestimmten Sinn minimal-invasiv sichtbar machen, aber nicht das Denken als ein Bestandteil von Kognition.[9] Trotz dieser Unsichtbarkeit des Denkens an sich, lässt sich durch einen solchen technologisierten Zugang erforschen, wie das Denken modellhaft funktioniert. Es stellt sich dabei heraus, dass Denken als eine sprachliche Erfassung und Beschreibung von konkreten oder abstrakten Zusammenhängen aufzufassen und dadurch mit Sprache gekoppelt ist. Solche Korrelationen oder Projektionen stellen allerdings keinen Beweis für die Gültigkeit dieser Erklärungsmodelle dar. Im Rahmen des Entwicklungsprojektes wird daher auch die Frage gestellt, was denn wäre, wenn der Mensch anders denken würde, als er sich das derzeit denkt. Insofern werden auch bisher

---

[8] Dieses Organisationsprinzip deutet darauf hin, dass die zerebrale Repräsentation von komplexen Funktionen hochgradig vernetzt in unterschiedlichen Regionen des Gehirns organisiert ist. Das bedeutet aber, dass die Verbildlichung neurophysiologischer Vorgänge zwar Hinweise kann darüber geben kann, wie jemand eine Aufgabe löst, aber weniger, was jemand konkret denkt.

[9] „Kognition" an dieser frühen Stelle der Arbeit orientiert sich an der ursprünglichen, aus der Psychologie des 18. und 19. Jahrhunderts stammenden Festlegung des Begriffs des Denkens, sowie den Phänomenen des Erkenntnisvermögens, worunter auch Vorgänge wie Wahrnehmen, Denken, Verstehen und Urteilen fallen. Der im Laufe der Wissenschaftsgeschichte stark changierende Begriff der Kognition kann damit auch als eine Kompetenz aufgefasst werden, um ein intentional-sinnhaftes und reflexives Handeln zu ermöglichen.

ungedachte Ansätze in das Entwicklungsprojekt getragen und damit auf die Kognitionswissenschaft übertragen, um somit der Kognitionswissenschaft neue Impulse zu geben. Dies weist darauf hin, dass die Kognition im Singular eine einschränkende Begriffsverwendung darstellt, weil die bisherige Forschung unterschiedlichen Ausprägungen von Kognition zum einen in ein System eingeschlossen und zum anderen einzig in dem Organ des Gehirns lokalisiert hat. Insofern gibt es *die* Kognition an sich nicht, vielmehr erscheinen Kognitionen im Plural und es fehlt folglich nach wie vor eine schlüssige Theorie der multiplen Kognitionen, die die Erkenntnisse der einzelnen Fachdisziplinen integriert. Dieser Umstand erinnert noch immer an das von der Redaktion der Zeitschrift Gehirn & Geist im Jahre 2004 publizierte Manifest elf führender Neurowissenschaftler, die die Gegenwart und Zukunft der Hirnforschung in bestimmender Weise auszudrücken vermochten:

„Nach welchen Regeln das Gehirn arbeitet; wie es die Welt so abbildet, dass unmittelbare Wahrnehmung und frühere Erfahrung miteinander verschmelzen; wie das Innere Tun als „seine" Tätigkeit erlebt wird und wie es zukünftige Aktionen plant, all dies verstehen wir nach wie vor nicht einmal in Ansätzen. Mehr noch: es ist überhaupt nicht klar, wie man dies mit den heutigen Mitteln erforschen könnte. In dieser Hinsicht befinden wir uns gewissermaßen noch auf dem Stand von Jägern und Sammlern" (Gehirn & Geist 2004).

Wenn die natürliche Kognition ihre eigene Funktion untersucht und sich damit selbst zu begreifen versucht, macht sie sich selbst zum Objekt des Erkennens und nimmt damit die Position eines selbstbezüglichen Mediators ein. Durch diesen Selbstbezug, durch die Entwicklung der Modelle und deren Realisierung in programmiertechnische Gerüste verändern sich das Verstehen, das Erklären und das Wissen gleich in zweierlei Arten und Weisen. Beschränkt sich die Forschung auf Neurone, Schaltkreise und Neurotransmitter, wird eine ganz bestimmte Art von Wissen erworben. Stehen hingegen die Eigenschaften des Gehirns wie Gedächtnis, Vorstellungskraft und Intelligenz ohne Bezug auf die Verkörperung dieser Eigenschaften im Fokus des Erkenntnisgewinns, wird eine andere Art von Wissen entwickelt. Ziel der technologisierten Kognitionswissenschaft im Allgemeinen und des Entwicklungsprojektes im Speziellen ist es, diese unterschiedlichen Diskursebenen und somit die beiden Formen des Wissens zu einem *„Metawissen"* des

Begreifens zu verschmelzen.[10] Dabei verfährt man in der Regel deskriptiv und bedient sich Basistermini anderer Wissenschaftsdisziplinen, wie beispielsweise Ursache, Energie, Wirkung, Zeichen, Daten, Information, Wissen, etc. Das Alleinstellungsmerkmal der technologisierten Kognitionswissenschaft liegt in der konsequent reduktiven Beschreibung der Wechselwirkung zwischen den an der Kognition beteiligten Entitäten und den dadurch induzierten Ereignissen kognitiver Phänomenen.[11] Sowohl die Beschreibung, die Begriffs- und Modellbildung einer natürlichen Kognition, als auch die Realisierung einer artifiziellen Kognition durch Hard-, Soft- und Brainware-Entwicklung inklusive aller Propädeutik (Logik, Mathematik, Sprachwissenschaft, etc.) sind Resultat natürlich-kognitiver Intuitionen, die der Entwicklung artifiziell-kognitiver Funktionen wiederum als Erkenntnisprozess vorangehen. Die Entwicklung einer artifiziellen Kognition ist somit durch den Erkenntnisprozess einer natürlichen Kognition vermittelt. Diese Arbeit ist also der Versuch des Begreifens von Kognition, wobei sich dieses Begreifen als Entwicklungs- als Erkenntnisprozess im Rahmen der Konstruktion einer artifiziellen Kognition mittels Algorithmen vollzieht.[12]

---

[10] Diese unterschiedlichen Diskursebenen weisen darauf hin, dass sich die kognitiven Eigenschaften mit den Mustern von Neurotransmitterinteraktionen nur im Sinne einer Korrelation gleichsetzen lassen. Mit bildgebenden Verfahren lässt sich bisher nur näherungsweise feststellen, wo im Gehirn Gedanken oder die Entscheidungen ihre Gestalt annehmen. In diesen Korrelationen liegen aber auch deren Grenzen des Begreifens. So setzt diese Dichotomie zwischen Begriffen und Modellen auf der einen Seite und Anatomie und Physiologie auf der anderen Seite der Selbsterkenntnis bisher unüberwindliche Grenzen. In Anlehnung an ein arabisches Sprichwort, das besagt, dass kein Schmetterling seine Blatt verlässt, bevor er sicher ist, ein neues Blatt gefunden zu haben, lässt sich Kognition auf der Ebene physiologischen Ebene zwar erklären, aber nicht begreifen. Insofern wird im Rahmen dieser Arbeit versucht, das andere Blatt für den Schmetterling in Form von Modellen und Algorithmen zur Realisierung einer artifiziellen Kognition zu finden.

[11] Ein Ereignis ist an dieser Stelle nicht als Ergebnis eines ominösen Zufalls zu deuten, sondern als Resultat einer Wechselwirkung und als Substrat semantischer Konzepte aufzufassen.

[12] Diese Arbeit formuliert also eine Theorie, um diese Theorie zu modellieren (verstehen), um diese Modelle zu algorithmisieren (erklären), um mit diesen Algorithmen eine artifizielle Kognition zu applizieren (anwenden), um letztlich mit dieser Applikation die natürliche Kognition zu simulieren (begreifen).

Es geht im Kern dieser Arbeit um das Begreifen von Kognition und der Kognitionsbegriff wird zur Schlüsselkategorie in den basalen Gedanken- bzw. Modellgebäuden und den daraus entwickelten Algorithmen. Es ist eine Arbeit, die unter anderem die philosophischen Positionen des Reduktionismus, Funktionalismus und Konstruktivismus mit einer kognitiven Theorie so in Verbindung bringt, um diese erkenntnistheoretischen Ismen mit den Erkenntnissen einer technologisierten Kognitionswissenschaft zu synchronisieren und im Entwicklungsprojekt als solche Kombinationen zu etablieren. Die Arbeit ist somit theoretisch orientiert und praktisch fundiert zugleich. In dieser Kontrastierung bzw. durch das Einnehmen verschiedener Perspektiven sollen die Möglichkeiten der Erkenntnis und damit auch deren aktuellen Grenzen erreicht, wenn nicht sogar dadurch überschritten werden, indem die offensichtlichen epistemologisch blinden Flecken der jeweiligen Perspektiven ausgeglichen werden, um sich durch diesen technologischen Ausgleich letztlich neue Erkenntnisräume zu eröffnen.[13] Damit nehmen traditionelle Theorien über natürliche Kognition und deren Modelle einen tiefgreifenden Einfluss auf die Formung dessen, was im Rahmen des Entwicklungsprojektes als artifizielle Kognition softwaretechnisch realisiert wird. Theorien fungieren dabei als Instrumente, die dem Erkenntnisfortschritt dienen und als solche das Ergebnis kognitiver Prozesse sind. Ebenso kommt der Technologie als multiplikative Verknüpfung von Methoden und Techniken eine wesentliche Bedeutung zu, wenn es darum geht, diese Erkenntnisse der Theorie durch Algorithmen in der Praxis zu realisieren. Hierbei handelt es sich um die Techniken der Künstlichen Intelligenz im Allgemeinen und die des Cognitive Computing im Speziellen, wenn es darum geht, Phänomene der natürlichen Kognition durch die Entwicklung einer artifiziellen Kognition zu simulieren. Durch diese multiplikative Verknüpfung werden dabei sowohl Methoden und Techniken und damit Theorie und Praxis auf doppelte Weise miteinander verschränkt. Diese Verschränkung zeigt sich darin, dass das Modell der natürlichen Kognition als Grundlage, sozusagen als

---

[13] In Anerkennung an Kant, der in seiner Kritik der reinen Vernunft die Bedingungen von Erkenntnis untersucht und dort ebenfalls den Ansatz entwickelt hat, die Welt a priori aus bestimmten Blickwinkeln zu betrachten. Allerdings bezeichnete er diese Perspektiven Kategorien und identifizierte gleich vier Oberkategorien mit jeweils drei Unterkategorien (Quantität: Einheit, Vielheit, Allheit; Qualität: Realität, Negation, Limitation; Relation: Substanz und Akzidenz, Kausalität, Wechselwirkung; Modalität: Möglichkeit, Dasein, Notwendigkeit).

„Blaupause" zur Entwicklung einer artifiziellen Kognition dient und die Simulation als technologisierte Praxis des Erkennens die uralte Trennung von Theorie und Praxis überbrückt und damit die epistemologisch blinden Flecken technologisch auszugleichen versucht. In diesem Sinne lässt sich die Entwicklung einer artifiziellen Kognition als algorithmisierte „*Metakognition*" einer natürlichen Kognition auffassen, die das Begreifen „natürlicher Kognition" durch Einsatz von Technologie erst ermöglicht.

1. Herleitung als Motivation

1.1 Unschuldige Frage einer natürlichen Kognition als Ausgangspunkt

Ausgangspunkt ist die zunächst unschuldig erscheinende Frage, nach dem, was man braucht, um die natürliche Kognition von Lebewesen zu begreifen. Die bisherige Antwort, vor allem die der Kognitionswissenschaft und der Philosophie, bestand darin, hierfür wiederum eine natürliche Kognition vorzusehen. Ein Begreifen der natürlichen Kognition ist nur einer natürlichen Kognition möglich. Eine Antwort, die einen Hinweise darauf liefert, dass eine natürliche Kognition den schon nicht mehr so unschuldigen Anspruch erhebt, sich selbst beschreiben, erklären, verstehen und damit begreifen zu können. Eine Antwort also, die unabhängig von diesen Ansprüchen zunächst logisch zirkulär erscheint. Diese Antwort impliziert sodann, dass die strenge Trennung von einem Subjekt und seinem Erkenntnisobjekt, auf der die bisherigen epistemologischen Zugänge basieren, sich auflöst, um am Ende ganz zu verschwinden.[14] Der Beobachter als natürliche Kognition und das Beobachtete als seine natürliche Kognition erscheinen in unauflösbarer Weise miteinander verflochten, wenn nicht sogar miteinander verschränkt.[15]

Im Rahmen dieser Arbeit wird eine neue Antwort auf die eingangs gestellte Frage sprichwörtlich entwickelt, indem durch die Realisierung einer artifiziellen Kognition als Simulation der natürlichen Kognition, die bisherige Unauflösbarkeit der Verflochtenheit aufgelöst wird, indem man sich während der Entwicklung sozusagen zwischen den verschwindenden Grenzen als Subjekt und seinem Erkenntnisobjekt bewegt. Dieses

---

[14] So setzt nach bisheriger Sichtweise eine Kognition als Simulation ein Subjekt, ein Objekt und eine Vermittlung voraus. Als Subjekt der Simulation gilt der Entwickler, das Objekt bildet eine formale oder reale Gegebenheit, und die Vermittlung geschieht durch ein rechnendes Programm.

[15] Verschränkung soll ausdrücken, dass das eine (Beobachter mit seiner natürlichen Kognition) nicht ohne das andere (Natürliche Kognition als Erkenntnisobjekt) zu haben ist. Verändert sich die Erkenntnis, verändert sich auch die natürliche Kognition.

© Der/die Autor(en), exklusiv lizenziert durch
Springer-Verlag GmbH, DE, ein Teil von Springer Nature 2022
M. Haun, *Natürliche Kognition technologisch begreifen*,
https://doi.org/10.1007/978-3-662-64670-0_1

Oszillieren wird durch eine teilnehmende Beobachtung im Rahmen eines Entwicklungsprojektes getragen, das zum Ziel hat, eine artifizielle Kognition auf Basis von Techniken der Künstlichen Intelligenz und dort dem Cognitive Computing zur Simulation der natürlichen Kognition zu realisieren. Damit wird gleichzeitig eine erkenntnistheoretische Schuld eingegangen, indem erst zu einem späteren Zeitpunkt sich ergeben wird, dass durch den verfolgten Reduktionismus in der Ausprägung eines Funktionalismus und Konstruktivismus das Entwicklungsvorhaben nicht bereits im Vorfelde zum Scheitern verurteilt war. Insofern muss durch die projektbegleitende, wissenschaftsphilosophische Abdeckung gezeigt werden, dass auch oder gerade wegen des konsequenten Reduktionismus, ein epistemologisch adäquater Zugang zum Begreifen von Kognition geschaffen werden kann.[16]

1.2   Technologie als Verknüpfung von Methoden und Techniken

Das Vorhaben zielt darauf ab, durch eine Simulation der natürlichen Kognition auf Basis einer softwaretechnischen Realisierung einer artifiziellen Kognition und damit mit technologischen Mitteln die natürliche Kognition wiederum zu „begreifen." Die Wahl des Begriffs des „Begreifens" ist weder Zufall, noch eine bloß narrative Umschreibung ohne Entsprechung in der praktischen Wirklichkeit. So stammt nicht ohne Grund das Wort „Begriff" von Begreifen ab, und Begreifen wiederum hat seinen Ursprung in einem Handlungsakt des Begreifenden, der sozusagen nach etwas greift, sei es durch Anfassen eines physikalischen Gegenstandes oder aber durch Kontemplation über einen abstrakten Gedankengang. Diese beiden Formen des „Greifens" nach einem Erkenntnisobjekt sind Gegenstand des Entwicklungsprojektes, indem zum einen Modell von Kognitionen entwickelt und diese durch Einsatz von Technologie verwirklicht werden. Die hierzu verwendete Technologie gilt es dabei als Zusammenspiel bzw. Wechselwirkung und damit insgesamt als multiplikative Verknüpfung von Methoden und Techniken aufzufassen.

---

[16] Das umfasst auch die Frage, wie ein Experiment respektive Simulation auszugestalten ist, dass Kognition und damit Bewusstsein zumindest indirekt nachweisbar ist.

TECHNOLOGIE = METHODEN * TECHNIKEN

Ein weiterer Ausgangspunkt ist die fundamentale Frage nach dem Wesen eines kognitiven Systems, was es als ein solches ist und was es ausmacht. Bei dem Versuch, diese Frage zu beantworten, gilt es zu beachten, dass dabei je nach Disziplin und deren Perspektiven jeweils unterschiedliche Antworten gegeben werden. Für den Softwarearchitekten sind kognitive Systeme zusammengesetzte Soft- und Hardwarekomponenten, die konzeptionalisiert, implementiert, validiert und als ablauffähige Systeme ausgeliefert werden müssen. Für die Person, die das kognitive System mit Hilfe einer formalen Programmiersprache entwickeln muss, ist es eine spezielle Ansammlung von Softwarekomponenten zur Eingabe, Verarbeitung und Ausgabe von Daten. Für den Anwender eines solchen kognitiven Systems schließlich zeigt sich das kognitive System unter anderem durch den Zugang über eine eigens dafür entwickelte Benutzerschnittstelle. Aber selbst, wenn man alle diese Perspektiven berücksichtigt, hat man noch immer nicht vollständig erfasst, was ein kognitives System seinem Wesen nach ist. Die Fähigkeit zur Kognition lässt sich nämlich nicht als isoliertes Phänomen erschließen. Vielmehr ist Kognition eine Fähigkeit und ein kognitives System ein Artefakt, das sich durch diese Fähigkeiten auszeichnet. Es geht also darum, die kognitionswissenschaftlichen Erkenntnisse technologisch hinreichend adäquat umzusetzen. Insofern definiert sich natürliche *Intelligenz* als die kognitive Leistungsfähigkeit des Menschen, respektive die artifizielle Intelligenz als die kognitive Leistungsfähigkeit eines softwaretechnischen Artefaktes.[17]

---

[17] „Intelligenz", aus dem lateinischen „intellegere", bedeutet „verstehen", „wählen zwischen …". Im Folgenden wird diesbezüglich ein multifaktorieller Ansatz vertreten, indem sich Intelligenz aus gleich mehreren Einzelfähigkeiten und Vorgängen konstituiert. Dazu gehören unter anderem Emotionen, Kreativität, die Ausprägung von Persönlichkeitstypen, Abstraktionsvermögen, Verstehen von Zusammenhängen, Gedächtnis oder Bewegungsintelligenz und der Fähigkeit, bewusst auf neue Situationen oder Anforderungen der Umwelt zu reagieren, diese zu antizipieren, um sich an neue Aufgaben und Bedingungen des Überlebens früh bzw. rechtzeitig anzupassen. Weiterhin wird davon ausgegangen, dass Intelligenz auch genetisch prädisponiert ist, um im Rahmen einer Sozialisierung kulturell ausgeprägt zu werden.

1.3   Technologisierung der Wissenschaften als Erkenntniszugang

Ein Ziel von Wissenschaft im Allgemeinen ist die Gewinnung von fundierter Erkenntnis über einen Sachverhalt in einem Sachgebiet. Erkenntnis der Kognitionswissenschaft im Speziellen und dort im Zusammenhang mit der Entwicklung einer artifiziellen Kognition bezieht sich auf das Auffinden von strukturalen und prozessualen Bestandteilen kognitiver Phänomene und deren funktionalen Kausalzusammenhängen. Dabei können diese Kausalzusammenhänge nur durch den Einbezug weiterer Wissenschaftsdisziplinen und deren verschiedenen Sprachen verstanden und erklärt werden. Insofern können die folgenden Ausführungen auch als ein Versuch der Überführung bzw. Transformation von Beschreibungen einer Sprachebene in Beschreibungen einer anderen Sprachebene charakterisiert werden. Aufgrund der zunehmenden Verschränkung von Wissenschaft und Technologie, indem Wissenschaft technologischer und Technologie wissenschaftlicher wird, lassen sich die Erkenntnisoptionen und Innovationspotentiale steigern. Der Umgang mit Technologie, d.h. mit Methoden und Techniken, führt außerdem zu fundamentalen Änderungen von Wertbildern und Verhaltensweisen im Wissenschaftsprozess, insbesondere auch zu einer Neubewertung in Bezug auf die Frage, was es heißt, als mit einer natürlichen Kognition behafteter Mensch auch gleichzeitig ein dadurch kognitiv-begrenzter Wissenschaftler zu sein. Mit der Erkenntnis, dass man durch Herstellen von Technologie auch Lebensformen gestaltet, stößt man daher auch auf grundlegende normative Fragen in Bezug auf die Ausgestaltung eines solchen technologisierten Wissenschaftsprozesses. Insofern besteht eine Motivation der Arbeit in der Erwartung, dass durch die Technologisierung der Wissenschaften sich nicht nur die Welt, sondern sich auch die Sichtweise auf den Menschen nachhaltig verändern wird.[18] Letzteres zeigt sich in ersten Ansätzen daran, dass auch traditionelle Problem- und Fragestellungen aus einer technologischen Perspektive betrachtet bzw. gestellt werden müssen: Wie soll man sich aufgrund der Erkenntnisse und den visualisierten Eindrücken einer technologisierten

---

[18] So wie die bloße Existenz des Fernrohrs als Beispiel einer frühen Technologie, die Kultur des Sehens im Ganzen und die kulturellen Wahrnehmungsformen verändert hat, werden auch die Fortschritte der technologisierten, weil technologie-infizierten Wissenschaft das allgemeine Bild vom Menschen tiefgreifend verändern.

Kognitionswissenschaft die Beziehung zwischen Gehirn und Bewusstsein denken?[19] Gibt es noch so etwas wie eine Seele oder eine Persönlichkeit? Was bleibt noch von der Willensfreiheit und Autonomie des Menschen?[20] Bereits dieser exemplarische Auszug der aktuell diskutierten Fragen, lässt erahnen, dass altehrwürdige Begriffe von Seele, Rationalität, Willensfreiheit, Religiosität, Moral und Verantwortung unter Umständen nicht nur eine neue Bedeutung zukommt. Vielmehr kann es durch die vielfältigen Einflüsse der kognitionswissenschaftlichen Erkenntnisse und deren philosophischen Implikationen zu einer weiteren „Kränkung" des Menschen kommen. So hat die erste Kränkung die Erde und den Menschen aus dem Zentrum des Universums herausgerückt. Die zweite Kränkung hat den Menschen als biologisches Produkt der Evolution entlarvt. Eine dritte Kränkung könnte sich durch die Entphänomenalisierung der natürlichen Kognition und darin des Bewusstseins abzeichnen, indem die natürliche Kognition als Phänomen und darin das menschliche Bewusstsein als kognitive Funktion nur als eine spezielle Kategorie physikalischer Prozesse entpuppt und durch die Entwicklung artifizieller Kognitionen sogar realisiert und damit materialisiert werden kann. Durch diese angestrebte Realisierungskompetenz einer artifiziellen Kognition bleiben auch die traditionellen wissenschaftsdisziplinären Positionen unter Umständen nicht unberührt:

- **Naturwissenschaftliche Position:** Die Naturwissenschaft geht davon aus, dass der Mensch mit seiner Kognition und dort seinem Bewusstsein vollständig durch die Naturwissenschaften erklärt werden kann. Insbesondere die

---

[19] Mit dem Begriff „Bewusstsein" wird im Kontext der Hirnforschung das individuelle Bewusstsein als Zustand bzw. Begleitzustand von Wahrnehmen, Erkennen, Vorstellen, Erinnern und Handeln empfunden, das als Ich-Bewusstsein als unmittelbar gegeben erlebt wird. Vgl. McDermott 2007, S.120ff. .

[20] Dabei bezeichnet man die Annahme, dass kein freier Wille existieren kann, als harter Determinismus. Der Ansatz, dass ein Mensch nicht für seinen eigenen Charakter verantwortlich sein kann und deswegen unabhängig von der Frage nach dem Determinismus bzw. dem Indeterminismus keinen freien Willen haben kann, wird Skeptizismus genannt. Die so genannten Kompatibilisten gehen zwar davon aus, dass die Welt determiniert ist, trotzdem wird ein freier Willen propagiert. Die so genannten Libertarier bestreiten den Determinismus und gehen davon aus, dass Willensentscheidungen indeterminiert und damit frei sind. Sie begründen dies auch dadurch, weil nach ihrer Definition von Willensfreiheit die Existenz alternativer Möglichkeiten als die Voraussetzung der Willensfreiheit gilt.

Neurowissenschaft versucht Kognition und Bewusstsein als Tätigkeiten des Gehirns als deren Trägersystem zu erklären.

- **Philosophische Position**: Ein erheblicher Teil der Philosophie bestreitet die Position der Naturwissenschaft und der Neurowissenschaft. Vielmehr konstatiert man, dass die natürliche Kognition und damit menschliches Bewusstsein etwas Besonderes sind, das eben nicht vollständig naturwissenschaftlich erklärt werden kann.

- **Religiöse Position**: Die Religionsgemeinschaften bestehen darauf, dass der Mensch nur bis zu einem gewissen Grade von den Naturwissenschaften beschrieben werden kann, weil er zusätzlich zu allen natürlichen physischen Komponenten noch eine immaterielle Komponente der „Seele" besitzt.

Unabhängig der Implikationen kennzeichnet die Entwicklung einer artifiziellen Kognition als Projekt vor allem dessen Verfolgung praktischer Absichten und damit die Umsetzung von entwicklungsstrategischen Überlegungen einzelner Akteure in konkrete Handlungspläne. Insofern ist die Entwicklung artifizieller Kognitionen mit den natürlichen Kognitionen der Akteure dahingehend verschränkt, indem letztere den Erfolg der ersteren wesentlich bestimmen. [21] Parallel dazu sind auch umgrenzte epistemologische Zugangsräume, etwa die Welt des Experiments, der bildgebenden Verfahren oder jene der Simulation zu berücksichtigen.[22] Diese Zugangsräume sind indes keine Orte, wie die Raummetaphorik des Terminus nahezulegen scheint, sondern je spezifische und zunächst passive epistemologische Potenziale, die sich unter Umständen sprunghaft in den Erkenntnisvordergrund einer natürlichen Kognition drängen, nachdem sie sich zuvor eher latent im Hintergrund bzw. noch unbewusst in der Tiefe der kognitiven Strukturen passiv

---

[21] Hier sei an Francis Bacon (1561-1626) erinnert. Nach seiner Lehre gilt es nicht nur die Natur in möglichst unbeeinflusstem Zustand zu beobachten, sondern auch „den Löwen beim Schwanz packen", womit vor allem ein Einwirken auf die Welt gemeint ist, um ihre Geheimnisse in Erfahrung zu bringen.

[22] Wenn hier der Begriff der „Wirklichkeit" im Singular seine Verwendung findet, darf dies nicht darüber hinwegtäuschen, dass er als Fachbegriff vage erscheint. Insofern gibt es verschiedene Grade von Wirklichkeit. Dennoch wird am Singular festgehalten und der Begriff wird im weiteren Verlauf eine Präzisierung und Einengung erfahren.

verborgen hielten.[23] Die Grade von Erkenntnis und ihre jeweilige Ausprägung werden also wesentlich von diesen Zugangsräumen beeinflusst. Dass man mit der Orientierung an der Simulation als technologisierte Form eines Experiments die herkömmlichen epistemologischen Zugänge erweitert, wird durch die Kritik legitimiert, dass die bisherigen erkenntnistheoretischen Konzepte eher hinter der Entwicklung der Technologie zurückgeblieben sind. Insofern wird im Rahmen der Entwicklung einer artifiziellen Kognition angestrebt, das Element der Technologie aufzunehmen und damit in die Konstruktion des epistemologischen Zugangs einfließen zu lassen. Dabei wird die Wahl des Terminus der „Konstruktion" im Zusammenhang mit Erkenntniszugängen damit begründet, dass man den phänomenologisch profilierten Begriff der „Konstitution" komplettieren muss. Eine Erkenntnis über die natürliche Kognition konstituiert sich nicht nur durch selbstbezügliche Kontemplation, sondern durch die Konstruktion einer artifiziellen Kognition unter Verwendung von Technologie.

1.4   Kognition als sprachliches Phänomen

Im Rahmen der Entwicklung einer artifiziellen Kognition ist man auf die Ausdrucksstärke von Sprachen angewiesen. Insbesondere dadurch, dass Kognition generell in einer natürlichen Sprache als Phänomen beschrieben wird.[24] Dieser narrative Zugang zu der Kognition als Phänomen ist dem Umstand geschuldet, dass die Akteure durch ihre limitierten Wahrnehmungsmechanismen nicht die Kognition an sich beobachten, sondern nur Phänomene davon als Wirklichkeit wahrnehmen.[25] Zu Beschreibung dieser

---

[23] „Passiv" meint an dieser Stelle „bestimmbar", „empfänglich", und „Potenz" bedeutet zunächst schlicht und ergreifend „Möglichkeit" und „Option auf Verwirklichung".

[24] Ein Phänomen im Sinne dieser Arbeit ist eine mit den Sinnen wahrnehmbare, abgrenzbare Einheit des Erlebens, beispielsweise ein Ereignis, ein Gegenstand oder eine kognitive Erscheinung.

[25] Der Begriff des Akteurs ist gewählt worden, um auszudrücken, dass es bei diesem Element um die handelnden Personen geht. Daher werden die am Entwicklungsprojekt Beteiligten nicht nur als Akteure tituliert, sondern auch als Agenten modelliert. Ein Agent hat Sensoren, mit denen er Reize aus der Umwelt aufnimmt, er besitzt ein kognitives System, mit dem er diese Reize verarbeitet und schließlich auch Aktoren,

wahrgenommenen Wirklichkeit werden neben der natürlichen Sprache auch andere Darstellungsmittel, wie formale Sprachen, Bilder, Filme und Töne verwendet. Bekanntlich hat jede Wahrnehmung und damit auch deren Beschreibung ihre epistemologisch blinden Flecken. [26] Durch den Einsatz von Technologie und hier insbesondere durch die Methoden und Techniken des Cognitive Computing wird diese phänomenale Betrachtung der natürlichen Kognition im Rahmen der Entwicklung einer artifiziellen Kognition technologisiert. Durch eine solche technologisierte Entwicklung einer artifiziellen Kognition entstehen auch Theorien über die natürliche Kognition. Aber auch diese Theoretisierung bedient sich neben Sätzen einer Sprache auch anderen Termen bzw. nicht-satzartigen Ausdrücken, wie beispielsweise Modelle, Algorithmen, intendierte Systeme und andere Ausdrucksmittel. [27] Bei dieser Theoretisierung ist man damit Sprache gleich in doppelter Weise ausgesetzt, indem zum einen die Entwicklung einer artifiziellen Kognition in einer oder mehreren Programmiersprachen vollzieht und man zum anderen über diese technologische Entwicklung in einer oder mehreren Fachsprachen spricht. Gerade der wissenschaftsphilosophische Teil dieser Arbeit ist also auch durchdrungen von natürlicher Kognition als sprachlich-kommunikatives Phänomen, die über die artifizielle Kognition als instrumentell-technologisches Artefakt reflektiert. Vieles an dieser Arbeit ist demnach auch Sprachkritik. [28]

---

mit denen er, gesteuert durch Befehle aus dem kognitiven System, in der Umwelt interoperiert.

[26] So sind in Kants Philosophie Phänomene das Ergebnis von Interaktionen zwischen transzendentalen Mechanismen und den Dingen jenseits aller Erfahrung. In dieser Arbeit wird die Annahme vertreten, dass man im Rahmen der technologischen Möglichkeiten in der Lage sein wird, die Kognition an sich zu beobachten, wenn damit die beschränkten Beobachtungs- und Erkenntnisbedingungen der Akteure durch Technologisierung erweitert werden.

[27] Oftmals wird hier ein Kategorienfehler bewusst in Kauf genommen, indem die Verschmelzung von zwei Diskursordnungen zu einer zu starken Reduktion und damit Simplifizierung führen. Ein kognitives Phänomen nimmt die Form einer Geschichte an und muss entsprechend der Rubrik „narrative Beschreibung" behandelt werden, wobei hingegen eine neurobiologische Erklärung sich auf das Feuern neuronaler Schaltkreise und die Ausschüttung von Neurotransmittern an Synapsen bezieht.

[28] Dass die Sprache auch Scheinerkenntnisse liefert, hat ebenfalls der bereits zitierte Ludwig Wittgenstein zum Thema gemacht, bei dem es heißt: „Alle Philosophie ist

1.5   Entwicklungs- als Erkenntnispfad

Die Art der Entwicklung von Annahmen, Hypothesen, Gesetzen, Modellen, Theorien über natürliche Kognition und deren Algorithmisierung zu einer artifiziellen Kognition ist als Kriterium der Wissenschaftlichkeit anzusehen. Insofern besteht eine enge Beziehung zwischen den Methoden der Erkenntnisgewinnung und der Technologie zur Erkenntnisverwertung. Daher gilt es im Rahmen der wissenschaftsphilosophischen Abdeckung den Erkenntnis- und Entwicklungsmethoden eine besondere Aufmerksamkeit zu schenken.[29] Dazu werden wissenschaftliche Theorien als intendierte Systeme zur Modellierung und Algorithmisierung kognitiver Phänomene und somit als konstitutiv für die Entwicklung artifizieller Kognition aufgefasst.

ENTWICKLUNGSPFAD = THEORIEN * MODELLE * ALGORITHMEN * SIMULATIONEN

Ein solcher Entwicklungs- als Erkenntnispfad weist darauf hin, dass eine scharfe Abgrenzung zwischen Theorien und Modelle, Algorithmen und Simulationen schwierig erscheint, da sowohl „Sprünge" in der Erkenntnis von Zusammenhängen vorkommen als auch der Übergang von kognitiven Phänomenen über deren Theoretisierung, Modellierung hin zur Algorithmisierung nicht immer überschneidungs- bzw. störungsfrei von Statten geht. Dies weist auf die in der wissenschaftsphilosophischen Position des Strukturenrealismus vorgesehenen Metainduktion hin, bei der auf die Tatsache verwiesen wird, dass man offensichtlich auch mit Annahmen, die noch gar nicht begrifflich exakt definiert sind, durchaus Realisierungserfolge erzielen kann (Lyre/2003). Mit solchen Annahmen als Symbole oder Platzhalter für zukünftige Begriffe kann konsistent im Rahmen der Theorieentwicklung modelliert werden, um dann mit formalistischen Überlegungen diese Modelle erfolgreich in Algorithmen überzuführen, um damit wiederum Phänomene der Kognition zu simulieren. Trotz diesen epistemologischen

---

Sprachkritik" und „Die Philosophie ist ein Kampf gegen die Verhexung unseres Verstandes durch die Mittel unserer Sprache" (Wittgenstein, 2006).

[29] Hier gilt es anzumerken, dass sich aus einer Theorie oder einem Modell deren Struktur eindeutig ergibt, aber umgekehrt aus einer Struktur nicht das Modell oder Theorie, welche über diese Struktur verfügen.

Lücken bestimmen gleich fünf Annahmen das methodische Vorgehen bei der Entwicklung einer artifiziellen Kognition.[30]

- Der **Immanenzansatz** besagt, dass der menschlichen Kognition „nur" eine Wirklichkeit als ein Ausschnitt oder Annäherung an eine wie auch immer geartete Realität zugänglich ist. Dies führt zu einer strengen Unterscheidung zwischen dem Begriff der Realität als außerkognitiver Bereich und dem Begriff der Wirklichkeit als Zusammenhang kognitiv-sozial-kulturell konstruierter Sachverhalte. Wirklichkeit ist somit ein realitätsimmanentes Konstrukt einer oder mehrerer natürlicher Kognitionen.[31]

- Der **Konstruktionsansatz** besagt, dass jede Erkenntnis vom einzelnen Subjekt mit den Mitteln des ihm jeweils subjektiv verfügbaren kognitiven Inventars konstruiert wird.

- Der **Erkenntnisansatz** besagt, dass es nicht möglich ist, einen Standpunkt bezüglich der Kognition einzunehmen, von dem aus das Verhältnis des Trägersystems der Kognition zu seiner Kognition als unabhängige Wirklichkeit bestimmt werden kann. Jede Erkenntnis ist die Konstruktion einer selbstbezüglichen Kognition.

- Der **Simulationsansatz** postuliert, dass mit Hilfe der Simulation von Kognition die kognitiven Lücken der natürlichen Kognition geschlossen und diese blinden Flecken der Erkenntnis damit rechnerbasiert ausgeglichen werden können. Die Simulation als technologischer Zugang überwindet sozusagen die der natürlichen

---

[30] Im Folgenden wird unter der Epistemologie zunächst die Lehre vom Erkennen-Können verstanden. In Anlehnung an diese Lehre wird davon ausgegangen, dass die Menschen mit ihrer natürlichen Kognition nicht alles erkennen können, was existiert. Die Epistemologie dieser Arbeit fragt also, was die natürliche Kognition im Rahmen ihrer Möglichkeiten erkennen kann.

[31] Gleichwohl sich der Mensch seit jeher maßgeblich über seine Vernunft definiert, wobei diese Vernunft nicht im Körper, sondern im Gehirn zu wohnen scheint. So fragt das „Körper-Geist-Problem" danach, ob und wie der menschliche Geist allein durch natürliche oder körperliche Phänomene erklärt werden kann. In der deutschen Philosophie wird dieses „Körper-Geist-Problem" sehr oft auch in missverständlicher Weise als „Leib-Seele-Problem" bezeichnet.

Kognition inhärenten Unschärfe der Erkenntnis und liefert so einen epistemologischen Ausgleichsmechanismus.

- Der **Organisationsansatz** gestaltet das Entwicklungsprojekt als eine agile, wissensbasierte und lernende Organisation. Durch die funktionale, prozessuale und technologische Ausgestaltung des Projektes mit modernen Organisationsentwicklungs- und Technologieansätzen entsteht dadurch ein Reallabor, in dem Menschen und Technologie zu einem soziotechnologischen Gebilde vernetzt werden.

1.6   Implikationen

Diese Arbeit begleitet ein Softwareentwicklungsprojekt im Themenumfeld der Künstlichen Intelligenz und folglich stehen das Phänomen der natürlichen Kognition und deren artifizielle Ausprägung im Fokus der folgenden Betrachtungen. Folglich hat diese Arbeit nicht nur die natürliche Kognition zum Erkenntnisgegenstand, sondern auch den Entwicklungsprozess und die artifizielle Kognition als deren Ergebnistyp. Artifizielle Kognition soll durch Technologisierung somit „machbar" und natürliche Kognition dadurch „begreifbar" werden. Insofern wird wissenschaftsphilosophisch verfolgt, wie das Denken über das Phänomen der natürlichen Kognition und die Entwicklung einer artifiziellen Kognition als softwaretechnisches Artefakt erkenntniserweiternd durch den Einsatz von Technologie angereichert werden kann. Diese Motivation treibt den in den folgenden Kapiteln verfolgten Erkenntnis- als Entwicklungspfad an.

2. Methodik als Entwicklungs- und Erkenntnispfad

2.1 Entwicklungspfad als Vorgehensmodell

Die Realisierung einer artifiziellen Kognition im Rahmen eines Entwicklungsprojektes stellt ein komplexes Vorhaben dar, in dessen Verlauf Annahmen, Hypothesen, Modelle, Theorien und Algorithmen als einzelne Ergebnistypen entwickelt werden.[32] Diese entstehen zunächst und grob betrachtet durch die Handlungskompetenzen einzelner Akteure, indem diese zusammen an der Erreichung vereinbarter Ziele arbeiten. Diese Handlungskompetenz der einzelnen Akteure setzt allerdings eine Flankierung durch eine Realisierungskompetenz voraus, soll das Entwicklungsprojekt seine gesteckten Ziele erreichen. Insofern erfordert die Entwicklung einer artifiziellen Kognition eine in die Tiefe und Breite führende Durchdringung (siehe Abb. 2.1). In einer horizontalen Durchdringung geht es zunächst um die Beschreibung und Darstellung des Vorgehens respektive den einzelnen Methoden zur Konstruktion von Modellen einer natürlichen und artifiziellen Kognition. In der vertikalen Durchdringung gilt es, sich dem Wissen *über* Kognition zu konzentrieren.[33] Dabei sieht der agile Ansatz als *Vorgehensmodell* die folgenden miteinander verschränkten Phasen vor:

- **Initialisierung** des Entwicklungsprojektes und seiner Infrastruktur

---

[32] Ohne Annahmen bzw. Hypothesen lassen sich keine Theorien aufstellen, ohne Theorien alle Modelle der Konzeptionalisierung, alle Algorithmen der Formalisierung, alle applikativen Simulationen der Implementierung und alle Anwendungsfälle der Validierung als Ergebnistypen nur phänomenologisches und damit unbegreifliches Rauschen.

[33] Beide Durchdringungen werden zum einen durch den Mangel erschwert, dass die Kognitionswissenschaft über keine einheitliche Theorie der Kognition verfügt. Leider fehlen auch in diesem Zusammenhang bis heute wissenschaftsphilosophische Ansätze, welche beide Durchdringungen zu einem kohärenten Ganzen verbinden. Erschwerend kommt hinzu, dass eine Kommunikation zwischen Wissenschaftsphilosophie und den an der Erforschung von Kognition beteiligten Disziplinen kaum auszumachen ist.

© Der/die Autor(en), exklusiv lizenziert durch
Springer-Verlag GmbH, DE, ein Teil von Springer Nature 2022
M. Haun, *Natürliche Kognition technologisch begreifen*,
https://doi.org/10.1007/978-3-662-64670-0_2

- **Konzeptionalisierung** des Entwicklungsgegenstandes
- **Formalisierung** (der Konzeptionalisierung)
- **Implementierung** (der Konzeptionalisierung)
- **Validierung** (der Implementierung)

So ist die Betonung der Verschränkung der Phasen wichtig, um zum Ausdruck zu bringen, dass eine Mischung von Top-down- und Bottom-Up-Lösungsprozessen verfolgt wird. Hinter diesen Begriffen stehen die beiden erkenntnistheoretischen Ansätze, wobei bei Bottom-up angenommen wird, dass sich aus dem Konkreten, Speziellen weitere Erkenntnisse ableiten lassen, während man beim Top-down-Ansatz annimmt, dass sich aus den abstrakten Erkenntnissen das Konkrete ableiten lässt. Unabhängig davon werden in jeder der oben genannten Phasen unterschiedliche Ziele verfolgt und dementsprechende *Ergebnistypen* erarbeitet. So geht dem Entwicklungsprojekt eine Phase der *Initialisierung* voraus, in der sämtliche Vorbereitungen getroffen werden, um das Projekt starten zu können. Dies betrifft sowohl Fragen der Projektorganisation als auch die Zurverfügungstellung der Infrastruktur. In der Phase der *Konzeptionalisierung* wird das konzeptionelle Modell entwickelt, indem die natürliche Kognition modelliert und deren wichtigen relevanten Eigenschaften und Funktionen abgebildet werden. Ausgehend von dem konzeptionellen Modell werden bei einem analytischen Modellansatz im Rahmen der *Formalisierung* die mathematischen und algorithmischen Grundlagen entwickelt, indem nach Formeln und Mustern geforscht wird, um die Konzepte korrekt abzubilden und den Zweck der Modelle zu erfüllen.

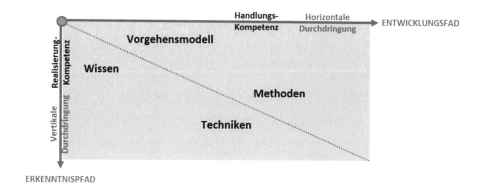

Abbildung 2.1: Horizontale und Vertikale Durchdringung des Erkenntnisgegenstandes

Gegebenenfalls werden in dieser Phase Verbindungen zu bereits erstellten Modellen oder Modellen anderer Entwicklungsprojekte hergestellt. Bereits in dieser Phase kann das konzeptionelle Modell mit den mathematischen und algorithmischen Modellen verifiziert werden, um recht früh zu garantieren, dass die Formeln und die Algorithmen den Zweck der Modelle vollständig erfüllen und auf dem Computer als Trägersystem zur Ausführung gelangen können.[34] Nachdem nun die natürliche Kognition in ein Konzept überführt, mit analytischen Mitteln formalisiert wurde, kann dieses Modell im Rahmen der *Implementierung* mit Hilfe einer oder mehreren Programmiersprachen implementiert werden. Neben der Konzeptionalisierung, Formalisierung und Implementierung ist die nebenläufige Phase der *Validierung* zu durchlaufen, in deren Verlauf zum einen eine Bewertung der empirischen Angemessenheit der Modelle und Lösungen anhand von Experimenten und Simulationen erfolgt.

VORGEHENSMODELL =   INITIALISIERUNG + KONZEPTIONALISIERUNG +

---

[34] Insofern ist der Computer nur die Hardware als ein Substrat, auf der das Programm als das eigentlich Wesentliche läuft. Mit anderen Worten dient die Hardware der Realisierung der Software, wobei die Software wiederum ein Programm darstellt, das zum Laufen gebracht werden muss.

FORMALISIERUNG + IMPLEMENTIERUNG + VALIDIERUNG

Die Implementierung der artifiziellen Kognition selbst folgt einer agilen Vorgehensweise. In diesem Zusammenhang sollen stellvertretend nur eXtreme Programming, Pair Programming, SCRUM und Design Thinking genannt werden, die als Techniken der agilen Entwicklung in dem Entwicklungsprojekt zur Anwendung kommen (siehe Abb.2.2). Bei der Entwicklung einer artifiziellen Kognition werden neben dem Einhalten von Grundsätzen der agilen Entwicklung auch gleich mehrere *Entwicklungsprinzipien* verfolgt:

- Modellbasierung
- Objektorientierung
- Wissensfundierung
- Simulationsvalidierung

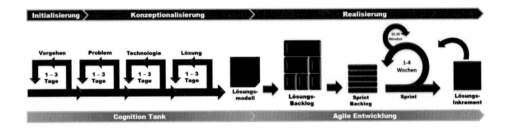

Abbildung 2.2: Agiles Vorgehensmodell

Der *modellbasierte Ansatz* soll unter anderem sicherstellen, dass bereits in einer frühen Phase der Projekte fundierte, verwertbare und wiederverwendbare Erkenntnisse erarbeitet werden können. So wird in der Phase der Konzeptionalisierung das Phänomen der Kognition auf die Existenz von Entitäten[35] und Entitätsbeziehungen hin untersucht und eine entitätsorientierte Ontologie als Modell dieses Phänomens erstellt. Es wird gefragt, was mit welchen Entitäten warum geschieht oder geschehen soll. Denken in Entitäten

---

[35] „Entität" als die Seinshaftigkeit, das Dasein eines Dinges im Unterschied zu dem Was-Sein oder So-Sein, das „Dass" im Unterschied zum „Was". In dieser Arbeit wird es stellvertretend als „Objekt oder „Ding" verwendet. Vgl. WdPB, Artikel: Entität.

(=Erkenntnisobjekte, Begriffe etc.) heißt sicherlich verallgemeinern, das Gemeinsame herausheben, aber auch das Wesen des jeweiligen Gegenstandes in seiner Essenz zu erkennen suchen.[36] Mit einem solchen ontologischen Modell sollen epistemologische und sprachliche Dissoziationen, die die kognitiven Phänomene von verschiedenen Standpunkten aus beschreiben, entschärft werden.[37] Auf Basis dieses ontologischen Modells wird das Lösungsmodell entwickelt, das sich zum einen an den Anforderungen orientiert, aber auch die beteiligten Entitäten als statischer Aspekt und deren prozessualen Zusammenhänge als dynamischer Aspekt beschreibt.[38] In der Phase der Implementierung wird das entitätsorientierte Lösungsmodell auf Basis der Zielarchitektur (Hardware, Software, Brainware) mittels naturanaloger Verfahren des Cognitive Computing funktional und prozessual ausgestaltet. Man kann davon sprechen, dass in dieser Phase das Lösungsmodell realisiert und so in eine kognitive Lösung überführt wird. In der Phase

---

[36] In der Philosophie denkt man beim Begriff des Wesens an die Angabe eines exakten Begriffs, die Formulierung einer exakten Definition als Pendant zu der Angabe eines formalen Naturgesetzes in den Naturwissenschaften.

[37] In der klassischen Lehre vom Sein (Ontologie) wird unter dem Begriff des Seins das Allgemeinste, was gedacht werden kann, verstanden. Ein solches Sein ist ein Seiendes, ein Etwas, ein Ding, aber auch formal eine Einheit, die sich als Wahrheit (Erkennbarkeit), Güte (Erstrebbarkeit) und Schönheit (Ästhetik) manifestiert. Ebenso meint man mit Sein auch die Summe aller Ideen, höchste Einheit und Vollkommenheit. Daraus ergeben sich seine materiale Ursächlichkeit (causa materialis) sowie seine Wirkursächlichkeit (causa efficiens). Aus dem Vollkommenheitscharakter des Seins folgt seine Formalursächlichkeit (causa formalis) sowie seine Finalursächlichkeit (causa finalis).

[38] So ist auch das Gehirn nur als dynamischer Prozesse bzw. als neuronaler Prozesse und deren Ablaufmuster zu verstehen. Solche Prozesse sind besonders im Gehirn gekennzeichnet durch eine Konsensualisierung des Feuerns von Neuronen, also durch Synchronisierung neuronaler Aktivität. Einlaufende visuelle Informationen werden beispielsweise zunächst sequenziell bis zur primären Sehrinde verarbeitet, dann wird die bis dahin verarbeitete Information selektiert und an unterschiedliche, parallel arbeitende neuronale Gruppen verteilt. Sie werden unterschiedlich synchron aktiviert oder inaktiviert, wodurch wiederum nachgeschaltete neuronale Gruppen selektiert und selektiv aktiviert werden. Das bedeutet, dass die nachgeschalteten neuronalen Ensembles die Information der vorangeschalteten Verarbeitungsstufe codieren. So können die nachgeschalteten Ebenen der Codierung einlaufender Information bis zur Endverarbeitung im präfrontalen Neocortex als ausschlaggebender Synchronisator ausgemacht werden, wobei auch hier erneut das materielle Substrat zweitrangig ist: Dieselben Neuronen können Bestandteile unterschiedlicher Ensembles sein.

der Validierung wird dann permanent überprüft, ob die realisierte Lösung den Anforderungen entspricht oder aber ggf. die einzelnen Modelle modifiziert und damit die Implementierung einem „Refactoring" oder gar „(Re)Engineering" unterzogen werden müssen. Dazu greift man im Rahmen des Entwicklungsprojektes auf das *objektorientierte Paradigma* zurück und fasst die oben erarbeiteten Entitäten als Objekte als wohldefinierte Ansammlung von Daten und Methoden auf. Ebenso ist festzulegen, welche Beschreibungsebene zur Modellierung der Objekte notwendig bzw. ausreichend ist. Unter Beschreibungsebene versteht man hierbei das Verhältnis zwischen realem System und Modell. Ein kognitives System kann auf unterschiedlichste Art durch Objekte modelliert werden. Dabei gibt es im Wesentlichen vier Perspektiven: Nano-, Mikro-, Meso- und Makroperspektive. Hat man sich auf eine dieser Beschreibungsebenen geeinigt, muss ein geeignetes Modellierwerkzeug (Simulationsprogramm, Beschreibungssprache oder Programmiersprache) gefunden werden, mit dessen Hilfe sich das Realsystem ausreichend genau beschreiben lässt. In diesem Sinne folgt die Entwicklung einer artifiziellen Kognition konsequent dem Paradigma der Objektorientierung, wenn es gilt, eine Formulierung der kognitiven Theorie in mathematischen, logischen oder programmiertechnischen Notationen und damit zu einem kognitiven Modell zu transformieren. Dabei folgt man einem sprach- und erkenntnistheoretisch fundierten Ansatz, indem die Objektorientierung auch das Ziel verfolgt, Fachbegriffe und Sachzusammenhänge eines Wirklichkeitsausschnitts eindeutig und möglichst widerspruchsfrei aber auch implementierungsnah festzulegen. Dabei wird unterstellt, dass sich die Semantik eines Wirklichkeitsausschnitts in der jeweils benutzten Fachsprache manifestiert und dass diese Fachsprache damit nicht nur die gemeinsame Kommunikationsgrundlage von Entwicklern darstellt, sondern auch als Basis aller zu entwickelnden Systemen angesehen werden muss. Daher sind die wesentlichen Aufgaben eine solchen objektorientierten Modellierung die:

- **Rekonstruktion** der Fachsprache, d.h. der Begriffe und ihrer Beziehungen zueinander.

- **Analyse** und Beschreibung der Objekte und ihrer Eigenschaften. Dafür bilden die Entitäten eine gute Grundlage.

- Entwicklungsübergreifende **Darstellung** dieses Begriffssystems als Ontologie.

Eine Unterstützung der konzeptionellen Modellierung erfolgt in Form von Definitionen, Regeln und Arbeitsanweisungen, die zusammenfassend als *Modellierungskalkül* bezeichnet werden. Die konzeptionelle Modellierung durchläuft mehrere Phasen:

- **Erhebung relevanter Aussagen**: Zunächst sind relevante Aussagen über die Erkenntnisgegenstände und Sachzusammenhänge des Wirklichkeitsbereichs zu sammeln und zu klassifizieren (Aussagen über Objekte, über Operationen, über Ereignisse, über Konsistenzbedingungen etc.).

- **Grobmodellierung**: Die Gegenstände sind zu klassifizieren und die sich ergebenden Klassen sind zu definieren (Rekonstruktion von Objekttypen). Danach sind die Beziehungen der Objekttypen untereinander und zu eventuell bestehenden Schemata zu analysieren, die jeweiligen Beziehungen zu definieren (Rekonstruktion von Sachzusammenhängen) und die Objekttypen entsprechend ihrer Beziehungen anzuordnen. Alle Objekttypen und Beziehungen zwischen Objekttypen sind in ein Gesamtschema zu integrieren. Dazu ist es sinnvoll mit einem Grobmodell zu beginnen, das dann nach und nach detailliert wird. Dabei ist zu berücksichtigen, dass nur die als notwendig erachteten Modellaspekte und relevanten Parameter abgebildet werden.

- **Feinmodellierung**: Auf Grundlage der Abstraktionsbeziehungen zwischen Objekttypen werden schemaweit identifizierende Attribute erzeugt und den jeweiligen Objekttypen mit charakterisierenden Attributen zugeordnet. Soweit dies möglich ist, sind Wertebereiche (Domänen) zu definieren und den jeweiligen Attributen zuzuordnen. Schließlich wird das konzeptionelle Schema durch semantische Konsistenzbedingungen, wie z. B. Aussagen über Kardinalitäten oder Voraussetzungen für Operationen, ergänzt.

Der *wissensfundierte Ansatz* kommt dadurch zur Anwendung, dass im Rahmen der Konzeptionalisierung, aber auch noch während der Implementierung, Introspektion, Reflexion und Abstraktion als die bedeutsamen Tätigkeiten des Entwickelns angesehen werden müssen.[39] So denkt ein Entwickler während der Konzeptionalisierung meistens in Modellen und Mustern und muss das auf Grundlage seiner gegebenen kognitiven Kapazitäten und den darin abrufbaren Wahrnehmungsmustern unter anderem Design-Entscheidungen treffen.[40] Der Entwickler interoperiert, indem er als konstruierendes Subjekt verändernd auf ein bearbeitetes Erkenntnisobjekt einwirkt und dieses wiederum sich auf den Entwickler durch dessen programmtechnischen Verhalten auswirkt. In diesem Sinne interoperieren Subjekt und Objekt bzw. muss die eigentliche Bestimmung des Entwicklers in einem solchen interoperativen Handeln ausgemacht werden. Dies bedingt eine gewisse Resonanzfähig der Interoperierenden, wobei dies bedeutet, in eine Beziehung zum Erkenntnisobjekt zu treten, sich von dieser anrufen und gegebenenfalls auch beeinflussen zu lassen. Ohne einen solchen resonanzfähigen Subjekt- und Objekt-Bezug ist eine Interoperation als Handlung nicht zu fassen.[41] Insofern ist der im Entwicklungsprojekt verfolgte Gestaltungsansatz ein vernetztes, wissensfundiertes

---

[39] Dabei meint Introspektion ein sich Selbst-Befragen und wird als eine legitime Form des empiristischen Forschens betrachtet.

[40] Das Denken in Mustern und das Erkennen von Mustern scheint genereller Natur zu sein. Das in der Philosophie prominente Beispiel für ein solches Muster ist die sogenannte Idee der „Einheit" bei Platon, wo bekanntlich nur das sein kann, was eins ist, sich also logisch und ontologisch nicht widerspricht. Thomas von Aquin abstrahiert nun aus seiner Beobachtung der Wirklichkeit das Sein und versteht darunter nicht einfach nur „Da-Sein", sondern auch „So-Sein", nicht nur Aktualität, sondern auch Vollkommenheit. Immanuel Kant hat später nicht mehr das Sein als das Allgemeinste gesehen, sondern das Denken. Als solches ermöglicht es nicht nur Begriffe zu bilden und zu urteilen, sondern auch logische Schlüsse zu synthetisieren. Diese Synthese ist als eine Konstruktion aufzufassen, und das wiederum ist eine „Re-Konstruktion" von externen Inputs, also ein Ausdruck für die Verarbeitung von Informationen über ein externes System. Das Denken wiederum kann wie ein System begriffen werden, das sich dadurch vollzieht, dass es Wirklichkeiten internalisiert bzw. rekonstruiert und Informationen zu sinnvollen Wechselwirkungen verarbeitet bzw. zusammenfügt. Auch die moderne Systemtheorie denkt an Muster, wenn Denken als ein Prozess der aktiven Ordnung und Systematisierung von durch die Sinne wahrgenommenen empirischen Materials beschrieben wird. Die Rekonstruktion vollzieht sich systemtheoretisch dann als Begriffs-, Urteils- und Schlussbildung.

[41] In diesem Zusammenhang ist auch die Debatte um die Digitalisierung und Kognitivierung der Lebenswelt und der damit verbundenen Forderung nach einer neuen Anthropologie zu verstehen.

Denken und Entwickeln.[42] Im Rahmen dieses vernetzten Denkens und dort bei der Wahrnehmung und Modellierung von Objekten gemäß dem objektorientierten Ansatz Objekten wird ein gegenständliches Weltbild voraus gesetzt. So werden die Eigenschaften eines Objektes erst durch seine Wirkung bemerkbar. Zusätzlich sind Objekte Konstruktionen einer natürlichen Kognition, nicht die getreue Abbildung einer wie auch immer gearteten Realität. Vielmehr sind diese das Resultat von Filterfunktionen, die das Auge, die Haut, Nase, Ohren, der Geschmack und der Gleichgewichtssinn als Sinnesorgane des menschlichen Akteurs vornehmen. Erst aus diesem Kontext heraus erschaffen die natürlichen Kognitionen Objektmodelle ihrer Kognition. Solche Modelle sind Modelle, also keine vollständigen Abbildungen der natürlichen Kognition. Vielmehr ist Kognition ein Phänomen, das sich durch seine Wirkung unvollständig zu erkennen gibt.[43] Damit wirkt auch diese Unvollständigkeit der Abbildungen als weiterer Filter bei der Modellierung und Realisierung einer natürlichen Kognition. Diese Modelle sind eben Bilder und damit informatorisch abgeleitete Modelle der Wirklichkeit von Kognition. Diese Modelle, so faktenreich und detailliert sie sein mögen, sind Theorien der Kognition. Entscheidend ist die Einsicht, dass es sich bei den Modellen der natürlichen Kognition zur Entwicklung einer artifiziellen Kognition um vielschichtige Daten-, Information- und Wissenskonstruktionen einer natürlichen Kognition handelt, die immer umfangreichere, weil detailliertere Sichten auf die natürliche Kognition produzieren. In Anlehnung an die traditionelle Informatik kann die strukturelle und funktionale Information dieser Konstruktionen bzw. Sichtweisen auch als syntaktische und algorithmische Information verstanden werden. Allerdings wird in dieser Arbeit streng zwischen Daten-, Information und Wissen als unterschiedliche semantische Konzepte differenziert, da diese Konzepte in ihrer jeweiligen Ausprägung sich auf die Algorithmisierung einer artifiziellen Kognition

---

[42] Man spricht auch von gesamtheitlichen Entwicklungs- und Designmethoden unter Einbindung von User-Centered Design, User Experience Design, Service Design, Design Thinking, Lean Innovation, etc.

[43] Hier zeigt sich eines der fundamentalen philosophischen Probleme der technologisierten Kognitionswissenschaft mit ihren Visualisierungen. Der wahre Charakter der Kognition bleibt verborgen, eben, weil sie sich der Anschauung entzieht. Da aber alle wahrgenommenen Phänomene nur mit der aus der Anschauung entwickelten Sprache beschrieben werden können, müssen bild- und modellhafte Vorstellungen entwickelt werden.

unterschiedlich auswirken. Dies geht einher mit der essenziellen Voraussetzung aller Kognitionen einher, zu einer Verarbeitung von Signalen, Daten respektive Information aus Entropie in der Lage zu sein, um dadurch zu einer Transformation zu Wissen fähig zu sein.[44] Dabei werden Daten und Informationen mittels naturanaloger Verfahren verarbeitet. Die Entwicklung solcher naturanaloger Verfahren erscheint daher als logische und praktische Konsequenz einer evolutionären Entwicklung und dort als epistemologische Bereicherung durch eine unglaublichen Fülle von Verfahren, die offenbar einzig zum Zweck des Umgangs mit semantischen Konzepten, insbesondere mit Zeichen, Daten, Information und Wissen entstanden sind.[45]

---

[44] In Anlehnung an Claude Shannon, der Information als den Kehrwert des Logarithmus der Wahrscheinlichkeit quantifiziert hat. Entropie ist dadurch proportional zum Logarithmus der Wahrscheinlichkeit. Information gestaltet sich in diesem Sinne als eine faktische oder grundsätzliche Unterscheidbarkeit bzw. Differenzierbarkeit. Das heißt, wird Entropie erzeugt, so wird Information vernichtet und umgekehrt, wenn Information erzeugt wird, wird Entropie vernichtet. In der Folge davon kann man Information zugleich implizit als Kenntnis und Wissen in die Überlegungen einsetzen, indem zu der basalen Unterscheidbarkeit zwischen zwei Alternativen nunmehr dazu kommt, dass ein Empfänger über das, was der Sender ihm mitteilen will, in Kenntnis gesetzt werden soll. Dazu wird die Information nicht isoliert übertragen, sondern im Verbund und im Netzwerk mit anderen Informationen, unter denen eine Wissensgenerierung durch Selektion erfolgt.

[45] Man geht davon aus, dass die Welt, das Universum, zunächst aus einem sehr heißen Plasma von miteinander wechselwirkenden Teilchen bestand. Mit der beginnenden Expansion des Universums setzte ein Prozess der Strukturierung ein. Quarks verbanden sich zu Protonen und Neutronen, diese verbanden sich zu Atomkernen, diese verbanden sich mit eingefangenen Elektronen zu Atomen. Damit waren erste komplexere Objekte entstanden. Die Tatsache, dass Objekte mit anderen Objekten wechselwirken, führt zu der Konsequenz, dass man diesen Objekten Eigenschaften zuweisen kann. Solche Eigenschaften sind zunächst Ladung, Spin oder Masse. Im Laufe der Zeit bildeten sich weitere Strukturen, zunächst Sterne, dann Galaxien. Da nun neue, durch die ursprünglich schon vorhandenen Wechselwirkungen ausgelöste Prozesse entstanden, kann man davon sprechen, dass diesen neuen Strukturen wie eben Sternen und Galaxien wiederum neue andere Eigenschaften zugewiesen werden konnten. Diese ganze Entwicklung brachte dann auch den Menschen hervor, der die Sprache entwickelte. Erst die Entwicklung der Sprache und damit der erweiterten Erkenntnisfähigkeit des Menschen führt nun dazu, dass dieser Mensch Objekte klassifizieren und über sich selbst und darüber hinaus nachdenken kann. Dieses „darüber hinaus" steht für die Entwicklung einer artifiziellen Kognition.

Der *simulationsvalidierte Ansatz* dient zum einen der Validierung und Verifikation der Theorien, Modelle und Implementierungen und ist zum anderen der Tatsache geschuldet, dass der Zusammenhang zwischen kognitivem Phänomen als Wirklichkeit, Modell und Simulation als Artefakt her- bzw. sicherzustellen ist. Unter *Wirklichkeit* wird im weitesten Sinne jener Phänomen- oder Ereignisbereich der Kognition verstanden, der sich im Rahmen des empirischen Zugangs durch subjektive Verfahren ergibt. Kognition als Phänomen der Wirklichkeit ist demnach die Summe der beobachtbaren und messbaren Größen (siehe Abb.2.3).

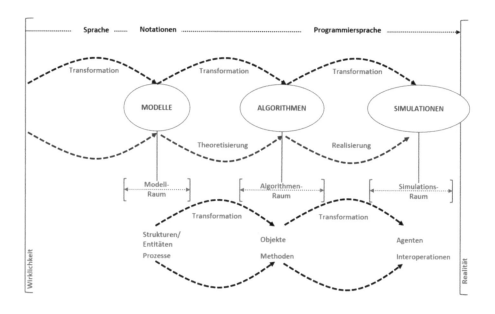

Abbildung 2.3: Modell-, Algorithmen- und Simulationsraum

So wird auch das Kognitionsmodell als ein Modell verstanden, das mit Hilfe von kognitionswissenschaftlichen Begriffen formuliert wird, um eben kognitive Phänomene zu beschreiben. Die *Simulation* bezeichnet an sich die Umsetzung eines Kognitionsmodells in ein rechnerbasiertes System. Trotz dieser Funktionsvielfalt und Mächtigkeit der Simulation gilt es zu bedenken, dass das Modell nicht das Original ist, und prinzipiell bleibt immer die Unsicherheit bestehen, ob das Modell und die darauf basierende Simulation nun tatsächlich das Systemverhalten des natürlichen Vorbildes in allen Aspekten wiedergeben kann. So prüft die *Verifikation*, ob das System korrekt abgeleitet wurde und die Konzepte des konzeptionellen und deren Algorithmisierung das computergestützte Modell decken. Ob die Anforderungen aus und in der Praxis erfüllt werden, wird anhand der *Validierung* kontrolliert. So bedeutet Validität hier die Übereinstimmung eines Kognitionsmodells als ein wirkliches Vorbild mit dem technologisierten Abbild als eine Realisierung einer artifiziellen Kognition mittels der durch die Simulation erzeugten Ergebnisse.[46]

2.2   Erkenntnispfad als epistemologischer Rahmen

Im Rahmen der Entwicklung einer artifiziellen Kognition kommen ein Modell-, System- und Kognitionsbegriff sowie ein Wissenschaftsverständnis zum Tragen, die Theorien nicht als beobachterunabhängige Erklärung und Abbildung von Welt auffassen, sondern sie durchaus im Sinne Thomas S. Kuhns als Strategien zur Lösung wissenschaftlicher Probleme begreifen (Thomas S. Kuhn/1973). Solche Lösungen sind im Bereich wissenschaftlicher Erklärungen unter Rückgriff auf Gesetze angesiedelt, die erlauben, die Zusammenhänge und Mechanismen beobachteter Phänomene, deren Strukturen und Prozesse zu erfassen. Theorien sind damit Werkzeuge wissenschaftlicher Forschung und keine Aussagensysteme über eine ontische Realität, sie nähern sich dieser Realität bestenfalls als konstruierte Wirklichkeit an. In der Praxis muss sich letztlich die Theorie dadurch erweisen, welche Probleme sich lösen lassen bzw. was sie ihrem Anspruch gemäß zu diesen Problemlösungen beizutragen vermag. In diesem Abschnitt geht also um die vertikale Durchdringung zur Erreichung einer hohen Realisierungskompetenz und dies betrifft vor allem das notwendige fachliche Wissen sowie die Sicherstellung eines für dessen Erarbeitung günstige Milieus.

---

[46] Als Techniken zur Validierung zählen: Animation, Begutachtung, Schreibtischtest, Strukturiertes Durchgehen, Test von Teilmodellen, Validierung im Dialog, Monitoring, Trace-Analyse, Turing-Test, Sensitivitätsanalyse, Vergleich mit anderen Modellen, Festwerttest, Grenzwerttest, Ursache-Wirkungs-Graph, Validierung von Vorhersagen, Vergleich mit aufgezeichneten Daten, Dimensionstest, Test der Ereignisvalidität, Statistische Techniken, Test der internen Validität, etc. So gilt beispielsweise ein Turing-Test als bestanden, wenn 30% der Tester das Programm für einen Menschen halten.

Eine Theorie von Kognition setzt sich dabei aus mehreren Komponenten zusammen, daher wird im Folgenden eine Theorie mengentheoretisch als eine Liste dieser Komponenten in Form eines Theoriekomplexes beschrieben. Den inneren Kern einer solchen Theorie bilden die Mengen der *Modelle* von kognitiven Phänomenen, die intendierten *Systeme* von artifiziellen Kognitionen und die *Faktensammlungen* der Theorie. Im Folgenden bedeutet dabei ein Modell immer ein Bild, ein Abbild, eine Repräsentation, eine Darstellung eines kognitiven Phänomens, das sich in der Wirklichkeit durch Beobachtung zeigt. Solche Modelle werden dabei normalerweise zunächst durch Sätze als Hypothesen beschrieben. Es wird daher von einem intendierten System der Theorie einer Kognition gesprochen, da nicht nur kognitive Phänomene lediglich untersucht und beschrieben werden sollen, sondern diese Untersuchung letztendlich darauf hinzielt, eine artifizielle Kognition aufgrund der Untersuchung und Beschreibungen zu realisieren. Eine solche artifizielle Kognition als System ist dabei ein einheitliches, geordnetes Ganzes, das aus verschiedenen „Teilen" in Form von Komponenten und Algorithmen orchestriert wird.[47] Eine Faktensammlung besteht aus einer geordneten Menge von Fakten für ein bestimmtes, intendiertes System. Wissenschaftsphilosophisch sind Fakten also stets Fakten für eine bestimmte Theorie der Kognition. Ein Faktum einer Theorie stammt aus einem intendierten System dieser Theorie. Zwischen einem Modell und einer Faktensammlung gibt es zu einem gegebenen Zeitpunkt eine zentrale Beziehung, die in dieser Arbeit als *digitale Passung* bezeichnet wird. Digital daher, da ein Modell zu einer Faktensammlung zum gegebenen Zeitpunkt passt, oder nicht. Diesen Kern flankierend sind die Struktur, die Zeitkomponente, die Faktenentwicklung und der Approximationsapparat der Theorie die weiteren Bestandteile der Theorie. Darüber hinaus zählt die Menge der sogenannten potentiellen Modelle, die Menge der möglichen Algorithmen als auch die Querverbindungen ebenfalls zur Theorie. Die äußere Schale der Theorie bilden die Begriffe, Hypothesen, Paradigmen, Messmethoden und Bestimmungsmethoden, theoretische Terme, Typen, Definitionen und zu guter Letzt die noch ungelösten Probleme.

---

[47] Die Kognition als System ist nach diesem Verständnis ein stabiles und sich selbst stabilisierendes Netzwerk von Neuronen, das sich auf sich selbst bezieht und durch die Selbstbezüglichkeit immer neue Netzwerke sowie neue Adaptations- und Ordnungsformen hervorbringen kann. Die Persistenz der Kognition als Systems durch Raum und Zeit hindurch wird durch ihre interoperationale Subsistenz bewirkt.

Neben dieser eher statischen Charakterisierung der Theorie ist die Theorie der Kognition auch als eine Kette von Ereignissen und daher als ein Prozess aufzufassen. Über diese Ereignisse kommt Neues in die Wirklichkeit des Projekts. Insofern verfügt die Theorie über einen Anfang und ein, wenn auch vorläufiges Ende. Die Theorie der Kognition besteht damit insgesamt aus verschiedenen Zuständen, die sich mit der Zeit ändern. Genährt werden diese Zustandsänderungen aus der Tatsache, dass die Theorie der Kognition sich auch Theorien unterschiedlicher Disziplinen bedient. In dieser Arbeit werden daher auch die Beziehungen zwischen diesen Theorien untersucht und das Umfeld einer Theorie erforscht. Um diese Beziehungen adäquat darstellen zu können, werden auch die komplexen, vernetzten Systeme dargestellt, die aus diesen Theorien und ihren Beziehungen zusammengesetzt sind. Dabei werden zeitunabhängige (statische) Theoriennetze und zeitabhängige (dynamische) Theoriennetze unterschieden. Neben dieser Dynamik und des Anspruches auf Passung gehört zur Theorie auch eine Gruppe von Akteuren, welche diese Theorie entwickeln, vertreten und im Rahmen der Realisierung von artifiziellen Kognitionen über Algorithmisierung Modelle in Systeme transformieren. Diese Akteure interoperieren in einem gesellschaftlichen wie individuellen, durch Sprache, Kultur und Vorverständnis geprägtem Milieu. Gerade dieses Vorverständnis prägt deren Überzeugung, dass die Fakten und Hypothesen dieser Theorie zutreffen. Insofern werden in dieser Arbeit die Fakten und Faktensammlungen für die Theorien mit individuellen Überzeugungen der Akteure verbunden.

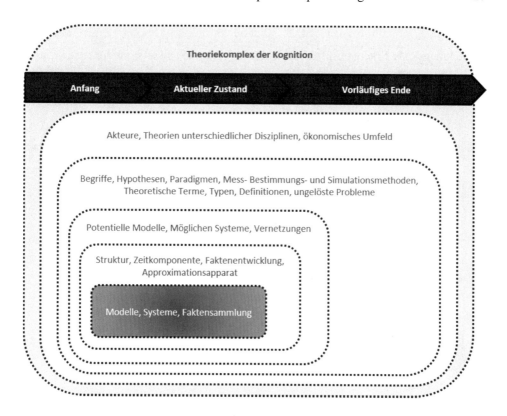

Abbildung 2.4: Theoriekomplex der Kognition

Daher lassen sich die Fakten und Faktensammlungen in gesicherte, teilweise gesicherte und vermutete Fakten einteilen. Ein Faktum gilt als gesichert, wenn fast alle Akteure die Überzeugung haben, dass dieses Faktum aus dem betrachteten System mit großer Wahrscheinlichkeit richtig ist. Ein teilweise gesichertes Faktum hat für einen Akteur eine bestimmte Wahrscheinlichkeit. Wenn eine solche Wahrscheinlichkeit fast null ist, wird die Ansicht vertreten, dass der Akteur das Faktum für falsch hält. Ein vermutetes Faktum hingegen wird aus den gesicherten Fakten und dem jeweiligen Modell erschlossen. Ebenfalls spielt das ökonomische Umfeld des Entwicklungsprojektes eine Rolle. Innerhalb dieses konstituierenden Theoriekomplexes spielen aber unabhängig davon Beobachtung, Wahrnehmung, theoretische Überlegungen, Modelle, Algorithmisierung, Experiment und Simulation die Hauptrolle. Trotz dieser Dynamik hat die Theorie der Kognition als Komplex den Anspruch, den Wirklichkeitsbereich der natürlichen Kognition und seiner Phänomene möglichst klar, präzise, und für die Entwicklung artifizieller Kognition passend durch Modelle abzubilden. Insofern ergibt sich ein Entwicklungs- als Erkenntnispfad, der aufzeigt, dass die prozessuale funktionale und technologische Ausgestaltung des Entwicklungsprojektes eben nicht nur durch die Technologie bestimmt wird, noch die Ergebnisse des Entwicklungsprojektes die Technologie bestimmt. Auch kann die Frage nach der Erkenntnisträgerschaft von Technologie nicht ontologisch oder durch die Setzung[48] von Begriffen beantwortet werden, noch empirisch durch die Beobachtung der jeweiligen kognitiven Phänomene (siehe Abb.2.4).

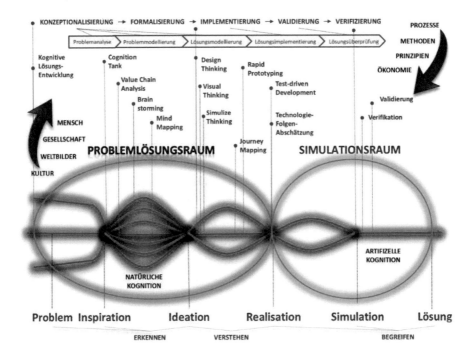

Abbildung 2.5: Entwicklungsprojekt als soziotechnologischer Komplex

Vielmehr schält sich durch die durchscheinende multiplikative Verknüpfung von Entwicklungsprojekt als Strukturen und Prozessen, Methoden und Techniken als

---

[48] So erscheint in diesem Zusammenhang, dass alle Erkenntnis aus solchen Setzungen besteht. Aber auch die allgemeinste Erkenntnis, nämlich das Wissen von der Existenz der physikalischen Welt und der eigenen Person inmitten dieser Welt, hat den logischen Charakter einer Setzung.

Technologie, der Begriff des *soziotechnologischen Systems* in Form eines Netzwerk heraus, in dessen Rahmen das Entwicklungsprojekt selbst als kognitives System den Entwicklungsprozess als Konstruktion von Methoden, Techniken, Artefakten, Anwendungen, Lösungen und deren Kombination mit Akteuren beeinflusst. Dieses soziotechnologische System zeichnet sich, wenn auch noch nebulös, aber damit nicht weniger unaufhaltbar, durch eine radikal beschleunigte, weil potentielle Amalgamierung von Natürlichen und Artifiziellen, von Organischem und Nichtorganischem, von Mensch und Maschine, von Gesellschaft bzw. Wissenschaft und Technologie aus. Dies zeigt, dass das Entwicklungsprojekt als solches kein geschlossenes System darstellt. (siehe Abb.2.5)

Die darin erfolgte Praxis ist, wie anhand des Interdependenzgeflechts aus dem Entwicklungslabor als Infrastruktur, den Akteuren und deren Erkenntnisobjekten gezeigt werden kann, als ein prinzipiell ergebnisoffenes und gleichzeitig selbstreferentielles System aufzufassen. Diese Selbstreferenzialität kann über die Betrachtung des spezifischen Selektionsprozesses wissenschaftlicher Praxis beschrieben werden. Diese Selektion wird durch Erkenntnisobjekte im Labor generiert und ist gleichzeitig Voraussetzung für die Herstellung von weiteren Erkenntnisobjekten. Erkenntnisobjekte dienen wiederum als Vehikel zur Ausbildung von komplexeren Wissenskulturen, die sich in Form von Prozessen, verfestigten Strategien, Orientierungen und Praktiken manifestieren, und selbst wiederum weitere Erkenntnisobjekte bzw. Wissensprodukte generieren. Der so beschriebene selbstreferentielle Selektionsprozesse konzeptionalisiert, realisiert und validiert damit Wissen in einem transepistemischen und transwissenschaftlichen Kontext und bildet damit die Voraussetzung für das Entstehen einer diesen Kontext teilenden Wissenskultur.

2.3   Implikationen

Dieses Kapitel schreibt der Technologie des Entwicklungsprojektes in Form einer multiplikativen Verknüpfung von Methodik und Technik eine performative Kraft als Wirkkraft zu, wobei sich diese nicht nur auf die menschlichen Akteure beschränkt. Vielmehr ist diese Kraft niemals als unabhängige Kraft zu sehen, sondern sie ist stets mit den Theorien als Modelle, den Praktiken als Ergebnistypen des Entwicklungsprojektes und darüber hinaus mit der Wissenschaft sowie Gesellschaft verschränkt. Die Methodik dieser Arbeit folgt damit der Praxis des Entwicklungsprojektes, sie gibt damit eine gewisse Struktur und damit eine vorläufige Spur als Rahmen vor.[49] Die Technologie in ihrer multiplikativen Verknüpfung von Methodik und Technik gilt dabei als der Motor des Entwicklungsprojektes. Dabei ist die Methodik funktional und prozessual so ausgestaltet, dass auch nicht in den bisherigen Wissensfundus passende Erkenntnisse gesichert und in Relation zu den bisher vorliegenden Ergebnissen gebracht werden können. Die Techniken müssen architektonisch so konstruiert werden, dass bisher entkoppelte und singulär eingesetzte Techniken zu einem Ganzen als artifizielle Kognition orchestriert werden können.

Eine Wissenschaftsphilosophie, die sich in und damit mit einem solchen Entwicklungsprojekt bewegt, muss sich dieses soziotechnologischen Zusammenhangs bewusst sein und aufzeigen, wo die etwaigen Defizite eines solchen Vorgehens liegen. Sie muss auch die verschiedenen Lösungsansätze dieses Entwicklungsprojektes zumindest in ihren groben Konturen kennen. Sie muss einfach wissen, dass das Entwicklungsprojekt, wie übrigens jede Wissenschaft auch, kein monolithischer Block fester Wahrheiten ist, aus dem man nach Belieben Einzelwahrheiten herausbrechen kann. Eine das Projekt begleitende, wissenschaftsphilosophische Abdeckung muss dem Rechnung tragen, dass es sich gerade bei einem technologisierten Entwicklungsprojekt um ein Aussagengebilde handelt, das einen geschichtlichen Ort und eine kulturelle Verankerung hat. Insofern ist das Entwicklungsprojekt auch eine kulturelle Veranstaltung. Die Methoden des Entwicklungsprojektes sind diversifiziert, die Konsequenzen, die sich aus der Anwendung der Methoden für den Fortgang des Entwicklungsprojektes ergeben, sind andere als die in der der Philosophie (siehe Abb.2.6).

---

[49] Der Begriff „Struktur" bedeutet „Bau", „innere Gliederung" oder „Aufbau".

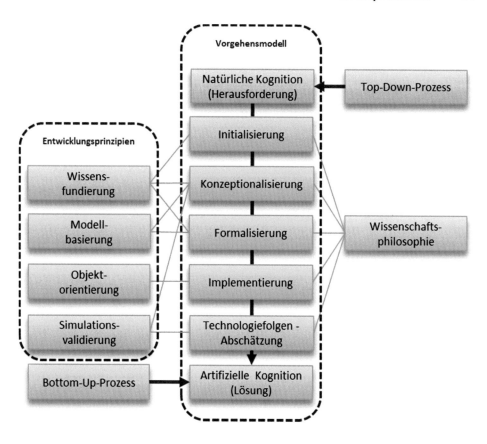

Abbildung 2.6: Entwicklung- und Erkenntnispfad als Implikation

Die Methoden des Entwicklungsprojektes binden sich an Techniken und Apparaturen. Deren Handhabung erfordert Geld bzw. Zeit und damit Partner aus der Wirtschaft. Der Aufbau und die Weiterentwicklung dieser Techniken und Apparaturen fordern einen guten Teil der innovativen Kraft der Beteiligten. Von hierher ergibt sich in einem derartigen Entwicklungsprojekt ein Zeit- und Sachzwang, den eine reine Geisteswissenschaft unter Umständen so nicht kennt. Konzeptionen sind das Resultat von Methoden und Techniken. Die Erkenntnisobjekte der natürlichen und artifiziellen Kognition im Rahmen des Erkenntnispfades sind damit bestimmt durch die zur Anwendung kommenden Methoden und Techniken als Technologie, und diese Technologie wiederum ist eingebettet in einen soziotechnologischen Rahmen in der Struktur eines epistemologischen Milieus und in der prozesshaften Ausprägung eines ergebnisoffenen Erkenntnis- als Entwicklungspfades.

Um diesen Rahmen des Erkenntnis- als Entwicklungspfades zu festigen, wird im nächsten Kapitel ein phänomenologischer Zugang zur Kognition entwickelt. Dieser modellbasierte Zugang wird einen ersten Eindruck als eine Art Vorverständnis davon hinterlassen, was man zunächst unter einer natürlichen Kognition verstehen kann, um sich dann der Entwicklung einer artifiziellen Kognition zuzuwenden.

3. Natürliche Kognition als Modell

3.1 Natürliche Kognition als Phänomen

Traditionell wird natürliche Kognition und dort das Bewusstsein im Rahmen eines ontologischen Substanzdualismus als etwas aufgefasst, das sich von den Phänomenen und Geschehnissen der materiellen Welt wesensmäßig unterscheidet.[50] Die Auffassung von *Kognition* in dieser Arbeit folgt zunächst der Begriffsauffassung, wie er in der Kognitionswissenschaft und dort in der Neurowissenschaft vertreten wird. Das menschliche und im Folgenden als natürliche Kognition bezeichnete Phänomen ist zunächst ein Sprache-repräsentierendes Netzwerk neuronaler Verbindungen. Alle kognitiven Funktionen, Prozesse und somit die Kognition an sich beruhen demzufolge auf Sprache. Sprache ist durch neuronale Netze realisiert und alle Begriffe sowie deren Relationen untereinander entsprechen bestimmten Topologien bzw. Konfigurationen neuronaler Vernetzungen.[51] Dieser Grad der neuronalen Vernetzung ist das quantitative Maß für die Komplexität, die der Kognition inne wohnt. *Komplexität* ist dabei das Maß an Integration und Vernetzung der an der Kognition beteiligten spezifischen Subsystemen

---

[50] Der philosophische Substanzdualismus geht in seinem Kern davon aus, dass unabhängig von der Frage nach der Existenz einer Seele neben dem Materiellen, das durch die Physik und die Naturwissenschaften erklärt wird, eine weitere, vom Materiellen getrennte Substanz existiert, nämlich das Geistige. Hingegen geht ein Substanzmonismus davon aus, dass nur Materie existiert und dass der Geist und seine Funktion allein materiell erklärt werden können. Vgl. Eccles, 1994.

[51] Insofern sind die Relationen zwischen den Begriffen auch wieder Begriffe. Der Begriff selbst ist dabei eine neuronale Vernetzung. Mit anderen Worten und dabei etwas strenger formuliert, kann man die Behauptung aufstellen, dass damit alle Begriffe neuronal im Gehirn als Trägersystem der Kognition realisiert sind.

und Systemelementen.[52] So besteht das menschliche Gehirn aus fast 100 Mrd. Neuronen.[53] Jedes der einzelnen Neuronen steht seinerseits über Leitungen (Synapsen) mit ca. 10.000 anderen Neuronen in Verbindung, mit denen sie immer wieder neue funktionale Netzwerke bilden, je nachdem, welchen Reizen das Gehirn ausgesetzt ist bzw. über die Sinnesorgane empfängt. Hinzu kommen unzählige Rückkopplungsschleifen sowie Überwachungsmechanismen, die dafür sorgen, dass das Gehirn nicht permanent überreagiert oder unter eine kritische Erregungsschwelle fällt. Damit ist das Gehirn in der Lage hochdimensionale dynamische Zustände zu erzeugen und Prozesse massiv parallel abzuarbeiten. Eine einzelne Nervenzelle sammelt über ihren Dendritenbaum Signale von bis zu 10.000 weiteren Neuronen. Durch diese komplexe Vernetzung realisiert sich dennoch eine dynamische Integration, die sich als ein ständiger Austausch von rekurrenten, bi-direktionalen bzw. multi-direktionalen Ein- und Auswirkungen als Wechselwirkung in Form von Interoperationen zeigen.[54] Kognition als Ergebnis eines solchen Konnektionismus von Interoperationen ist damit die Fähigkeit seines Trägers, sprachliches Denken in bewusstes Handeln als Interoperationen zu integrieren. Beispielsweise sind im Falle des Denkens die Ergebnistypen eines solchen bewussten Handelns die resultierenden sprachlichen Gedanken und die dadurch initiierten Handlungen in Form von Aus- und Einwirkungen auf die Umwelt. Eine solche Kognition ordnet allen bewussten Sinneswahrnehmungen Begriffe zu. Darüber hinaus ist die Kognition dazu fähig, auch unabhängig von den Sinneswahrnehmungen die Begriffe nach festen Regeln miteinander zu verknüpfen und die Ergebnisse dieser Prozesse wiederum mit neuen bzw. bekannten Begriffen durch den Prozess des Lernens zu verbinden. Da diese

---

[52] Diese Komplexität zeigt sich nicht nur statisch in einer komplexen Ordnung, wie etwa wenn rekurrente Bahnen zwischen Neuronen des Gehirns identifiziert werden, sondern auch in der Dynamik der Interoperationen, die durch eine komplexe neuronale Architektur ermöglicht und ausgelöst wird.

[53] Zum Vergleich wird die Anzahl der Sterne in der Galaxie mit 100 bis 300 Mrd. geschätzt.

[54] Diese Komplexität zeigt sich allerdings erst ab einem bestimmten Vernetzungsgrad. Auf der singulären Ebene der Neurone herrscht kaum die so definierte Komplexität, sodass sich dort lose Kopplungen einzelner Neurone bilden können. Diese Neuronen bilden quasi die atomaren Verarbeitungseinheiten, die aus Sicht einer höheren Ebene der Vernetzung durchaus als primordiale Subsysteme aufgefasst werden können, indem deren integrale Wirkung erst auf dieser höheren Ebene derer Vernetzung entsteht.

Funktion der Kognition sich der neuronal abgelegten Begriffe bedient, wird diese Funktion als deklarativ-lernende Funktion der Kognition bezeichnet. Die natürliche Kognition ist demnach nach dieser Auffassung im Prinzip eine Anzahl deklarativer und lernender Funktionsbausteinen, die vollkommen neuronal implementiert sind. Damit liegt dieser Arbeit eine eher einfache Definition von *Bewusstsein* zugrunde, indem darunter die bewusste Wahrnehmung des Körpers, seiner selbst und der Außenwelt verstanden werden kann.[55] Damit verbunden ist die Fähigkeit, bewusst Interoperationen auf Basis dieser internen und externen Wahrnehmungen von komplexen Kausalketten zu initiieren. In diesem Sinne ist Bewusstsein weniger ein Zustand als vielmehr ein Prozess der Kognition, durch den bestimmte, durch neuronale Prozesse bedingte Aspekte der Wirklichkeit wahrgenommen und bewusst werden. Insofern erfolgt Kognition und dort Bewusstsein in der Zeit, hat also etwas mit einem kontinuierlichen Zeitverlauf, mit Veränderungen und mit einer fortwährenden Transformation zu tun. Bewusstsein realisiert sich demnach in der Zeit durch ein komplexes Zusammenspiel verschiedener funktionaler Bereiche und zementiert nicht durch eine zentral lokalisierte Steuerung. Außerdem befähigt ein solches Bewusstsein zum Lernen als Bestandteil der Kognition und ermöglicht die Fähigkeit, über Erfahrungen und Gefühle zu reflektieren. Ein solches Bewusstsein hat weiterhin die Fähigkeit, die Ergebnisse dieser Reflexionen zum Bestandteil der eigenen Handlungssteuerung zu machen. Insofern ist gemäß dieser Auffassung die natürliche Kognition nicht mit dem natürlichen Bewusstsein gleichzusetzen, sondern vielmehr ist letzteres ein Bestandteil vom ersteren. Kognitive Funktionen als Fähigkeiten werden dabei als emergente Phänomene betrachtet und als eine Eigenschaft eines komplexen Gehirns betrachtet. Diese Eigenschaft macht sich durch ihre Wirkung wahrnehmbar. Dies steht ganz im Einklang mit der Beobachtung, dass bei komplexen Systemen stets ganz neue Eigenschaften und Fähigkeiten auftauchen. Insofern erscheint Emergenz in der Natur durchaus als ein ubiquitäres Phänomen. Weiterhin werden Begriffe für Eigenschaften und

---

[55] In der Folge dieser vereinfachten Auffassung korreliert ein solches Bewusstsein bereits mit der niederfrequenten spontanen Ruhezustandsaktivität, indem diese langsamen kortikalen Potenziale (slow cortical potentials, SPC) dem „Bewusstseinsstrom in Ruhe" entsprechen. Das diesen Zustand realisierende Default Mode Network (DMN) besteht aus einer Reihe von Regionen, die an internen Erkenntnisprozessen beteiligt sind und möglicherweise die Mechanismen die Aufrechterhaltung und Steigerung des Bewusstseins unterstützen.

Gesetze der Kognition selbst kognitiv formuliert und sind damit ebenfalls Produkte einer natürlichen Kognition. Dennoch entzieht sich diese Kognition und darin das Bewusstsein noch grundsätzlich der Erklärung durch die empirischen Wissenschaften und folglich vertreten einige traditionelle Philosophen die Auffassung, dass das Bewusstsein für immer unbegreiflich bleiben wird, da man bezüglich der Wahrnehmung kognitiver Phänomene einer prinzipiellen Begrenzung ausgesetzt ist.[56] Im Rahmen der Entwicklung einer artifiziellen Kognition wird der Standpunkt eines so zu bezeichnenden konnektionistischen Reduktionismus vertreten, indem Bewusstseinszustände direkt von bestimmten Gehirnprozessen hervorgebracht werden und sich so auf materielle Strukturen reduzieren lassen (Churchland/1997). Die einfachsten Strukturen bilden die physikalischen Strukturen einzelner Atome und die Atome verbinden sich zur chemischen Struktur der Moleküle. Die Moleküle wiederum verbinden sich zur biologischen Struktur der Zellen als Neuronen im menschlichen Gehirn. Dort funktionieren diese Neurone nach bestimmten neuronalen Vernetzungsprozessen und bilden konnektionistische Programme, indem sowohl die einzelnen Neurone als auch die Netze sich verbinden, verstärken, hemmen und dabei Signale übertragen oder aber sich auflösen. Auf diese Weise steuert die natürliche Kognition mit dem Gehirn als Trägersystem über die Nerven den gesamten Organismus. Objektorientiert betrachtet bilden sich auf der Ebene der Neurone komplexe Vernetzungen, auf der biologische Ebene interagieren Zellen miteinander, auf der chemischen Ebene reagieren Elektronenhüllen von Molekülen und auf der physikalischen Ebene zeigt sich letztlich ein komplexes Zusammenspiel vieler durch Wellen- und Teilchenfunktionen beschriebener Objekte.

---

[56] Dabei gilt es beachten, dass bei jeder Diskussion über Bewusstsein (Consciousness) es wichtig ist, Bewusstsein von einfacher Bewusstheit bzw. einfachem Gewahrsein (Awareness) zu unterscheiden. Insbesondere das vornehmlich private Erleben von Bewusstsein, das sogenannte phänomenale Bewusstsein, wird als unüberwindliches Hindernis für eine naturwissenschaftliche Erklärung angesehen und metaphorisch als blinder Fleck und damit radikale Erklärungslücke behandelt.

3.2   Theorie der Kognition als Modell

Die Entwicklung einer Theorie von Kognition als Modell basiert auf dem Prinzip der *Funktionalisierung*, indem Kognition nicht mehr als Zustand zu betrachten, sondern als Ansammlung prinzipiell identifizierbarer und damit aus dem Phänomenalen der Kognition isolierbarer Funktionen aufzufassen ist. Ein solches Modell lässt sowohl die Kombination einzelner Funktionen als lineare Aneinanderreihung oder die konnektionistische Vernetzung solcher Funktionen zu.[57] Damit wird eine *Systematisierung* des Phänomens der Kognition erreicht, indem sich die Kognition als System über ihre kognitiven Eigenschaften und Zustände definiert.

Die natürliche Kognition dient als Vorbild der Modellierung und umfasst die allgemeinen Eigenschaften des Wahrnehmens, Denkens[58], Urteilens und Schließens im Allgemeinen und die die hierzu notwendigen Daten-, Informations- und Wissensverarbeitungsprozesse im Besonderen (Levine/2000; Ellis und Humpreys/1999; Dayan und Abbott/2005). Aus

---

[57] Bei dieser konnektionistischen Vernetzung geht man davon aus, dass komplexe Kognitionen in hochgradig ineinander verschachtelten neuronalen Netzwerken organisiert sind. Diese Netzwerke repräsentieren das Wissen um Inhalte und Handlungsschemen, die in Bezug auf bestimmte mentale Prozesse komplex miteinander interoperieren. Hirnaktivität ist durch chemo-elektrische Prozesse innerhalb und außerhalb von Neuronen charakterisiert. Es ist weiter davon auszugehen, dass sich unterschiedliche mentale Prozesse im Gehirn in komplexen dynamischen oszillatorischen Wechselwirkungen zahlreicher neuronaler Subnetzwerke wiederspiegeln. Dabei ist neuronale Aktivität durch verschiedene ineinander verschachtelte Oszillationen, die sich teilweise überlagern (Dissonanz) und/oder miteinander in komplexe Wechselwirkung treten (Resonanz und/oder Konsonanz), beschreibbar. Erst dieses Orchester an Oszillationen erzeugt so etwas wie eine synergetische Emergenz in Form einer Supersynergie als messbares Korrelat komplexer kognitiver Prozesse. Man kann diese Orchestrierung auch als Verschränkung oder als Resonanz auffassen, indem sich neuronale Netzwerk sich mehr oder weniger dadurch vollständig etablieren. Solange ein solches Netzwerk besteht, solange gibt es auch eine Verschränkung. Wenn das Netzwerk zerfällt bzw. beispielsweise durch Pruning auflöst, dann ist die Verschränkung aufgehoben und die Relationen, die das Netzwerk konstituieren, sind zerstört.

[58] Der Begriff des „Denkens" soll an dieser Stelle allerdings sehr weit gefasst werden und über das reflexive und sprachlich gebundene Denken hinausgehen, letztlich also mit dem Begriff der Kognition zusammenfallen.

Sicht der *Neurobiologie* reduzieren sich die kognitiven Eigenschaften zunächst auf das Gehirn als Trägersystem und den dortigen neuronalen Vernetzungen. N*euronale Vernetzungen* als neuronale Prozesse aufgefasst, bezeichnen die topologischen Verbindungen zwischen den einzelnen Neuronen und kognitive Funktionen resultieren demnach aus den neuronalen Mustern. Durch die Vernetzung der einzelnen Neuronen zu neuronalen Mustern und neuronalen Netze emergiert Kognition und darin zu Bewusstsein (siehe Abb.3.1).

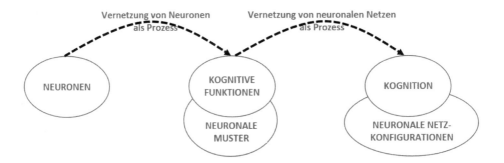

Abbildung 3.1: Neuronen, Kognitive Funktion und Kognition

Kognitive Funktionen sind nur zum Teil genetisch vorgegeben und entwickeln sich im Laufe der neurobiologischen Genese unter Einfluss von Umweltbedingungen. Neuronale Prozesse umfassen alle neuronalen Vernetzungen, die nach Signalübertragungen zwischen den Neuronen bestimmte Aktionen auslösen. Als solche sind sie dynamischer Natur und repräsentieren bzw. steuern entweder reflexartiges, angelerntes oder aber spontanes Verhalten. Kognitive Zustände als Momentaufnahmen kognitiver Muster lassen sich daher nicht direkt auf physische Zustände einzelner Neurone reduzieren, sondern mit kognitiven Funktionen identifizieren. Diese lassen sich dann in vielfältiger Weise beschreiben, beispielsweise mit einer an eine natürliche Sprache angelehnten wissenschaftlichen Sprache, mathematischen Ausdrücken oder im Rahmen einer Algorithmisierung mit Programmiersprachen. Letzteres ermöglicht auch die materielle Realisierung der Modelle auf Basis von rechnerbasierten Trägersystemen. Da funktionale Zustände also nicht an bestimmte physische Realisationen gekoppelt sind, ist es möglich, eine materielle Basis als Träger einer artifiziellen Kognition zu wählen, um darauf mit Mitteln der Softwaretechnologie eine kognitive Funktionen zu realisieren und somit die natürliche Kognition als ehemaliges Vorbild zu simulieren (siehe Abb.3.2).

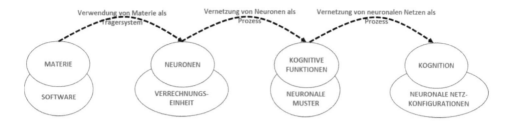

Abbildung 3.2: Neuronen, Kognitive Funktion, Kognition und deren Materialisierung

Angesichts der ungeheuren Komplexität solch neuronaler Vorgänge hat es sich bewährt, diese zunächst zu ignorieren und auf abstrakte, auf Funktionen ausgerichtete Modellvorstellungen zurückzugreifen. Diese Funktionen liefern die theoretischen Grundlagen für die praktische Ausgestaltung eines Kognitionsbegriffs als Basis für ein Kognitionsmodell, das wiederum als Grundlage zur prozessualen und funktionalen Ausgestaltung einer artifiziellen Kognition als softwaretechnologisches System dient. In diesem Sinne wird hier ein Reduktionismus in einer starken Ausprägung vertreten, indem durch Subtraktion physischer Gesetzmäßigkeiten als materielle Grundlage neuronaler Vernetzungen einer Kognition das Modell auf die Funktionen der Kognition reduziert wird.

Aus dieser funktionalistischen Perspektive nimmt das Gehirn als Trägersystem dieser Verarbeitungsmöglichkeiten über sensorische Einflüsse der Umwelt (visuell, auditorisch, taktil, usw.), aber auch durch Erinnerungen (Aktivierung von Gedächtnisinhalten), Veränderungen wahr und reagiert darauf im Rahmen der Informationsverarbeitung teilweise bewusst, aber zum größten Teil unbewusst. Die bewusste Verarbeitung wird durch das explizite oder deklarative System realisiert, welches überwiegend seriell, langsam im Bereich von Sekunden und Minuten arbeitet, sich und mühevoll gestaltet, in seiner Kapazität beschränkt und fehleranfällig ist, seine Informationsverarbeitung tief ausfällt, d. h. dabei auf die Verarbeitung komplexer und bedeutungsvoller Inhalte ausgerichtet ist. Dafür ist es zugleich flexibel und kann entsprechend neue oder kreative Leistungen vollbringen. Solche Verarbeitungsprozesse sind nur dann bewusst, wenn sie von Aktivitäten der assoziativen Großhirnrinde begleitet sind, d. h. von neuronalen Aktivitäten im hinteren und unteren Scheitellappen (parietaler Cortex), im mittleren und unteren Schläfenlappen (temporaler Cortex) und im Stirnlappen (Frontallappen;

präfrontaler Cortex) initiiert werden. Der Hippocampus ist hiermit eine wichtige Schaltstelle für den Zugang von Gedächtnisinhalten zum Bewusstsein. Die unbewusste Verarbeitung erfolgt hingegen durch das implizite, prozedurale oder nicht-deklarative System, das in seiner Kapazität nahezu unbeschränkt zu sein scheint und dabei überwiegend parallel schnell sowie weitgehend fehlerfrei arbeitet. Es ist in seiner Informationsverarbeitung flach, d.h. es verarbeitet Informationen anhand einfacher Merkmale oder Bedeutungen und ist relativ unflexibel bzw. variiert innerhalb vorgegebener Alternativen. Es ist außerdem nicht an Sprache gebunden und einer sprachlich-bewussten Beschreibung nicht zugänglich. Untersuchungen mit bildgebenden Verfahren zeigen beispielweise, dass alles, was nicht in der assoziativen Großhirnrinde abläuft, grundsätzlich auch nicht bewusst erfahren wird. Diese Befunde zeigen aber auch, dass dem Bewusstsein eine ganz bestimmte Funktion bei der Informationsverarbeitung zukommt, indem Bewusstsein immer dann auftritt, wenn es um die Verarbeitung hinreichend neuer, wichtiger und detailreicher Informationen geht, für die noch keine unbewussten Routinen ausgebildet wurden. Insofern gehen diese zur Entwicklung einer Theorie vorausgehenden Überlegungen davon aus, dass auch hier ein Orchestrierungsprozess greift, der sich über mehrere kognitiven Funktionen erstreckt und in der Folge zur Ausbildung bzw. zum Auftauchen neuer emergenter Eigenschaften führt.

Das *Kognitionsmodell* als ein solch funktionales Modell beruht zum einen auf der Gegenüberstellung eines perzeptiven Systems (Wahrnehmungssystems) und eines effektorischen Systems (Handlungs- bzw. Verhaltenssystems) in einer Außenwelt (Umgebung). Das Modell der Kognition folgt zum anderen einer konnektionistischen Subsumptionsarchitektur, indem der kognitive Prozess auf eine geschichtete Architektur von untereinander vernetzten Teilsystemen aufsetzt. Die Koordination dieser Teilsysteme erfolgt entweder multidirektional jeweils auf der funktionalen Ebene oder aber über eine zentrale Instanz).[59] So können sich die einzelnen Systeme gegenseitig insofern

---

[59] Dieser Ansatz folgt in gewisser Weise der Dezentralisierung und dabei der Theorie des globalen neuronalen Arbeitsraumes. Ein solcher Raum besteht mutmaßlich aus assoziativen Hirnarealen im präfrontalen, cingulären und temporalen Cortex und ist von Langstreckenverknüpfungen durch lange Neuronen durchzogen, die ebenfalls den Corpus callosum, also die Mittellinie zwischen den Gehirnhälften kreuzen. Diese langen Neuronen sind vornehmlich im präfrontalen Cortex zu finden und mit dem parietalen, temporalen und cingulären Cortex verschaltet. Auch zu Thalamus,

beeinflussen, als sie sich untereinander hemmen oder verstärken. Erst das kognitive System als Ganzes realisiert ein kognitives Verhaltensmuster und ist durch spezifische Sensoren und Aktoren mit der Umwelt des Systems verbunden (siehe Abb.3.3).

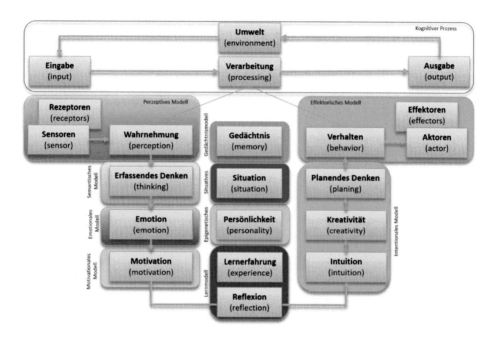

Abbildung 3.3: Funktionales Kognitionsmodell der natürlichen Kognition

Das *Perzeptive System* dient der Reizaufnahme durch Sensoren und der Wahrnehmung durch Transformation der Reize auf entsprechende semantische Konzepte. Dieses perzeptive System bildet die eingangsseitige Schnittstelle zwischen anderen Kognitionen und der Umwelt. Um eine für die Zwecke einer adaptiven Kopplung an die Umwelt angemessene Interpretation des sensorischen Inputs zu erreichen, muss das *Semantische System* den sensorischen Input gleichsam im Kontext bestimmter Annahmen über die physikalische Welt und/oder der Problemdomäne interpretieren. Das *Emotionale System* basiert auf einem semantischen Konzeptverarbeitungsprozess, der durch die direkte

---

Basalganglien und Hippocampus besteht eine enge Verbindung. Mit Ausnahme des Geruchssinns passieren alle Informationen von den Sinnesorganen den Thalamus. Während die Basalganglien wichtig für die Entscheidungsfindung sind, ist der Hippocampus entscheidend für das Gedächtnis und insbesondere für das Abrufen von Erinnerungen.

und/oder indirekte Wahrnehmung eines Objekts über das perzeptive System oder einer Situation über das situative System ausgelöst wird und mit Zustandsveränderungen, spezifischen Kognitionen, Schwächung oder Verstärkung der Persönlichkeitsmerkmale und einer Veränderung der Verhaltensbereitschaft einhergeht.[60] Das *Motivationale System* realisiert das auf emotionaler Aktivität beruhende zielorientierte Verhalten des Gesamtsystems. Motivation steigert oder schwächte dabei Verhaltensbereitschaft und ist somit eine „Triebkraft" für das Verhalten. Das *Epigenetische System* betrifft die Eigenschaften und die Merkmale, die eine relativ überdauernde Bereitschaft (Disposition) erzeugen und die bestimmte Aspekte des Verhaltens des Gesamtsystems in Situationen ausprägen.[61] Das *Situative System* unterstützt die Aufbereitung einer situationsbezogenen Semantik, da die Bedeutung eine Relation zwischen Situationen darstellt. Das *Intentionale System* realisiert unter anderem die Fähigkeit zur Intuition, ermöglicht aber auch Einsichten in Sachverhalte, Sichtweisen, Gesetzmäßigkeiten oder die Stimmigkeit von Entscheidungen unter Umgehung von Schlussfolgerungsmechanismen.[62] Eine solche Intuition entspricht spontanen Ideen, die nicht auf Überlegungen, Entscheidungen, Einsichten, etc. zurück zu führen sind.[63] Das Intentionale System gewährleistet die Gerichtetheit kognitiver Zustände auf Gegenstände oder Ziele. Intuition ist damit ein Teil

---

[60] Das emotionale System ist sozusagen das „Fixiermittel" für die Informationsverarbeitung.

[61] Die Epigenetik befasst sich bekanntlich mit vererbbaren Veränderungen des Phänotyps durch Mechanismen, die nicht auf einer Änderung der DNA beruhen. So werden epigenetische Veränderungen auch unter dem Einfluss von Umweltfaktoren beobachtet, sodass vermutet wird, dass dieser Mechanismus möglicherweise bei der kurzzeitigen Adaptation einer Spezies an veränderte Umweltbedingungen beteiligt ist. In diesem Sinne bedeutet Epigenetik, dass zwischen der DNA und der Umwelt noch eine weitere Schicht biologischer Informationen liegt, die für eine zusätzliche Plastizität, also die Möglichkeit zur Anpassung an die Umwelt sorgt.

[62] Im Rahmen der Entscheidung einer Intuition zu folgen, bringt auch eine Komplexitätsreduktion mit sich. Dies zeigt sich darin, dass je undurchsichtiger die Ausgangsituation sind, umso besser schneiden Entscheidungen ab, die auf Heuristiken (aus dem Bauch heraus) beruhen. Analytische Entscheidungsmodelle scheinen nur in stabilen Umwelten klar von Vorteil zu sein.

[63] Intuition als eine Ausprägung von Denkprozessen verbinden Begriffe miteinander ist damit begrifflicher Natur.

kreativer Entscheidungen und Entwicklungen.[64] Im weiteren Sinne fallen damit auch Zustände wie Überzeugungen, Wünsche, Befürchtungen und Erwartungen, unter die Intentionalität, da sich diese auf etwas richten und eventuell Handlungen auslösen.[65] Das *Reflexionssystem* stellt die Fähigkeit sicher, die eigenen Kognitionsprozesse zu bewerten. Insofern handelt es sich hierbei um die Realisierung einer sogenannten Metakognition in Form einer inneren, systeminhärenten Bewertungsinstanz. Sie befindet darüber, ob die Leistungen der anderen Systeme (Erinnerungen des Gedächtnissystems, Urteile des Intentionalen Systems, Überzeugungen des epigenetischen Systems, etc.) zuverlässig oder sich in der Praxis bewährt haben. Das *Effektorische System* dient der Wechselwirkung durch Aktoren mit der Umwelt und damit der Umsetzung der kognitiven Funktionen auf ein entsprechendes Verhalten. Entsprechend des menschlichen Vorbildes, wo aus Einzelkomponenten, die an unterschiedlichen Stellen im Gehirn verarbeitet werden, durch die Integrationsleitung des Claustrums ein Ganzes entsteht, übernimmt das *Integrative System* diese Integrationsleistung. Semantische Konzepte aus den verschiedenen o.a. Teilsystemen können sich sozusagen an diesem zentralen Ort („schwarzes Brett") treffen und synchronisieren.

Die folgende Tabelle zeigt die einzelnen Systeme und deren zugeordnete Funktionen noch einmal im Überblick:

Kognitives Teilsystem	Funktion

---

[64] Diese Nähe zum Aspekt des Entscheidens folgt dem heutigem Forschungstand, der darauf hindeutet, dass die menschlichen Vorlieben in nahezu allen Bereichen, vom Essen bis zur Partnerwahl oder zur Musik, nicht auf einer rätselhaften Intuition beruhen, sondern auf Mustererkennung.

[65] Überzeugungen, Wünsche, Befürchtungen und Erwartungen bilden sich dabei über einen längeren Zeitraum. Im Handeln auf Grund von Überzeugungen, allgemein auf Grund von Gründen, gibt es aus Sicht des Konnektionismus und dort neuronal gesehen keinen Unterschied zum Verhalten auf Grund von Ursachen. Der einzige Unterschied liegt in deren Komplexität der Vernetzungen.

Perzeptives System	Das perzeptive System dient der Reizaufnahme durch Sensoren und der Wahrnehmung durch Transformation der Reize auf entsprechende semantische Konzepte.
Semantisches System	Um eine für die Zwecke einer adaptiven Kopplung an die Umwelt angemessene Interpretation des sensorischen Inputs zu erreichen, muss das semantische System den sensorischen Input gleichsam im Kontext bestimmter Annahmen über die physikalische Welt und/oder der Problemdomäne interpretieren.
Emotionales System	Das emotionale System basiert auf einem Konzeptverarbeitungsprozess, der durch die direkte und/oder indirekte Wahrnehmung über das perzeptive System oder einer Situation über das situative System ausgelöst wird und mit Zustandsveränderungen, spezifischen Kognitionen, Schwächung oder Verstärkung der Persönlichkeitsmerkmale und einer Veränderung der Verhaltensbereitschaft einhergeht.
Motivationales System	Das Motivationsystem realisiert das zielorientierte Verhalten des Gesamtsystems. Motivation steigert ode senkt dabei Verhaltensbereitschaft und ist somit eine Triebkraf" für das Verhalten.[66]
Epigenetisches System	Das epigenetische System betrifft die Eigenschaften und die Merkmale, die eine relativ überdauernde Bereitschaft (Disposition) zeigen und die bestimmte Aspekte des Verhaltens des Gesamtsystems in einer bestimmten Klasse von Situationen beschreiben und vorhersagen.
Situatives System	Das situative System unterstützt die Aufbereitung einer situationsbezogenen Semantik, indem die Bedeutung zwischen Situationen bewertet wird.

---

[66] Dies umfasst auch die Empathie als eine spezifisch menschliche Errungenschaft. Empathie erfordert nämlich die Fähigkeit, sich eine Vorstellung vom emotionalen Zustand des anderen zu machen. Dazu besitzen Menschen präfrontale und temporale kortikale Netzwerke, die wichtig für solch ein soziales Verständnis, die Theory of Mind und kognitive Empathie sind.

Intentionales Systeme	Das intentionale System realisiert die Fähigkeit zur Intuition, d.h. Einsichten in Sachverhalte, Sichtweisen, Gesetzmäßigkeiten oder die Stimmigkeit von Entscheidungen unter Umgehung von Schluss-folgerungsmechanismen zu gewinnen. Intuition ist damit ein Teil kreativer Entscheidungen.
Gedächtnissystem	Übernimmt die Speicherung und Löschung der semantischen Konzepte, insbesondere von Zeichen, Daten, Informationen und Wissen.
Lern-System	Realisiert die unterschiedlichen Lern- und Entlernvorgänge auf Basis von Lernverfahren.
Integratives System	Das integrative System übernimmt eine Integrationsleistung. Konzepte aus den verschiedenen o.a. Systemen können sich sozusagen treffen und synchronisieren. Das integrative System fungiert durch seine Vernetzung als eine Art „schwarzes Brett".
Reflektorisches System	Das Reflexionssystem stellt die Fähigkeit sicher, die eigenen Kognition- als Verarbeitungsprozesse zu bewerten. Insofern handelt es sich hierbei um die Realisierung einer sogenannten Metakognition in Form einer inneren Bewertungsinstanz.
Effektorisches System	Das effektorische System dient der Interoperation durch Aktoren mit der Umwelt und damit der Transformation der semantische Konzepte auf ein entsprechendes Verhalten.

Tabelle 3.1: Funktionsübersicht des Kognitionsmodells

3.3   Implikationen

Eine Theorie der Kognition hat den Anspruch, den Wirklichkeitsbereich des Erkenntnisobjektes möglichst klar, präzise und passend durch Modelle abzubilden, wenngleich dies aber nur näherungsweise möglich ist. Im Rahmen der Entwicklung einer artifiziellen Kognition als Projekt gilt es die Theorie noch genauer zu betrachten, indem zur Theorie auch eine Gruppe von Akteuren gehört, welche diese Theorie vertreten.

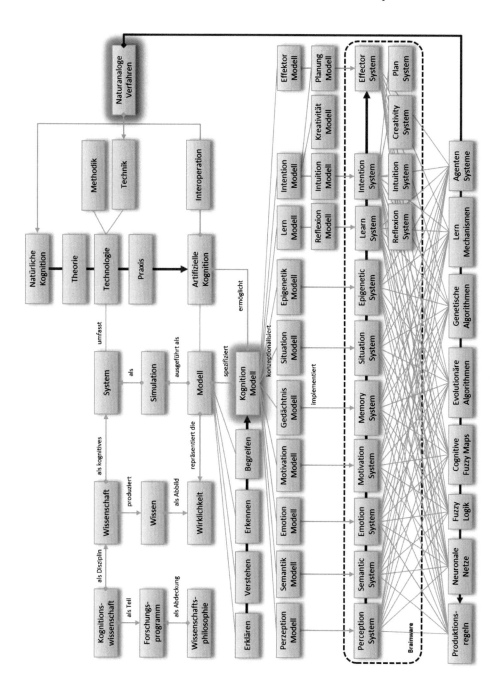

Abbildung 3.4: Theorie der natürlichen Kognition als Modell und Implikation

Diese Personen sind der starken Überzeugung, dass die Fakten und Hypothesen dieser Theorie zutreffen. Deren Zugang zum Phänomen der Kognition besteht aus Beobachtung, Wahrnehmung, theoretische Überlegungen, Experiment und Simulation. Dabei zeigt sich, dass viele Theorien zur Kognition aus unterschiedlichen Disziplinen entwickelt wurden.

Durch die wissenschaftsphilosophische Abdeckung werden daher auch die Beziehungen zwischen diesen Theorien untersucht und das Umfeld einer Theorie erforscht. Dadurch lassen sich auch die komplexen, vernetzten Systeme darstellen, die aus Theorien und ihren Beziehungen zusammengesetzt sind. Dazu werden in der Wissenschaftsphilosophie zeitunabhängige (statische) Theoriennetze und zeitabhängige (dynamische) Theoriennetze unterschieden. Auf Basis dieser Vorarbeiten wird ein Modell der Kognition als ein Bild, ein Abbild, eine Repräsentation, eine Darstellung von kognitiven Phänomenen entwickelt, wie sie sich in der Wirklichkeit zeigen.

Modelle werden dabei durch Sätze als Hypothesen und Modelle als deren grafische Darstellung beschrieben. Ein solches Kognitionsmodell als System ist dabei ein einheitliches, geordnetes Ganzes, das verschiedene funktionale Teile zusammenstellt, zusammenfügt, vereinigt und damit verknüpft. Insofern geht man von zwei Modellen aus, indem das in diesem Kapitel entwickelte Modell der natürlichen Kognition im nächsten Kapitel ein Modell der artifiziellen Kognition überführt, darüber in Algorithmen zu einem kognitiven System transformiert und dadurch eine artifizielle Kognition realisiert wird (siehe Abb.3.4).

4. Artifizielle Kognition als Simulation

4.1 Initialisierung

Mit diesem Kapitel fokussiert sich die wissenschaftsphilosophische Betrachtung auf die eigentliche Entwicklung einer artifiziellen Kognition als softwaretechnologische Lösung im Rahmen des gewählten Vorgehensmodells. Hierzu wird auf der Basis kognitionswissenschaftlicher Erkenntnisse die Abbildung kognitiver Phänomene angestrebt, indem die zur Realisierung einer artifiziellen Kognition notwendigen Überlegungen unter Umgehung einer rein biologisch-physiologischen Betrachtung hin zu einer kategorial-modularen, funktionell-systemischen und damit objektorientiert-algorithmischen Betrachtungsweise verschoben wird.[67] Dabei lassen die Fortschritte in der Informatik und dort in der Künstlichen Intelligenz als eher technische Disziplin sowie die der Kognitionswissenschaft in ihrer technologischen Ausprägung ein solches Vorhaben als logische und praktische Konsequenz und damit als eine evolutionäre anstelle der oftmals propagierten revolutionären Entwicklung erscheinen. Im Rahmen der Initialisierung finden dabei Vorüberlegungen dahingehend statt, wie man kognitive Phänomene beschreiben, kognitive Theorien modellieren, Algorithmen formalisieren und kognitiven Lösungen implementieren kann. Dabei werden in Anlehnung an den lateinischen Begriff „cognoscere" (=erkennen) und dessen Begriffsbedeutung die kognitiven Systeme derart charakterisiert, dass zwischen Reizaufnahme durch Sensoren und Verhalten durch Aktoren

---

[67] Dabei muss aus Sicht einer solchen technologisierten Kognitionswissenschaft grundsätzlich davon ausgegangen werden, dass diese kognitiven Phänomene als Prozesse etwas mit dem Zentralnervensystem zu tun haben. Des Weiteren muss die Prämisse gelten, dass es hirnphysiologische Parameter gibt, die mit diesen Prozessen in Zusammenhang gebracht werden können. Diese Parameter, die man im Fachjargon als sogenannte neuronale Korrelate kognitiver Prozesse bezeichnet, werden sozusagen „aufgeblendet". Letzteres wird dadurch legitimiert, dass die zerebrale Repräsentation von komplexen Kognitionen hochgradig vernetzt in unterschiedlichen Regionen des Gehirns organisiert ist. Das impliziert, dass die Verwendung bisheriger neurophysiologischer Methoden vielmehr Auskunft geben kann darüber, *wie* jemand eine Aufgabe löst und weniger darüber, *was* jemand konkret denkt und tut.

Springer-Verlag GmbH, DE, ein Teil von Springer Nature 2022
M. Haun, *Natürliche Kognition technologisch begreifen*,
https://doi.org/10.1007/978-3-662-64670-0_4

eine rechnerbasierte Verarbeitung semantischer Konzepte integriert ist. Insbesondere geht man von der Annahme aus, dass artifizielle Kognition als semantische Konzeptverarbeitung auf Basis naturanaloger Verfahren und die hierfür bereitzustellenden elementaren kognitiven Verarbeitungsprozesse durch den kombinatorischen Einsatz von Cognitive Computing Techniken im Rahmen einer hierfür geeigneten Infrastruktur zu realisieren sind. Demnach ist Kognition nicht mehr aber auch nicht weniger als eine Art semantischer Konzeptverarbeitung.

4.1.1   Infrastruktur als soziotechnologischer Rahmen

Die Realisierung einer artifiziellen Kognition innerhalb eines Entwicklungsprojektes benötigt eine *Infrastruktur*, um die interdisziplinären Zugänge kanalisieren zu können.[68] In diesem Sinne vereint eine solche Infrastruktur Erkenntnisse, die sich aus unterschiedlichen Disziplinen wie beispielsweise der Neurowissenschaft, Psychologie, Linguistik, Computerwissenschaft, Künstlicher Intelligenz, Robotik, Anthropologie und Philosophie rekurrieren. Nur eine solche, durch Technologie komplettierte, transdisziplinäre Kognitionswissenschaft ist in der Lage, die Realisierung kognitiver Funktionen in der Ausprägung artifizieller Kognitionen anzugehen.[69]

KOGNITIONSWISSENSCHAFT = NEUROWISSENSCHAFT + PSYCHOLOGIE + INFORMATIK
+ KÜNSTLICHE INTELLIGENZ + LINGUISTIK + PHILOSPHIE + ...[70]

---

[68] Der Begriff der Institution des „Entwicklungsprojekt" steht zum einen für ein spezifisches Vorhaben der Problemlösung unter Zuhilfenahme einer wohldefinierten Orchestrierung theoretischer und praktischer Ideen. Es steht zum andern in Anlehnung an Lakatos für eine Abfolge sich entwickelnder Theorien und Technologien als Prozess, der sich über die Programmlaufzeit und womöglich darüber hinaus erstreckt.

[69] Damit wird die Wissenschaftsdisziplin, die sich mit dem Gehirn beschäftigt und bisher als Neurowissenschaft firmiert, in die Kognitionswissenschaft subsummiert.

[70] Dies bringt zum Ausdruck, dass die meisten Neurowissenschaftler die Auffassung vertreten, dass sich die menschliche Kognition völlig auf das Gehirn reduzieren lässt. Die Philosophen gehen zwar auch davon aus, dass die Kognition und das Gehirn in engem Zusammenhang stehen, sie bestreiten jedoch die pure Reduktion der Kognition auf das Gehirn und damit auf die Materie. Informatik als basale Grundlagenwissenschaft der Künstlichen Intelligenz-Forschung versucht, konkrete

Insofern operiert das Entwicklungsprojekt also dezidiert disziplinübergreifend, was sich auch darin zeigt, dass Fakten rund um den Erkenntnisgegenstand der Kognition in dem Projekt erst geschaffen bzw. im Rahmen alltäglicher Entwicklungspraxis konstruiert und dabei immer wieder auch verändert werden. Insofern ist das Entwicklungsprojekt in einen adaptiv-dynamischen Kontext eingebettet, dessen Kern als auch dessen Grenzen sich während des Entwicklungsprozesses verändert. Die Infrastruktur als Rahmen dieses Kontextes zeichnet sich dadurch aus, dass sie historisch eingebettet, transparent, zeitlich und räumlich ausgreifend erscheint. Sie wird im Rahmen der Initialisierung auf die Forschungs- bzw. Entwicklungsbelange ausgerichtet, von den Akteuren erlernt, und ist Teil konventionalisierter Praxis und damit immer auch verkörperter Standard auf Zeit. Sie setzt auf eine bestehende Struktur-, Prozess- und Technologiebasis auf, ist modular, volatil und wird vor allem in ihrem Versagen sicht- und spürbar. Eine solche Infrastruktur ist somit ein grundlegender Bestandteil technologischer und sozialer Entwicklungspraxis und ermöglicht, während der Entwicklung die spezifischen Formen der Vernetzung von Akteuren, Strukturen, Prozessen, Technologien und Prinzipien wissenschaftsphilosophisch zu fassen.

Zu der Infrastruktur zählt auch der *wirtschaftliche Kontext*, in dem sich das Projekt bewegt, indem Partner aus Wirtschaft und Forschung akquiriert werden, um unter anderem die Finanzmittel für die Entwicklung bzw. die Umgebung für die spätere Praxis zur Verfügung zu stellen. Insofern gewährleistet die Infrastruktur, dass Theorie und Praxis respektive Grundlagenforschung und Anwendungsentwicklung konstruktiv zusammenkommen. Dabei muss der forschungsnahe Anteil des Projektes gemäß dem Drei-Phasen-Modell der disziplinären Entwicklung von Forschungsfeldern dem Typus *paradigmatischer Forschung* zugeordnet werden. Dies nicht zuletzt aufgrund der noch zu testierenden Erkenntnisdefizite, die ebenfalls durch eine entsprechende Ausgestaltung der Infrastruktur zu egalisieren sind. So greifen die Akteure beispielsweise auf den Ansatz der *Literaturrecherche* zurück, um relevante Informationen aus wissenschaftlichen Publikationen zusammenzutragen. So studieren die Akteure Fachzeitschriften und Publikationen danach, was andere Forschergruppen bereits über die unterschiedlichen

---

Erklärungen in Form von technologischen Lösungen zur Widerlegung bzw. Aufrechterhaltung solcher Auffassung zu entwickeln.

Gehirnfunktionen herausgefunden oder wie diese die kognitiven Phänomene beschrieben haben (siehe Abb.4.1). Möglich wird das durch große Datenbanken, in denen Neurowissenschaftler aus der ganzen Welt in den letzten Jahrzehnten zigtausende Ergebnisse von Bildgebungsstudien gespeichert haben.[71] Mit diesem Ansatz der Literaturrecherche lassen sich fundierte Erkenntnisse über die kognitiven Funktionen gewinnen, die weit über das hinausgehen, was der Einzelne an Wissen und Erfahrung hätte beitragen können.

Neben diesen Defiziten lassen sich bei näherer Betrachtung auch *intradisziplinäre Defizite* ausmachen, was allerdings nur am Rande bemerkt und an dieser Stelle nicht weiterverfolgt werden soll. In Anlehnung an Gerhard Roth und seinen in den 90er Jahren des alten Jahrhunderts festgestellten Schwierigkeiten zeigt sich:

„*Das größte Hindernis bei der gemeinsamen Arbeit sind Statusprobleme der beteiligten Wissenschaften (d. h. die Furcht, als autonome Wissenschaft nicht ernst genommen zu werden), gefolgt von der weitgehenden Unkenntnis des Problembewusstseins, der Begriffssysteme, des methodisch-praktischen Vorgehens und insbesondere des Wissens- und Diskussionsstandes in den jeweils anderen Disziplinen. Die Philosophie hat dabei offenbar erheblich größere Probleme als die anderen beteiligten Wissenschaften*" (Roth/1994).

---

[71] Diese Datenbanken sind unter BrainMap.org oder Neurosynth.org erreichbar und speichern verschiedene experimentelle Bedingungen und die dadurch ausgelösten Hirnaktivierungen.

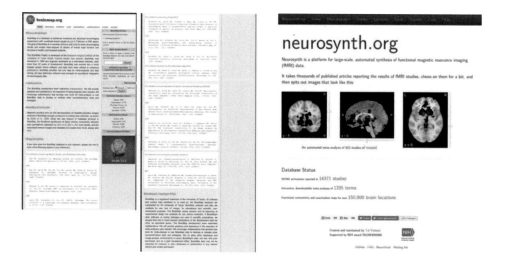

Abbildung 4.1: Brainmap.org und neurosynth.org

Aus diesem Grund ist das Projekt zur Entwicklung artifizieller Kognitionen in der Ausprägung und in Erweiterung des FabLab-Ansatzes als *Simulationslabor* angelegt.[72] Das Konzept des Simulationslabors grenzt sich jedoch von den weltweit vorhandenen FabLabs ab, indem die Querschnittsthemen Modelle, Methoden, Techniken, Algorithmen und Vorgehensmodelle als eine wichtige Verzahnung auf dem Weg von der natürlichen Kognition als Phänomen (Aufgabenstellung) bis hin zur Realisierung einer artifiziellen Kognition als Artefakt (Prototyp) kombiniert werden. Von besonderer Bedeutung dabei ist das Verständnis für die Anwendung computergestützter Berechnungs-, Modellierungs- und Simulationsmethoden, um von deren Offenheit zu profitieren, was den Einsatz von Theorien und Modelle betrifft. Mit dem Simulationslabor lassen sich Kenntnisse und Methoden aus den einzelnen Fachdisziplinen praktisch anwenden, die Faszination

---

[72] Definiert ist ein FabLab (Fabrication Laboratory) als offene „Werkstatt", die Technologien für die Entwicklung und Fertigung in einem Labor zur Verfügung stellt. Das erste FabLab ist am Massachusetts Institute of Technology entstanden. Ein FabLab soll für jeden öffentlich zugänglich sein, schnelles Prototyping für Innovationen ermöglichen, ein Ort zum Spielen, Arbeiten, Lernen und Erfinden sein und die Gemeinschaft aus Lernenden, Pädagogen, Technologen, Forschern, Machern und Innovatoren miteinander verbinden. Eng verwandt sind MakerSpaces, Hackerspaces, Kreativhubs, Techshops. FabLabs wurden zwischenzeitlich auch an einigen deutschen Universitäten und Hochschulen eingerichtet, da sie sich für interdisziplinäre Forschung und Kooperationen mit Unternehmen sehr gut eignen.

kreativer Entwicklungsprozesse in den Kognitionswissenschaft erleben und parallel dazu das Verständnis für die Grundlagen der Kognition festigen, was der Schlüssel für die Realisierung natürlich-adäquater kognitiver Funktionen im Einzelnen und kognitiver Systeme im Ganzen ist.

4.1.2   Eigenschaften der Kognition als funktionaler Rahmen

Kognitive Systeme sind in natürlicher Weise bei solchen Lebewesen realisiert, die ein Nervensystem besitzen und damit über die Möglichkeiten verfügen, aufgenommene Informationen zu verarbeiten, sich zu verhalten und so auf ihre Umwelt einzuwirken. Insofern wird als *Kognition* umgangssprachlich Phänomene des Erkenntnis- und Entscheidungsvermögens bezeichnet, worunter Eigenschaften wie wahrnehmen, denken, verstehen und urteilen fallen. In Erweiterung zu dieser traditionellen Auffassung hingegen als Arbeitsdefinition unter der *natürlichen Kognition* im Kern der Prozess der Erkenntnisgewinnung und Entscheidungsfindung verstanden, der die Vorgänge der Wahrnehmung, des Denkens und der Handlung umfasst.[73] Flankierend zu diesem Kern werden auch die Eigenschaften der Emotion, Motivation, Reflexion etc. ebenfalls unter einer natürlichen Kognition subsummiert.

NATÜRLICHE KOGNITION =	WAHRNEHMUNG [Eingabe] + DENKEN [Denken, Bewusstsein] + HANDLUNG [Ausgabe, Interaktion] > [Intelligenz, Geist, Ich, Seele][74]

---

[73] Vor allem der Aspekt des Entscheidens gilt es hervorzuheben und etymologisch zu betrachten. Der Begriff stammt ab vom germanischen *skaipi*, was „Schwertscheide" bedeutet. Im Mittelhochdeutschen wurde daraus *sjeidan*, was „Entscheidung" in der Ausprägung als „absondern", „bestimmen", „richterlich ein Urteil fällen" meint. Wer demnach entscheidet, bewertet und trennt, durchschneidet dem Möglichkeitsraum. Mit jeder Entscheidung, die getroffen wird, „stirbt" eine Option. Gerade im 21. Jahrhundert erscheint der Mensch in letzter Konsequenz als die Summe seiner Entscheidungen. Man ist, wie man entscheidet!

[74] Diese frühe epistemologische Relation formuliert, dass der Begriff der Kognition neben der Bewusstseins- und Denkfähigkeit sich verstärkt auch auf die emotionalen Fähigkeiten richtet. Durch die in Klammer gesetzten [alten] Begriffe wird angedeutet, dass die Kognition als spezielle Kombination von Funktionen zwar mit den

Auch die artifiziellen Kognitionen als softwaretechnische Artefakte vermögen in ähnlicher Weise wie Lebewesen Reize, Signale, Zeichen, Daten, Informationen oder Wissen aus ihrer Umwelt aufzunehmen, zu verarbeiten und als Resultat dieser Verarbeitung ein entsprechendes Verhalten zu zeigen. Daher wird in Anlehnung daran unter einer *artifiziellen Kognition* ein systemischer Prozess verstanden, der von der Perzeption als sensorische Wahrnehmung, über die semantische Konzeptverarbeitung mittels symbolischer und non-symbolischer Techniken, bis zur Interoperation als ein Ein- und Auswirken auf die Umwelt mittels Aktoren bzw. Effektoren reicht.[75]

ARTIFIZIELLE KOGNITION =	PERZEPTION [Input] + SEMANTISCHE KONZEPTVERARBEITUNG [Processing] + INTEROPERATION [Output]

Unabhängig von der materiellen Realisierung solcher Kognitionen besitzen sowohl die Ausprägung der natürlichen Kognition als auch die der artifiziellen Kognition gemeinsame Eigenschaften. Diese Gemeinsamkeiten, aber auch die dadurch zur Erscheinung tretenden Unterschiede zwischen diesen beiden Ausprägungen von Kognition bilden das epistemologische Spannungsfeld, das die Entwicklung einer artifiziellen Kognition philosophisch begleitet und die Ermittlung der Anforderung antreibt. Insofern wird im Rahmen der Initialisierung und des dort betriebenen Anforderungsmanagements (Requirement Engineering) von den folgenden Rahmeneigenschaften ausgegangen.

---

intellektuellen Fähigkeiten korreliert, jedoch nicht mit einem wie auch immer gearteten „Ich" oder gar einer „Seele" identisch zu setzen ist.

[75] Dies entspricht einem gewissen *Essentialismus*, indem der Begriff der Kognition nur so exakt eingeführt wird, wie es die Problemsituation des Entwicklungsprojektes erfordert. Damit ist die Hoffnung verbunden, dass die rund um die Kognition vagabundierenden und damit noch unbestimmten Begriffe durch ihren Problembezug einer Bestimmung zugeführt werden können. Man kann dies auch so ausdrücken, dass diese vagen Begriffe durch ihren Bezug auf das Problem der Entwicklung einer artifiziellen Kognition geschliffen werden (Vgl. Popper, 1994).

- Kognitive Systeme sind dahingehend **autonome Systeme**, dass sie durch ihre systeminhärenten Eigenschaften über alle Eigenschaften verfügen, um interoperationsfähig zu sein.[76]

- Kognitive Systeme arbeiten in Problemsituationen, die sich durch eine symbolische Repräsentationsstruktur so formalisieren lassen, dass sich Regeln zur Lösungsfindung formulieren lassen, um durch deren Anwendung mittels Produktionsregelsystemen ein **rationales Verhalten** zu zeigen.

- Die Verarbeitung der semantischen Konzepte basiert auf den Kerntechniken der **schwachen Künstlichen Intelligenz** sowie des Künstlichen Lebens und damit auf **naturanalogen Verfahren**.[77]

- Im Gegensatz zu der schwachen Künstlichen Intelligenz, wo die Frage, wie die Menschen Probleme lösen, nur eine untergeordnete Rolle spielt, ist die Entwicklung einer artifiziellen Kognition **der starken Künstlichen Intelligenz** zuzuordnen. Es gilt intelligentes menschliches Verhalten zu simulieren, um so Einblicke in die Arbeitsweise menschlichen Gehirns zu erlangen und natürliche Kognition begreifen zu können.

- Kognitive Systeme arbeiten **deterministisch**, indem sie funktional autonom operieren und in dieser Autonomie zu Beginn ihres Lebenszyklus nur durch die Ausdruckstärke der verwendeten Programmiersprachen beschränkt werden.[78]

---

[76] Im allgemeinen Sprachgebrauch ist autonom mit selbständig und unabhängig gleichzusetzen. Autonomes Fahren beispielsweise bedeutet in dem Kontext dieser Arbeit das selbständige, zielgerichtete Bewegen eines Fahrzeugs ohne Eingriff eines menschlichen Fahrers.

[77] Unter einer Künstlichen Intelligenz (KI) versteht man eine von Menschen konstruierte Maschine oder ein Computerprogramm, das (scheinbar) intelligente Denkleistungen vollbringt. Im Rahmen dieser Arbeit wird begrifflich zwischen der KI als Thema, einer KI als Maschine, deren KI-Programm, der KI als theoretische-Forschung und KI als praktische-Entwicklung unterschieden.

[78] Die Möglichkeit der Autonomie inkludiert auch die der autonomen Selbstbegründung des Systems und dies wiederum impliziert philosophisch eine Selbstrechtfertigung und Selbsterklärung „aus und durch sich selbst heraus". Eine solche Funktion der Selbstevidenz ermöglicht eine Rechtfertigung des kognitiven Systems aus sich selbst heraus. Softwaretechnisch geschieht dies im Rahmen der Entwicklung einer artifiziellen Kognition durch die Implementierung von rekurrenten Auto-Feedback-

- Die Verarbeitung folgt zum einen dem Konzept einer **funktional-verteilten semantischen Konzeptverarbeitung**, indem die Konzepte durch funktional getrennte Komponenten bearbeitet werden.[79] Zum anderen ist auch eine **zentralistische semantische Konzeptverarbeitung** möglich, indem unter Umständen eine Komponente als Entscheidungsinstanz finale Entscheidung trifft.[80]

- Aufgrund der Fähigkeit zur Interoperation mit sich, mit anderen Systemen und der Umwelt folgt, dass kognitive Systeme sowohl selbst-referenziellen als auch fremd-referenzielle Systeme sind.

  - Sie sind **selbstreferenziell**, weil sich die Interoperationen auf das Systems selbst ein- und auswirken.[81]

  - Sie sind **fremd-referenziell** und damit kontextabhängig, weil die Interoperationen ausschließlich von ihrer situativen Umwelt beeinflusst werden.

Schleifen, wo: Input und Output miteinander so vernetzt werden, sodass der Input auf den Output eine Wirkung ausübt und umgekehrt.

[79] So erfolgt die Repräsentation von semantischen Konzepten nicht in spezialisierten Nervenzellen, sondern über ganze Ensembles von Nervenzellen, die sich dynamisch miteinander verbinden und über große Bereiche der Hirnrinde verteilt sein können.

[80] Beispielsweise erfordert Bewusstsein zum einen die koordinierte Aktivität weit verstreut liegender Hirnareale, vom unteren Hirnstamm aufsteigend zum zerebralen Cortex, statt an einem bestimmten Ort im Gehirn zu residieren. Insofern ist für bewusstes Erleben das Wechselspiel vieler eigenständiger Hirnmodule erforderlich. Zum anderen erfordert ein artifizielles Bewusstsein die Wachheit als zentrale Instanz, denn ohne diese Gegebenheit eines intrinsischen Kerns, der die verstreuten Hirnareale entsprechend informiert und steuert, zerfällt das Bewusstsein als System. Ohne eine solche Vigilanz oder Vigilität wird die Kognition und dort das Bewusstsein nicht mehr von innen her zusammengehalten.

[81] Weitere Beispiele für solche Systeme lassen sich auch in anderen Wissenschaftsdisziplinen ausmachen, so beispielsweise sich selbst optimierende Werkstoffe, sich selbst organisierende und formende Kristalle oder die synthetische Biologie, wo lebende Zelle frei von Vorgaben, also ohne eine biologische Hardware erschaffen werden.

- Ein kognitives System ist in diesem Sinne als **geschlossenes System** gegenüber der Umwelt aufzufassen. Es kann durch Einwirkungen der Außenwelt zwar beeinflusst und moduliert, aber nicht durch Zustände der Außenwelt festgelegt werden.

- Ein kognitives System ist aber auch als ein **zirkulär geschlossenes System** zu betrachten, das eben nicht nur ein Innen und Außen kennt und daher auch in der kybernetischen Weise Konzepte aus der Umwelt entnehmen, bearbeiten und als „Repräsentationen" speichern kann. Ein kognitives System erzeugt vielmehr durch die Interoperation mit seiner Umwelt diejenigen Modifikationen an den internen Repräsentationen, die ein Aufrechterhalten von vitalen Funktionen ermöglichen.[82]

- Ein kognitives System interoperiert mit anderen Systemen und löst dadurch beim jeweils anderen System Struktur- und Prozessveränderungen aus. Die wechselseitigen Prozess- und Strukturveränderungen zweier Systeme und damit in deren Umwelten wird als **interoperationale Koppelung** bezeichnet.

- Durch die interoperationale Koppelung zweier Systeme entsteht ein Bereich des koordinierten Verhaltens, der durch die Struktur und Prozesse der Systeme und ihre Entstehungsgeschichte festgelegt ist. Dadurch entstehen sogenannte **interoperationale Vereinbarungen**, die in Form von Kontrakten (Contracts, Interoperation Level Agreements) Verbindlichkeiten schaffen, um durch Einbettung als Embedded Systems auch an soziotechnologischen Kooperationen teilzunehmen zu können.

- Kognitive Systeme sind **lernende Systeme** und ermöglichen damit, dass diese Systeme über das, was ihnen durch den Entwickler an repräsentationalen

---

[82] Ein solcher Interoperationalismus basiert auf grundlegenden Annahmen. So bauen Subjekte die Strukturen der eigenen Innenwelt wie auch der jeweils gegebenen natürlichen und sozialen Außenwelt in einem aktiven Konstruktionsprozess erst auf (Annahme des Konstruktivismus). Dabei besteht ein interoperatives Wechselverhältnis zwischen den Subjekten und der gegebenen Außenwelt. Neben dem Umgang mit der natürlichen Außenwelt ist vor allem die Einbindung der sich entwickelnden Subjekte in soziale Interoperationen zu berücksichtigen (Annahme des Interoperationalismus). Strukturen der Innen- wie auch der Außenwelt entstehen stets auf der Grundlage bereits ausgebildeter Strukturen (Ausschluss einer Nichtstrukturiertheit).

Strukturen und Funktionen initialeingegeben wurde, hinausgehen und somit den ursprünglich angedachten programmiertechnischen Rahmen verlassen.

- Das kognitive System als **epigenetisches System** ist in der Lage, im Rahmen der kognitiven Ontogenese auch durch Misserfolge zu lernen und so die antifragile Leistungsfähigkeit des Systems zu verbessern.[83]

- Im Duktus des Lernens und der Autonomie müssen diese Systeme als **nichttriviale Systeme** aufgefasst werden, indem sie sich Interoperationspotenziale verschaffen. Sie sind damit keine reinen Reiz-Reaktions-Systeme, bei denen man mit dem einem gegebenen Input stets den erwarteten Output erwarten darf. Ihre Unbestimmtheit ist das Bestimmende, die prinzipielle Unvorhersehbarkeit der Verhaltensweisen zählt zur optionalen Eigenschaft der systemischen Normalität.[84]

- Die kognitiven Systeme als reflexive Systeme können durch rekursive interne Repräsentation ihrer Interoperationen durch Selbstbeobachtung eine artifizielle **Reflexion** entwickeln.[85] Eine solche Reflexion entsteht durch rekursive Interoperationen eines kognitiven Systems mit eigenen Zuständen.

- Kognitive Systeme sind als **Agentensysteme** auch **wissensbasierte Systeme**, indem sie sich als solche neben initialem Wissen auch zusätzliches Wissen als „tacit knowledge" über externe Quellen erschließen können. Da die

---

[83] Die Phylogenese bezeichnet sowohl die stammesgeschichtliche Entwicklung der Gesamtheit aller Lebewesen als auch bestimmter Verwandtschaftsgruppen auf allen Ebenen der biologischen Systematik. Unter Ontogenese wird die Entwicklung eines Einzelwesens bzw. eines einzelnen Organismus verstanden im Gegensatz zur Stammesentwicklung.

[84] Unbestimmtheit bedeutet nicht notwendig Zufälligkeit, sondern lediglich die Feststellung, dass hier die Kombination aus empirischer und rationaler Methode an dieser Stelle keine Auskunft über Sinn oder Unsinn des Resultats eines solchen Lernvorgangs liefern kann.

[85] Demnach erfolgt Reflexion auf Basis von rekurrenten neuronalen Netzen und ist das Ergebnis derer neuronalen Muster für Begriffe oder deren neuronalen Prozesse für die Verarbeitung semantischer Konzepte. Selbstverständlich lässt sich also ein erlebnisfähiges selbst-reflexives Objekt vollständig auf Materie und physikalische Prozesse reduzieren.

Konzeptverarbeitung nicht nur auf bestehenden Fakten und Regeln basiert, sondern durch Einbezug anderer naturanaloger Verfahren zu kreativen Akten in der Lage sind, zusätzlich durch die Ausgestaltung als Agenten auch in der Lage sind, bestehende Fakten weltweit im Zugriff zu haben, können sie neues Wissen generieren. Man kann sie daher als **wissensgenerierende Systeme** auffassen.

- Kognitive Systeme als **evolutionäre Systeme** bilden evolutionäre Vorgänge in einer Zeitraffung ab und vermögen damit die Zeiträume, für die natürliche Evolution Jahrmilliarden braucht, in Simulationszeit zu durchlaufen. So vermag ein kognitives System mittels evolutionärer bzw. genetische Algorithmen sich selbst zu optimieren.

- Kognitive Systeme sind **widerstandsfähige Systeme** im Sinne der Resilienz. Sie werden maßgeblich von den oben genannten Fähigkeiten und Eigenschaften beeinflusst, zu denen u. a. das Eingehen von Verträgen, vorausschauendes Entscheiden, Flexibilität, Belastbarkeit oder systemische Vitalität zählen. Eine solche artifizielle Resilienz entsteht und entwickelt eine robuste Interoperation mit anderen Systemen und der Umwelt.

- Kognitive Systeme sind durch ihre Mensch-Computer-Schnittstellen **wirklichkeits- erweiternde Systeme**.

- Kognitive Systeme sind **Systeme mit Querschnittsfunktionen**, indem sie bestehende Technologien unterstützen und Kern- und Schlüsseltechnologien mit kognitiven Fähigkeiten erweitern.

- Kognitive Systeme und deren Funktionen lassen sich auf unterschiedlicher Soft- und Hardware realisieren und sind daher **architektur-agnostische Systeme**. Dies zeigt, dass artifizielle Kognition nicht an eine strikt zu fixierende physiologisch-physikalische Architektur gebunden ist. Wichtig scheinen vielmehr nur die in den verschiedenen kognitiven Lösungen fixierten Strukturbedingungen, in denen sich algorithmisiertes Verhalten realisiert.[86]

---

[86] Insbesondere die Tatsache, dass in den auf Chip-Basis erstellten Maschinen kognitive Operationen zu modellieren sind, dass sich in deren Performance ggf. sogar schon Analoga zu einfachen kognitiven Funktionen finden lassen, demonstriert, dass die Operationen des Bewusstseins nicht an eine spezielle Physis, die Operatoren eines Wirbeltiergehirns gebunden sind. Diese Substituierbarkeit der Funktionen von Hirn

Damit sind die wichtigsten Eigenschaften formuliert, die den funktionellen Rahmen eines mit einer artifiziellen Kognition ausgestatteten Systems aufspannen.

4.2   Konzeptionalisierung

4.2.1   Fraktaler Konnektionismus als Paradigma

Dieser funktionale Rahmen wird von dem Paradigma des *fraktalen Konnektionismus* untermauert, indem es als subsistenter Garant einer artifiziellen Kognition gilt.[87] Damit lässt sich Kognition als ein Prozess der Emergenz beschreiben, in dem darin neue neuronale Musterkonfigurationen als zunächst nicht nachvollziehbare, weil nicht aus alten Musterkonfigurationen ableitbare kognitive Zustände auftauchen, die sich durch Iteration, also durch den Vollzug der Selbstbezüglichkeit von selbstähnliche neuronalen Mustern generieren und die durch eine iterativ-rekursive Formel eines Fraktals charakterisiert werden können. Eine solche fraktal-konnektionistische Emergenz liegt demnach dann vor, wenn das kollektive bzw. kollaborative Verhalten der einzelnen Neurone das Gesamtverhalten neuronalen Netzwerkes transzendiert bzw. wenn die geordneten Wechselwirkungen und Interoperationen jenseits der Ebene der singulären Neurone manifest werden. So ist etwa auf der Ebene eines einzelnen Neurons keine fraktal-

---

und Computer macht auf das herausgestellte Problem aufmerksam: So ist auch das Bewusstsein nicht der Computer oder das Hirn. Es äußert sich vielmehr in diesen Strukturen.

[87] Die Bezeichnung des fraktalen Charakters erfolgt in Anlehnung an die von Benoit Mandelbrot entwickelte fraktale Geometrie. In ihr taucht Selbstähnlichkeit als gebrochene Dimensionen auf, wie etwa der Verlauf einer Küste oder die Form von Bäumen. Je mehr man etwa eine Grenze erfassen will, desto mehr entzieht sie sich einer Erfassung. Man kann sie beliebig vergrößern, und nach einigen Vergrößerungen des Grenzgebietes taucht dieselbe Struktur wie zu Beginn erneut auf, indem sich sogenannten Rekurrenzen einstellen und dadurch immer weitere Mikrostrukturen erzeugt werden. Auch ein Baum als komplexes System ist das Ergebnis fraktalen Wachstums, indem ein fraktaler System-Attraktor hinreichend vollständig die konstitutiven Informationen für dieses Wachstum codiert. Ein einfacher Attraktor als Fraktal ist demnach ein Punkt im kognitiven Funktionsraum, auf den hin der Zustand eines kognitiven Teilsystems konvergiert.

konnektionistische Emergenz definierbar. Fraktal-konnektionistische Emergenz als Erscheinung von Kognition resultiert aus der Wechselwirkung bzw. Interoperationen einzelnen Neuronen. Aus der Perspektive der Informationstheorie kann Kognition demnach als Konkretisierung und sich selbst stabilisierende Manifestation von vernetzten komplexen semantischen Konzepten verstanden werden, die als solche in den Interoperationen der niederen Ebene der einzelnen Neurone nicht codiert und auszumachen sind. [88] Damit unterliegt eine solche artifizielle Kognition gewissen Kriterien, die es bei deren Entwicklung zu berücksichtigen gilt. Zu diesen Kriterien, dessen Aufzählung nicht als abschließend anzusehen ist, zählen die folgenden:

- Die Artifizielle Kognition ist ein **Aggregat** von zusammenwirkenden Teilen oder funktionalen Komponenten.

- Die **Wechselwirkung** zwischen Teilen der artifiziellen Kognition wird durch funktionale Unterschiede ausgelöst.

- Der kognitive Prozess benötigt **kollaterale Energie**.[89]

- Der kognitive Prozess besteht aus zirkulären, komplexen **Determinationsketten**.

- Im kognitiven Prozess müssen die Auswirkungen von Unterschieden als **Umwandlungen**, d.h. codierte Versionen von vorausgegangenen Ereignissen aufgefasst werden.

Die Formulierung des ersten Kriteriums entspricht traditionellen holistischen Denkweisen nach dem Muster der Emergenz, wobei mit Emergenz an dieser Stelle das Emergieren,

---

[88] Diese Analogie lässt einerseits an eine holografische Projektion denken, insofern auch hier ein Dimensionswechsel stattfindet und dieser Dimensionswechsel ein Begreifen von Kognition erst möglich macht. Ein solcher Wechsel von Dimensionen ist wird auch in Codierungstheorien und dort durch die Anwendung unterschiedlicher Möglichkeiten der Informationskompression praktiziert. Auch hier ist das Wesentliche die formale Erfassung von Relationen in der Ausprägung von Mustern, Synergien, Resonanzen, etc., die sich durch diese Relationen manifestieren. Im Falle der Kompression erzeugt eine Relation wiederum eine neue Information, in der analog die ursprüngliche Information „eingerollt" („gezippt") enthalten ist.

[89] Das menschliche Gehirn benötigt zur Aufrechterhaltung seiner Funktion anderthalb Kilogramm Masse, etwa einen Liter Volumen und einem Energieumsatz von etwa dreißig Watt.

also „Auftauchen" von neuen Eigenschaften bei einem System von Konstituenten bezeichnet wird.[90] Dabei gilt, dass ein einfaches Addieren der verschiedenen Konstituenten bzw. deren Funktionen nicht die Kognition als Ganzes ergibt. Vielmehr scheint alles multiplikativ verknüpft. Man versucht demnach eine naturalistische Sicht zu entwickeln, die solche Beziehungen zwischen den Objekten und Begriffen entdeckt und damit das Phänomen der Emergenz aufdeckt. Wenn ein System von bestimmten Konstituenten nämlich neue Systemeigenschaften aufweist, dann gibt es auch Wirkungen des Systems, die auf diesen Systemeigenschaften beruhen. Letzteres zeigt sich darin, dass eine Vielzahl von Objekten der artifiziellen Kognition durch ihre Wechselwirkung untereinander Systeme bilden, die neue Eigenschaften und zum Teil unerwartetes Verhalten zeigen. Man geht davon aus, dass diese neuen Eigenschaften und das neue Verhalten gerade eine Folge des dynamischen Zusammenspiels der Konstituenten sind. Dieses Zusammenspiel einer statischen und dynamischen Wirklichkeit kann daher nur annähernd und nicht in identischer Weise durch Wechselwirkung beschrieben werden, vielmehr muss in Anlehnung an die Quantentheorie von Verschränkung im Sinne einer instantanen Wechselwirkung ausgegangen werden.[91] So kann man beispielsweise Kognition als einen zellulären Automaten auffassen, wo schon mit wenigen einfachen Regeln der gesamte Automat im Laufe der Berechnungsschritte höchst komplexe Strukturen zeigen kann. Die Emergenz zeigt sich übrigens im natürlichen Vorbild darin,

---

[90] Alles was Bewusstseinsprozesse ausmacht, ist an Gehirnfunktionen gebunden. Insofern ist Kognition ist ein physiologisches Ereignis. Der mit dem Begriff der Emergenz eingebrachte nichtreduktive Materialismus geht davon aus, dass zumindest einige kognitive Eigenschaften nicht nur auf einzelne physiologische Reaktionen im Hirngewebe zurückzuführen sind. Ein einzelnes Neuron denkt nicht, sondern es bedarf einer komplexen neuronalen Organisation des Gehirns, damit Denken möglich wird oder Bewusstsein entsteht. Die Entstehung von emergenten Eigenschaften vollzieht sich demnach für den Beobachter in der Form, dass das Ganze als Phänomen zunächst mehr ist als die Summe der dieses Phänomen konstituierenden Teile.

[91] Instantan meint hier allerdings nicht absolut gleichzeitig, sondern drückt eher den nicht-lokalen Charakter dieser Wechselwirkung aus. Damit soll Spekulationen ausgeschlossen werden, die nur dann Ereignisse als aufeinander abgestimmt zulassen, wenn zwischen ihnen jenseits von Raum und Zeit eine umfassende und vielleicht sogar höherdimensionale Wechselwirkung besteht. Insofern diese Verschränkung als Grund der Wechselwirkung mehr zu sein scheint als eine durch voll vermaschte Netzwerke induzierte Kausalität, gilt es diese Form der Emergenz in das Konzept des Konnektionismus noch zu integrieren.

dass auch jede einzelne Nervenzelle nur einfachen Regeln folgt, dadurch über ein einfaches Verhaltensrepertoire verfügt und erst das Zusammenspiel der einzelnen Nervenzellen in Form ihrer Vernetzung zu ganz neuem Verhalten und kognitiven Phänomenen führt.[92] Das zweite Kriterium besagt in Anlehnung an Bateson, dass Interoperationen durch Unterschiede ausgelöst werden, wonach eine Information (genauer ein bit) eine „difference which makes a difference" ist, ein Unterschied, der einen Unterschied macht (Bateson/1972). Das dritte Kriterium nimmt Heinz von Foersters Überlegungen zu selbstorganisierenden Systemen auf, der bekanntlich von energetisch offenen Systemen sprach, die in der Lage wären, „order from noise" als ungerichtete Energie zu erzeugen (Foerster/1993). In dessen Sinne ist ein kognitives System als ein solches selbstorganisierendes System aufzufassen, das Energie aus der Umwelt aufnimmt, um die Organisation des Systems aufrecht zu erhalten. Auch das vierte Kriterium entspricht ganz der frühen Kybernetik in dem es die frühere Kreiskausalität in der modernen Ausprägung der Rekursivität berücksichtigt.[93] Danach wird der kognitive Prozess als eine nichttriviale Maschine vorgestellt, als ein System, dessen Funktionsweise geschichtsabhängig ist.[94] Die Erklärung für diese Unberechenbarkeit einer nichttrivialen Maschine liegt darin begründet, dass sie zu inneren Zustandsveränderungen in der Lage ist, deren Regelhaftigkeiten dem Beobachter unzugänglich sind. Nichttriviale Maschinen interoperieren intern immer auch mit ihren Eigenzuständen. Sie verarbeiten den Input in rekursiven Schleifen zu einem potenziell immer wechselnden, eventuell aber auch ganz

---

[92] Eine solche Verschränkung kann als eine Subsistenz neuronaler Vernetzung eines kognitiven Systems verstanden werden, die durch Relationen umgesetzt wird. Kognition als Verschränkung kann also als die Speicherung von Relationen der vernetzten Neuronen gedeutet werden.

[93] Mit der frühen Kybernetik ist die in den 50er und 60er Jahren außerordentlich einflussreiche Universalwissenschaft gemeint, die auf der radikalen These beruht, dass alle Vorgänge, seien sie biologisch oder sozial, nach dem Muster von Maschinen beschrieben und modelliert werden können. Das zentrale Konzept der frühen Kybernetik ist die automatische Selbststeuerung mittels Rückkopplung, durch die selbstlernende Systeme imstande sind, Informationen aus der Systemumwelt (Feedback) zu verarbeiten und in ihr Handlungsprogramm einzubauen.

[94] Artifizielle Kognitionen liefern nicht wie triviale Maschinen immer den gleichen Output auf einen bestimmten Input.

ausbleibenden Output, mit der Folge, dass sich der einzelne Ausgabewert nicht immer prognostizieren lässt. Die nichttriviale Maschine verletzt das elementare Bedürfnis nach Gewissheit, Berechenbarkeit, Durchschaubarkeit und Kontrolle, sie ist synthetisch determiniert, vergangenheitsabhängig, analytisch unbestimmbar und als Maschine nicht voraussagbar.[95] Die ursprünglich von W. Ross Ashby konstruierte nicht-triviale Maschine wurde von Foerster als das Paradigma menschlichen Verhaltens formuliert (Foerster/1993). Durch die Formulierung dieser Kriterien ist ein kognitives Modell als System keineswegs meta-physischer Natur, vielmehr handelt es sich um ein Extendieren des Begriffs des Kognitiven vor allem auf die durch die Perzeption und Interoperation eingebettete semantische Konzeptverarbeitungsprozesse.

Kognition existiert gemäß dieser Auffassung nur in der Bewegung, dort in Form des Werdens von Kognition und somit als und im Prozess der Kognition. Somit kann es die Kognition an sich nicht als Momentaufnahme geben und so wenig wie die Zellen einen Organismus nicht zusammensetzen, sondern diesem eher entsprechen, so wenig setzt sich die Kognition als Phänomen aus den einzelnen Neuronen zusammen. Vielmehr basiert die Kognition auf der wechselseitigen Vernetzung von Neuronen und deren Ein- und Auswirkungen auf andere Neuronen. In diesem Sinne werden alle kognitiven Funktionen der natürlichen Kognition auf die Vernetzung dieser Neurone und der Vernetzung dieser neuronalen Netze zurückgeführt. Insofern wird auch die Kognition als Phänomen nicht auf der Mikro-Ebene und dort bei einzelnen Neuronen und deren physiologischen Vorgängen lokalisiert, sondern wird auf der Makro-Ebene der neuronalen Netzkonfigurationen verortet und dort als Ergebnis einer wechselseitigen Vernetzung von Neuronen im Rahmen eines angenommenen *Konnektionismus* auf der Meso-Ebene (siehe Abb.4.2).[96]

---

[95] Unter Kontrolle wird hier die Auffassung der theoretischen Informatik vertreten, indem man darunter eine Antizipation und Determination der Rechenoperation versteht, wenngleich auch ihre Ausführung nicht notwendigerweise deterministisch erfolgen muss.

[96] Die Bezeichnung dieser Vorgänge als Konnektionismus ergibt sich aus den Problemlösungsansätzen der Kybernetik, die sich mit dem Verhalten vernetzter Systeme basierend auf Zusammenschlüssen von künstlichen Informationsverarbeitungseinheiten beschäftigt, als auch die Forschungsrichtung der

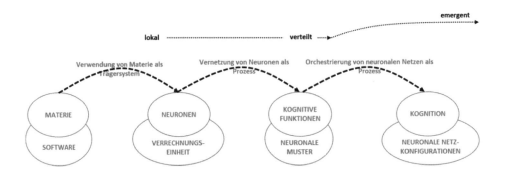

Abbildung 4.2: Kognition als Emergenz neuronaler Netzkonfigurationen[97]

Diese Meso-Ebene, definiert als mittlere Verarbeitungsebene umfasst die Herstellung von neuronalen Vernetzungen und damit die Ausbildung von neuronalen Mustern. Diese Eigenschaft, neue neuronale Verbindungen herzustellen, diese zu verstärken respektive zu schwächen, aber auch diese aufzulösen, wird als *neuronale Plastizität* bezeichnet. Dies führt zur der Kernaussage des hier vertretenen Konnektionismus, dass die kognitiven Funktionen der natürlichen Kognition sich allein aus neuronalen Vernetzungen und deren neuronalen Muster manifestieren. So sind die neuronalen Vernetzungen und Funktionen im Kleinhirn, im Mittelhirn und im Hirnstamm nahezu statisch und nur bedingt veränderbar. Die neuronalen Vernetzungen und Prozesse im Großhirn sind dagegen dynamisch, indem sie neben einer Vielzahl ebenfalls unveränderlicher Komponenten auch neuronale Vernetzungen enthalten, die durch Erfahrung und Lernen neu angelegt werden, und dann das Verhalten maßgeblich beeinflussen. Insofern werden kognitive Zustände als neuronale Vernetzungen sowohl durch Verhalten definiert, wie umgekehrt kognitive

---

Neuroinformatik, die sich mit der Entwicklung künstlicher neuronaler Netze zur Simulierung von künstlicher Intelligenz befasst.

[97] Emergenz kann auch als die kognitive Resonanz aus der rekurrenten Verarbeitungsschleife zwischen Input und Output interpretiert werden: Der Input informiert den Output und umgekehrt. Resonanz als durch die Verarbeitung semantischer Konzepte bedingte Konsensualisierung von Ablaufmustern, Synchronisierung von Ereignissen und deren Wechselwirkungen, ist das Produkt des Austauschs von semantischen Konzepten. Daher speichert die kognitive Resonanz nicht nur basale Konzepte, sondern auch Konzepte über diese Konzepte, sogenannte Metakonzepte, indem die Relationen zwischen den Konzepten separiert, repräsentiert und codiert werden.

Zustände das Verhalten steuern. Kognition ist demnach ein offenes System und manifestiert sich somit erst auf der Meso-Ebene als Ergebnis der Vernetzung neuronaler Netze, wobei neben festen angeborenen Vernetzungen auch permanent neue flexible Vernetzungen neuronaler Netze angelegt werden. Diese Eigenschaft, neue Konfiguration neuronaler Netze durch deren Vernetzung untereinander auszubilden, um damit die kognitiven Funktionen auszuprägen, wird in diesem Ansatz als *konnektionistische Funktionalität* bezeichnet (siehe Abb.4.3).

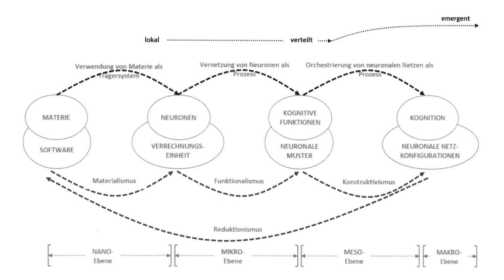

Abbildung 4.3: Nano-, Mikro-, Meso- und Makro-Ebene

Das bedeutet aber auch, dass sich Kognition und deren konnektionistische Funktionalität erst in dieser Meso-Ebene als Ergebnis der neuronalen Plastizität in Form von Emergenz zeigt.[98] Insofern muss die zukünftige Forschung klären, wie sich aus dem Determinismus der Makro-Ebene der indeterministische Konnektionismus der Mesoebene resultieren kann, um dabei eine eventuell noch unbekannte neue Art der Wechselwirkungen zu

---

[98] Da die bildgebenden Verfahren fMRI und PET die kognitiven Funktionen auf der Makroebene zu lokalisieren versuchen, sind die detektieren Regionen nicht mit deren Funktionen identisch zu setzen. Als Konsequenz daraus ist zu folgern, dass das klassische Geist-Körper-Problem nicht über neurale Netzwerk-Ansätze gelöst werden kann.

entdecken.[99] Dies impliziert, dass die wechselseitigen Ein- und Auswirkungen und damit die Interoperationen zwischen den vernetzten Neuronen die kognitive Funktionen ausprägen und weniger die singulären Neuronen selbst. Daher scheitert auch der Versuch, die Kognition in auf dem Ganzen der Makroebene und oder in den Teilen der Mikroebene ausmachen zu wollen.[100] Da das Ganze der Makroebene genauso wenig wie die Teile der Mikroebene die Kognition als Phänomen erzeugt, kann lediglich eine ontologische Beziehung als Relation in der Form „ist Teil von" zwischen dem Ganzen und der Teile ausgemacht werden.[101] Vielmehr erscheint die Kognition als ein emergenter Prozess, der einer adaptiven Relation „entsteht durch" entspricht und der den neuronalen Mustern und Konfigurationen inhärent sein muss.[102] Das ist auch der Hauptgrund dafür, dass die Instrumente der bildgebenden Verfahren auf einer analytischen Ebene ansetzen, um sie für

---

[99] Ein solcher Determinismus würde streng aufgefasst bedeuten, dass jeder Vorgang innerhalb dieser 13,8 Milliarden Jahre eindeutig aus vorausgehenden Vorgängen entstanden ist. Das diesem Determinismus zugrundeliegende Kausalprinzip sorgt dafür, dass jede Ursache eine eindeutige, im Prinzip vorhersagbare Wirkung auslöst, was Zufälle ausschließt. Alles das, was als Zufall erscheint und als Zufall beschrieben wird, liegt nur an der Unkenntnis der natürlichen Kognition. Auf die damit verbundenen Herausforderungen bezüglich der Erkenntnisfähigkeit der Meso-Ebene soll mit einem Satz von Wittgenstein aus dem Tractatus Logico-Philosophicus hingewiesen werden, wo er schreibt, dass die Grenze der Sprache auch die Grenze der erkennbaren Welt als Wirklichkeit ausmachen.

[100] Der Begriff der Mikro-, Makro- und Makroebene umfasst sowohl deren Strukturen als auch deren Prozesse. Insofern wird hier nicht die Begriffs-Trias der Mikro-, Makro- und Makrostruktur verwendet, da diese durch Ausblendung der prozessualen Zusammenhänge zu kurz gegriffen erscheinen.

[101] Wenn man dieser Sichtweise folgt, dann ist die oberste und umfassende Theorie der Wirklichkeit keine Quantengravitation, keine String-Theorie, sondern eine Systemtheorie, welche die Wirklichkeit als Wechselwirkung von semantischen Konzepten gemäß den Vorgaben der konnektionistischen Systembildung auf einer Meso-Ebene interpretiert. Das wiederum bedeutet philosophisch auch eine klare Absage an jede Form des Materialismus.

[102] Diese Position entspricht eher einem holistischen Ansatz und richtet sich gegen die Dominanz der Lokalisierung. Jeder kognitive Zustand respektive jede kognitive Leistung korreliert höchstens mit der Aktivierung großer neuronaler Verbände des Gehirns. Aktuelle Untersuchungen zeigen sogar, dass bestimmte kognitive Funktionen nicht in einer sehr begrenzten neuronalen Region zu lokalisieren sind, sondern sich über mehrere dieser Regionen in Form einer verteilten Lokalisierung manifestieren.

spätere Modellierung von Kognition weniger relevant erscheinen lassen, weil die Kognition weder über die mikroskopische noch über die makroskopische Ebene, sondern über die Mesoebene zu begreifen ist.[103] Um diese Mesoebene zu durchdringen genügt es eben nicht, durch eine Bildentwicklung nur sehr grobe Annäherungen an Lokalisierungen zu gewinnen. Diese lokalisierten neuralen Muster entsprechen zwar mit großen Annäherungen bestimmten kognitiven Zuständen, aber diese kognitiven Zustände sind nicht mit deren Funktionen identisch.[104] Insofern ergibt sich eine Dichotomie zwischen den Lokalisationen neuronaler Netze und der Kognition an sich, d.h. Kognition zeigt sich als eine Struktur aus Teilen, die einander ohne Schnittmenge gegenüberstehen. So entspricht die Kognition als Funktion nicht den neuronalen Korrelaten sowie diese nicht mit der Kognition identisch sind.[105] Allerdings zeigt sich ein bidirektionaler Zusammenhang, indem die semantischen Verarbeitung (Zeichen, Daten, Informationen, Wissen) aus der Makroebene resultieren und dass die semantische Konzepte die Aktivität der neuralen Ebene wiederum beeinflusst. Jedoch ist dieser Begriff der Bidirektionalität nicht gleichzusetzen mit Kausalität, sondern eher mit Korrelation, indem es eine kontinuierlich-zirkuläre Korrelation zwischen der Kognition und der Umwelt gibt. Eine solche Korrelation als Entsprechung hat keinen ontologischen Status und bringt eher zum Ausdruck, dass die Kognition über ihr Trägersystem mit der Umwelt verschränkt ist.

---

[103] Damit soll nicht behauptet werden, dass die Versuche der Lokalisierung gänzlich zum Scheitern verurteilt sind. Vielmehr wird für eine Erweiterung plädiert, die der Tatsache Rechnung trägt, dass viele der kognitiven Funktionen das gesamt Gehirn beanspruchen. Eine solch erweiterte Untersuchung muss dann zeigen, inwieweit unter Umständen alle Teile des Gehirns irgendwie miteinander verknüpft sind. Dies wird dann eine weitere Lücke schließen, die derzeit darin besteht, dass es nicht möglich ist, generische neurale Muster zu isolieren, die einem bestimmten kognitiven Prozess entsprechen. Vielmehr sind die lokalisierten Muster individuell verschieden, was beispielsweise im Bereich der Gehirnimplantate zu großen Trainingsaufwänden führt.

[104] Man kann dies auch so ausdrücken, dass man sich durch die aktuelle Euphorie der bildgebenden Verfahren in der Lokalisierung und dort bei dem Versuch, das Bindungsproblem zu lösen, zu verlaufen scheint.

[105] Damit wird der These des Embodiments widersprochen. Diese These aus der neueren Kognitionswissenschaft besagt, dass Bewusstsein einen Körper benötigt, also eine physikalische Interaktion voraussetzt. Diese Auffassung ist der klassischen Interpretation des Bewusstseins diametral entgegengesetzt und wird als neues Paradigma in der Kognitionswissenschaft präsentiert.

Insofern kann demzufolge die semantische Verarbeitung nicht auf die neurale Ebene reduziert werden, weil die semantischen Konzepte repräsentationalen Charakter besitzen. In den Neuronen existieren höchstens kontextfreie Symbole, indem dort lediglich Signale angereicht, verarbeitet und weitergereicht werden. Erst wenn diese Neuronen durch ihre kontextfreien Reaktionen sich zu neuronalen Netzwerken verbinden, entstehen durch die in den Berechnungen verteilten Repräsentationen die semantischen Konzepte höherer Ordnung in Form von Daten, Informationen und Wissen.

4.2.2   Modelle als funktionalistischer Ansatz

Die natürliche Kognition als Vorbild zur Entwicklung einer artifiziellen Kognition zeigt sich als eine Orchestration kognitiver Funktionen. Dabei ist mit dem Begriff der *kognitiven Funktion* in erster Annäherung nicht eine physiologische Funktionalität, sondern eher eine generelle Funktionalität gemeint, die nunmehr in den folgenden Abschnitten konkretisiert werden soll.[106] Dabei lassen sich vitale Funktionen kognitiver Systeme anhand dem vorausgegangenen Abschnitten durch Minimal-Charakteristika der Interoperationalität, Kooperativität, Entscheidungsfähigkeit, Lernfähigkeit und Autonomie beschreiben. Um diese vitalen Fähigkeiten zu erbringen, bedingt es einer gewissen architektonischen Ausgestaltung, um durch eine semantische Konzeptverarbeitung diese Charakteristika auch erfüllen zu können:

- **Sensorik**: Wahrnehmung der Signale, Zeichen und Daten aus der Umwelt mittels Multisensorkonzept[107] in ihrer jeweiligen Qualität und Dynamik.

- **Kognition**: Verarbeitung semantischer Konzepte zur Entscheidungsfindung und Verhaltensfestlegung.

- **Aktorik**: Ausführungen des Verhaltens über die gegebene Aktorik.

---

[106] Es gilt zu beachten, dass zwischen der bewussten und unbewussten Verarbeitungsweise beliebig feine Übergänge bestehen und eine Abgrenzung zwischen beiden Weisen daher nicht immer überschneidungsfrei erfolgen kann.

[107] Dabei bezeichnet eine solche „Multisensorfusion" jenen Vorgang innerhalb eines Integrationsprozesses, bei dem Sensorinformationen in eine bestimmte Repräsentationsstruktur abgebildet werden.

Damit verbergen sich in den kognitiven Systemen gleich mehrere Transformationen: Von der Kausalität zur Korrelation, von der Situation zur Disposition, von der Fremdbestimmung („Schicksal") initialer Programmskelette durch Techniken des Cognitive Computing zur Autonomie und von der Interaktion zur Interoperation.[108]

Das Entwicklungsprojekt konzentriert sich auf die Realisierung kognitiver Funktionen mittels softwaretechnologischer Techniken, wie sich diese aus dem Phänomen der natürlichen Kognition zu erkennen geben und modellieren lassen. Diese Modellierung wird dahingehend erschwert, dass die natürliche Kognition auch als Phänomen keine physische Struktur wie dessen Trägersystem Gehirn aufweist. Kognition hat keine sichtbare Form, keinen Geruch, keinen Geschmack und man kann sie auch nicht in die Hand nehmen. Gedanken als Produkte der natürlichen Kognition, brauchen keine Körperlichkeit, um zu existieren. Sie sind jedoch ohne eine natürliche Kognition, die diese denken und deuten kann, einfach bedeutungslos.[109] Weiterhin wird die Modellierung dadurch komplexer, indem diese Auffassung von Kognition neben der Intelligenz als Begriff auch kreative Denk- und Problemlöseprozesse inkludiert, sozial-emotionale Kompetenzen sowie nicht zuletzt auch motivationale Aspekte integriert. Insofern geht man damit von einem Funktionalismus aus, dem zufolge im Gehirn lokalisierte kognitive Prozesse nach ihrem funktionellen Beitrag zu verschiedenen kognitiven Leistungen beschrieben, erklärt, gekapselt und demnach modular modelliert werden können. Insofern ist ein Ergebnis der Konzeptionalisierung ein so genanntes *phänomenologisches Kognitionsmodell*, indem dieses Modell nicht nur von fundamentalen Modellierungsprinzipien abgeleitet, sondern aus der sprachlichen Beschreibung direkt

---

[108] Es beginnt mit der Kausalität als ein Prinzip, nach dem keine Wirkung ohne Ursache auftritt. In der traditionellen Philosophie ist dieses Prinzip als der Satz vom hinreichenden Grunde bekannt. Der im Laufe der Wissenschaftsgeschichte dann stark changierende Begriff der Kognition (ehemals Geistes) erscheint als eine Kompetenz, das Leben in intentional, reflexiv und damit sinngebend in kausal-dynamischen Umwelten zu meistern.

[109] Das provoziert die Annahme, dass das Gehirn nicht als einziges Trägersystem der Kognition in Frage kommt. Vielmehr erscheint die Kognition als eine stark verteilte Entität, die noch weitere physische Kommunikationskanäle umfassen kann, wie beispielsweise das Hormon- und Immunsystem.

beobachtbarer kognitiver Phänomene konstruiert wird. Die mit dem Modell einhergehende Theorie der Kognition ist auf einige wenige funktionelle Grundprinzipien zurückzuführen.

- Kognition ist semantische Konzeptverarbeitung und damit insbesondere von Zeichen, Daten, Informationen und Wissen
- Semantische Konzeptverarbeitung beruht auf der Manipulation von symbolischen und subsymbolischen Verfahren
- Die Manipulation erfolgt auf der Grundlage von Algorithmen, die nur die Form und nicht die Inhalte der Konzepte adressieren.

Kognition wird aus dieser Perspektive durch den Prozess der Aufnahme (Eingabe), Umwandlung (Verarbeitung) und Speicherung (Ausgabe) von semantischen Konzepten realisiert. Das impliziert aber auch, dass kognitive Eigenschaften wie Überzeugungen, Wünsche, Motivationen, etc. intrinsische Potenziale des Verarbeitungsprozesses semantischer Konzepte sind. Kognition umfasst damit wahrnehmen, berechnen und handeln, insgesamt ein semantischer Verarbeitungsprozess, der von Sensoren ausgelöst und durch Aktoren ausgeführt werden. Daneben erscheint die Kognition an sich als die multiplikative Zusammensetzung von kognitiven Funktionen bzw. als Orchestrierung in Form einer Vernetzung dieser Funktionen. Entgegen den traditionellen Konzepten der Neurowissenschaft, die kognitive Prozesse als Resultat des Zusammenspiels von mehreren kortikalen modularen Einheiten ansehen, sind kognitive Phänomene und deren Zustände das Ergebnis eines Prozesses, der vollständig vermaschten Netzstrukturen innewohnt und damit weniger vertikal gerichtet oder hierarchisch vorgegebenen Strukturen folgen.[110] Dieser Funktionalismus erleichtert nicht nur die spätere Algorithmisierung und erinnert an das stark vereinfachte Motto, nachdem sich die Kognition zu dem Gehirn als seine Träger wie das Programm sich zu ihrer Hardware verhält. Kognition erscheint als nichts anderes als durch Algorithmen berechnete endliche

---

[110] In einem vermaschten Netz ist jede kognitive Funktion, repräsentiert durch einen Netzwerkknoten, mit einem oder mehreren anderen Knoten verbunden. Die Informationen werden von Knoten zu Knoten weitergereicht, bis sie das Ziel erreichen. Da jeder Knoten mit jedem anderen Knoten potenziell verbunden ist, spricht man in dieser Arbeit von einem vollständig vermaschten Netz.

Muster neuronaler Netze und deren Vernetzung. Auch stellt ein solcher Funktionalismus nicht nur sicher, dass es mittels Algorithmen und damit softwaretechnische Konstruktionen gelingen wird, eine artifizielle Kognition zu realisieren, die kognitive Fähigkeiten besitzt.[111] Vielmehr wird damit möglich, dass sich die Kognition und die semantische Konzeptverarbeitung von dem sie tragenden Körper respektive Trägersystem zunächst getrennt betrachten lassen. Das kognitive System verarbeitet semantische Konzepte und dort Zeichenketten nach formalen Algorithmen auf der Grundlage von einfachen Basisoperationen schrittweise und syntaktisch (Turing/1936). Das bedeutet, dass der Computer die Laufzeitumgebung zur Verfügung stellt und damit die Hardware nur als Substrat gilt, auf welcher die artifizielle Kognition als *Brainware* läuft. Führt man diesen Zusammenhang konsequent fort, so ist im Begriff der Kognition der Begriff des semantischen Konzeptes in Form von Signalen, Zeichen, Daten und Informationen implizit und explizit enthalten. Semantische Konzepte und Kognition schließen sich damit weder aus, noch sind sie miteinander identisch, vielmehr entsteht dadurch zwischen ihnen ein fundamental neues Verhältnis der multiplikativen Implikation in Form einer Verschränktheit.[112]

Diese *Verschränktheit* von semantischen Konzepten und deren Verarbeitung durch eine artifizielle Kognition ermöglicht die maschinelle Erschließung von Bedeutung. Dabei ist auch im Falle der artifiziellen Kognition eine Bedeutung zunächst eine Bedeutung von

---

[111] Ein solch vertretener Funktionalismus steht dabei durchaus in Einklang mit älteren Ansätzen. So besagt eine Formulierung der älteren Kybernetik, dass eine funktionale, mathematisierbare Beschreibungsebene kognitiver Phänomene durchaus möglich ist. Insbesondere ist dies die Arbeitshypothese der neurowissenschaftlichen Vertreter, wo neuronale Vorgänge mit Gehirnzuständen in Zusammenhang gebracht und Gehirnprozesse und -bilder mit großem rechnerischem Aufwand ausgewertet werden. In einer stärkeren Auffassung des Funktionalismus wird das Gehirn als Realisierung einer Maschine verstanden, die prinzipiell aufgrund sehr einfacher Prozessoperationen kognitive Funktionen berechnen kann.

[112] Das lässt eine philosophische Provokation zu, indem die Materie als Träger dieser semantischen Konzepte aufgefasst werden kann. Das würde bedeuteten, dass alle sinnliche Wahrnehmung eine Chiffre, ein Symbol für eine sich im Materiellen manifestierende Form erscheint, für eine Form also, die die Materie informiert. Zugleich wirkt jedoch die Materie auf die Form zurück und beeinflusst ihre Informiertheit.

etwas.[113] Wenngleich im Rahmen der semantischen Verarbeitung durch eine Programmiersprache Zeichen oder Zeichensequenzen manipuliert werden, dies allein auf der Grundlage formaler syntaktischer Regeln und damit zulässiger Beziehungen zwischen den Zeichen erfolgt, erscheint die Sinnhaftigkeit oder Bedeutung dieser Zeichen oder Zeichensequenzen auf der Ablaufebene im Trägersystem zunächst noch subtrahiert. Zeichen müssen noch von den Bedeutungen unterschieden werden und es nicht möglich, von der Syntax der Zeichen auf die Semantik zu schließen. Die Zeichen werden ihrer Bedeutung auf der Maschinenebene beraubt und degenerieren zu einem maschinell bearbeitbaren Format in Form syntaktischer Dimension von Gruppen aus Nullen und Einsen. In der Reduktion auf die syntaktische Dimension kollabieren Begriff und dessen Bedeutung, fallen Objekt und Modell zusammen und die ursprüngliche Bedeutung deflagriert auf das Niveau einer bedeutungslosen Booleschen Logik. Die kognitive Fähigkeit des rechnerbasierten Systems sinkt auf Maschinenebene auf die Zuordnung von Zeichen aus einer Menge formal zulässiger Zuschreibungen, auf die präzise und wiederholbare Zuweisung von Formalzeichen und die Ausführung berechenbarer Funktionen. Auf dem Wege dieser reduktiven Transformation natürlich-sprachlicher Informationen in die Maschinensprache werden die Bedeutungen radikal eliminiert. Das rechnerbasierte System manipuliert auf Maschinenebene reine Zeichen und nicht deren Bedeutung. Entscheidend ist allerdings, dass trotz dieser bedeutungslosen Anordnung von Nullen und Einsen auf der Maschinenebene auf der funktionalen Ebene der artifiziellen Kognition und dort durch die Verarbeitung der semantischen Konzepte die Bedeutung sozusagen reanimiert wird. Aus einer solchen funktionalen Perspektive muss man die artifizielle Kognition als konzeptverarbeitendes Artefakt begreifen, dass durch seine Interoperationsfähigkeit in soziotechnologische Umwelten eingebunden ist. Erst dort kann die Brainware als realisierte Kognition den semantischen Konzeptverarbeitungsprozess als technologisierte Semiose vollenden und ein kognitives Dasein ermöglichen. Brainware

---

[113] Das können Wörter, Sätze oder auch verbalisierte Handlung in konkreten Situationen sein. So unterscheidet die Linguistik zwischen den Bedeutungsebenen der Ausdrucksbedeutung (die Bedeutung von Wörtern oder Sätzen ohne einen konkreten Bezug auf eine Situation, Personen oder Gegenstände) die Äußerungsbedeutung (die Bedeutung von Wörtern oder Sätzen mit einem konkreten Bezug auf eine Situation, Personen oder Gegenstände) und den kommunikativen Sinn (die offensichtliche oder auch verborgene Absicht einer Äußerung oder Handlung).

und Umwelt bilden zusammen ein soziotechnologisches System und dort erwächst Bedeutung aus dieser Interoperation. Insgesamt und damit entscheidend für die Kommunikation und Interoperation mit anderen Kognitionen ist, dass die semantischen Konzepte, die darin zur Verarbeitung bzw. zum Einsatz kommen, damit gleichzeitig in der soziotechnologischen Umwelt verankert sind. Was etwas bedeutet, erschließt sich dann aus der Übereinstimmung der semantischen Ausdrücke mit den Dingen, Gegebenheiten, Situationen und Interoperationen dieser soziotechnologischen Situiertheit. Eine solche Situiertheit besagt damit, dass die natürliche wie die artifizielle Kognition nicht nur von seinem Träger abhängig ist, sondern dass beide, Träger und Kognition in der Welt eingebettet sind und dort situiert sind. In dieser Situiertheit zeigt sich Kognition in Begriffen, Aussagen, Entscheidungen, Interoperationen damit in Zeichen und deren wohlgeordnete Ansammlung in Texten einer Sprache. Sowohl der natürliche als auch der maschinelle Verarbeitungsprozess von semantischen Konzepten ist damit eingebettet in einem In-der-Welt-Sein. Diese Einbettung in soziotechnologische Welten ermöglicht auch ein maschinelles Lernen als weitere Verschränkung dahingehend, dass der Programmcode der Brainware als Materialisierung von Kognition nicht bereits ihre vollen Bedeutungen enthalten müssen. In diesem Fall tragen die Codesequenzen ihre Bedeutungen nicht mit sich, deren Bedeutungen kommen vielmehr erst in konkreten Situationen, dort durch die Interoperationen zum Tragen und bei situationsadäquater Passung durch maschinelles Lernen zur Bewährung. Ein funktionaler Kognitionsbegriff, wie er hier vertreten wird, geht also immer von einer Trennung der materiellen Seite eines Zeichens innerhalb des Programmcodes und seiner Bedeutung in der Ausführung des Programmcodes in Interoperationen aus.[114] Insgesamt lassen diese Verschränkungen zu, dass identische

---

[114] Damit stellt der im Entwicklungsprojekt verfolgte Funktionalismus einer Erweiterung des früheren Berechenbarkeitsfunktionalismus dar. Diese rechnerbasierte Ausprägung eines Funktionalismus kann als Teil einer repräsentationalen Theorie der Kognition (ehemals Geist) verstanden werden, der als „computational theory of mind (CTM)" oder „computational-representational theory of thought (CRTT)" in die Literatur bezeichnet wird. Eine solche Theorie verbindet drei Thesen: Modularität der kognitiven Zustände, mit großer Nähe zur Neurobiologie an den unterschiedlichen Funktionsweisen verschiedener Gehirnareale orientiert (Fodor, 1983); Repräsentationalismus, also interne Verweise auf Dinge (Fodor, 1981); und Komputationalismus mit komputationalem Charakter mentaler Prozesse, ablaufend in einer postulierten Sprache des traditionellen Geistes (language of thought hypothesis, LOTH).

kognitive Funktionen nicht nur in unterschiedlicher Art und Weise realisiert werden können, sondern dass die gleiche kognitive Funktion in unterschiedlichen Situationen situationsadäquate Ergebnisse liefern kann.[115] Gleichzeitig muss damit die traditionelle Vorstellung der Symbolverarbeitung, die darauf beruht, dass Kognition letztlich auf bestimmte Algorithmen reduziert werden kann, dahingehend erweitert werden, dass diese Algorithmisierung mit deren Interoperation in einem soziotechnologischen System verschränkt ist. Insofern orientiert man sich bei der Entwicklung der artifiziellen Kognition zunächst am Modell der natürlichen Kognition, um dann im Rahmen der Realisierung und dort durch Algorithmisierung ein Begreifen von Kognition möglich zu machen. Ob dieser Zugang des Begreifens kognitiver Phänomene erfolgversprechend ist, muss sich im Rahmen der Validierung und dort an einem konkreten Anwendungsfall zeigen. Bis dahin stellt das Vorhaben der Entwicklung einer artifiziellen Kognition ein starkes Plädoyer für einen reduktionistischen, weil funktionalistischen und konstruktivistischen Entwicklungsansatz dar.[116]

4.2.3   Analogien und Sprachen als epistemologische Mittel

Im Rahmen der Konzeptionalisierung greift man auf den Erkenntniszugang der *Analogie* zurück, indem kognitive Phänomene auf Basis der Anatomie und Organisation des menschlichen Gehirns als Vorbild zur Entwicklung eines Kognitionsmodells im Vorfeld der Realisierung herangezogen werden. Dabei beschränkt man sich bewusst auf ein

---

[115] So wie die natürliche Kognition an Moleküle, Proteine und Neuronen, erscheint die artifizielle Kognition an Bits, Bytes, Zeichen und Algorithmen gebunden. Trotz dieser vergleichbaren Bindungsstrukturen lässt sich bei beiden Systemen nicht begründen, warum sie sich in äußerlich gleichartigen Situationen völlig unterschiedlich verhalten und Probleme auf unterschiedlichen Wegen lösen können. Erst die Plastizität dieser Strukturen innerhalb des Systems erscheint als Begründungsversuch vielversprechend und erfolgsversprechend.

[116] In solchen Kognitionsmodellen treten, durch Symbole gekennzeichnet, mathematische Größen auf, die für etwas in der Kognition als Phänomen stehen. Auf der Modellebene hat man es also immer mit exakt definierten Begriffen zu tun, das Modell wirkt somit wie ein Korsett in die Beschreibung der Kognition hinein. Die Frage nach der Gültigkeit des Modells wird entschieden dadurch, wie weit dieses Modell als realisierte artifizielle Kognition und deren Ergebnisse in der Simulation übereinstimmen.

notwendiges Minimum an Detaillierung und nicht auf ein mögliches Maximum, indem zunächst Details erarbeitet werden, die aus systemtheoretischer Sicht noch modellierbar sind. Letzteres ist der Tatsache geschuldet, dass man mit systemtheoretischen Mitteln mehr Präzision erreicht, dass Begriffe genauer definiert oder stärker eingeschränkt werden können auf das, was damit modelliert und später realisiert werden soll. So unterscheidet man das Gehirn in vier zentrale Bereiche: Großhirn, Kleinhirn, Zwischenhirn und Hirnstamm. Die Oberflächenschicht des Großhirns wird Großhirnrinde oder Kortex genannt. Der Kortex ist der Teil des Gehirns, in dem die Verarbeitung aller Sinneseindrücke stattfindet, und ist auch der Teil, mit dem Menschen denken und sprechen. Teile des Großhirns sind auch der Hippocampus und die Amygdala, die das so genannte limbische System bilden. Das limbische System ist das Zentrum der Emotionen und auch das Bewusstsein wird primär im Großhirn verortet. Das Kleinhirn ist der Teil des Gehirns, der für Gleichgewicht, Bewegungen und die Koordination der Bewegungen zuständig ist. Aber auch bei Lernvorgängen ist das Kleinhirn beteiligt. Das Zwischenhirn und dort der Thalamus ist der Teil des Gehirns, in dem alle Sinneseindrücke gesammelt werden und dann zur weiteren Verarbeitung zum Großhirn weitergeleitet werden. Der Hypothalamus als weiterer Teil des Zwischenhirns ist eine der wichtigsten Schaltstellen in der Steuerung der vegetativen Lebensfunktionen, indem er Körpertemperatur und Blutdruck, Nahrungs- und Wasseraufnahme, Schlaf- und Wachrhythmus und das Sexualverhalten steuert. Im Hirnstamm werden elementare und reflexartige Steuerungen geschaltet, wie beispielsweise den Herzschlag, die Atmung und den Stoffwechsel. Diese anatomische Minimalsicht beeinflusst die Modularisierung des Gehirns bzw. die Lokalisierung von kognitiven Funktionen. So gilt beim Menschen die Hirnrinde im Bereich der Stirn, der Präfrontalkortex, als der Sitz von Denken und Intelligenz. Insofern werden dieser Region Planungs-, und Kontrollaufgaben bei einer Reihe von unterschiedlichen Denk- oder Problemlöseprozessen zugeschrieben, die im Fokus des Entwicklungsprojektes stehen. Auch das koordinierte Zusammenspiel von frontalen und parietalen Hirnregionen und dort einzelner Neuronenverbände wird als maßgebliche Vorgabe für die Ausprägung von Kognition gesehen. Neben der Modularisierung werden auch neueste Erkenntnisse bezüglich der Entwicklung von menschlichen Gehirnen bei der Analogbildung berücksichtigt. So existieren im pränatalen Gehirn zunächst weitaus mehr neuronale Verbindungen zwischen den verschiedenen bzw. auch innerhalb dieser

Hirnareale als im adulten Gehirn. Diese werden dann im Verlauf der Entwicklung größtenteils im Rahmen eines Pruning-Prozesses „gekappt". Demzufolge ist bis zum Eintritt in die Pubertät eine deutliche Abnahme der synaptischen Verbindungen zu beobachten, in der redundante, also letztlich überflüssige synaptische Verbindungen abgebaut und die als Beweis dieser Art neuralen Bereinigung des Gehirns angesehen werden. Dieser Prozess der Gedächtnisbildung durch „Kappung" von Neuronen wird auch als Konsolidierung bezeichnet, was zum Ausdruck bringen soll, dass dieser Prozess nicht abrupt nach einem Alles-oder-nichts-Prinzip verläuft, sondern sich eben über eine bestimmte zeitliche Dauer erstreckt. Dabei zeigt sich eine solche Konsolidierung auf zwei Weisen der Gedächtnisbildung. So findet eine synaptische Konsolidierung innerhalb weniger Minuten bis Stunden nach einer Lernerfahrung auf Stufe einzelner Neuronen statt, während Systemkonsolidierung Wochen, Monate oder Jahre benötigt und eine Reorganisation ganzer neuronaler Regionen umfasst. Weiterhin gilt Konsolidierung nicht mehr als einmalige und abgeschlossene Phase endgültiger Gedächtnissicherung, stattdessen werden konsolidierte Gedächtnisspuren oder Engramme als potenziell labile Strukturen betrachtet, die nach ihrer Reaktivierung erneut und lebenslang rekonsolidiert werden müssen, um nicht dekonsolidiert zu werden. Weiterhin werden anatomisch das Arbeitsgedächtnis, das für die subjektiv empfundene Enge und Stetigkeit des Bewusstseins verantwortlich ist, vor allem im fronto-parietalen Cortexregionen, die deklarativen Gedächtnissysteme vor allem mit dem limbischen System, dem mediotemporalen Cortex und den Assoziationscortices und prozedurale Gedächtnisleistungen vor allem in den Basalganglien und in dem Kleinhirn lokalisiert. Konsolidierung, Präzision, und Modularisierung sind daher wichtig, wenn man ein dem natürlichen Vorbild adäquates Kognitionsmodell entwickeln will. Wohlgemerkt formuliert ein solcher funktionalistische Ansatz noch keine vollständige Theorie der kognitiven Funktionen, sondern konstituiert zunächst eine „Blaupause", die es ermöglicht, einen Ansatz zum Verständnis der neurobiologischen Grundlagen solcher kognitiven Phänomene zu entwickeln. Dabei werden die menschlichen Gehirne erstmalig nicht nur als komplexe Informationssysteme auf der Grundlage neuronaler Informationsverarbeitung aufgefasst. Vielmehr wird davon ausgegangen, dass das menschliche Gehirn auf Basis neuronaler Verarbeitung in der Lage ist, semantische Konzepte in der Ausprägung von Zeichen, Daten, Informationen und Wissen zu verarbeiten. Als *Zeichen* im weitesten Sinne werden die drei Zeichentypen Ikon, Index und Symbol verstanden. Ein Ikon ist ein Zeichen, das aufgrund bildhafter Ähnlichkeit oder Analogie mit dem, worauf sich das Zeichen bezieht, gebildet wird. Von einem Ikon zu unterscheiden sind Zeichen, die auf die Anwesenheit oder das Vorkommen ihres Referenten hinweisen. Insofern ist ein Index ein Zeichen, das durch eine kausale Beziehung zwischen einem Zeichen und einem Objekt oder einem Sachverhalt konstituiert wird und Rückschlüsse ermöglicht.[117] Unter einem Symbol wird im Allgemeinen ein wahrnehmbarer Träger von Bedeutung (Zeichen, Wörter, einen Gegenstand, eine Handlung oder einen Vorgang) verstanden, der stellvertretend für etwas Anderes, nicht unmittelbar Wahrnehmbares oder Wahrgenommenes, auch Gedachtes oder Geglaubtes, steht. Im Speziellen und damit im Folgenden wird der Begriff des Symbols als Synonym zum Begriff des Zeichens, das mit besonderen Konnotationen verknüpft ist. *Daten* stellen dabei auf dem Weg zur Bedeutung eine Vorstufe vor den Informationen dar und entsprechen korrekt empfangenen Signalen oder Zeichen. Daten werden also durch Zeichen repräsentiert und werden als solche Repräsentanten von Etwas zum Gegenstand von Verarbeitungsprozessen. Sie setzen sich aus einzelnen Zeichen oder aber aus einer Folge von Zeichen zusammen, die einen sinnvollen Zusammenhang ergeben. Dieser Zusammenhang ist entweder schon bekannt oder er wird unterstellt. Daten werden zu *Informationen*, indem sie in einen Problemzusammenhang (Kontext) gestellt und zum Erreichen eines konkreten Ziels verwendet werden. *Wissen* ist das Ergebnis der Verarbeitung von Informationen durch eine Kognition und kann als verstandene Information bezeichnet werden. Diese verstandenen Informationen werden zur Entscheidungsfindung verwendet. Wissen ist somit die Vernetzung von Information, die es dem Träger ermöglicht, Entscheidungs- bzw. Handlungsvermögen aufzubauen und durch Interoperationen zu realisieren. Ein solches Gehirn hat im Laufe der Evolution erst auf Basis dieser Verarbeitung von semantischen Konzepten die Fähigkeit entwickelt, sich selbst bewusst zu reflektieren und zu hinterfragen. Auf Basis dieses Konzeptverarbeitungsansatzes gilt es, die natürliche Kognition in einem künstlichen Substrat zu reproduzieren, sie mittels naturanaloger Verfahren, realisiert durch

---

[117] Sofern sich ein Index als Zeichen auf einen besonderen Zustand eines Objektes bezieht, nennt man ein solches Anzeichen auch als Symptom.

symbolverarbeitender und nonsymbolischer Techniken, als artifizielle Kognition zu simulieren. Der Ansatz erweitert demnach die Erkenntnisse der kognitiven Psychologie, die Intelligenz im Allgemeinen und Kognition im Speziellen bisher als Informationsverarbeitung betrachtet. Mit diesem kombinierten Ansatz symbolischer und nonsymbolischer Verarbeitungstechniken wird man der Erkenntnis gerecht, dass kognitive Prozesse nicht nur als algorithmische Rechenoperationen verstanden werden können, die formalisierbaren Regeln folgen und mit propositional organisierten semantischen Konzepten arbeiten. Einige der kognitiven Funktionen wie insbesondere Wahrnehmung, Gedächtnis, oder Musterkennung basieren auf komplexen Wechselwirkungen neuronaler Netze und dort auf einer hochgradig distribuierten und parallelen Architektur, die im Gegensatz zu symbolisch arbeitenden Systemen, durch Lernvorgänge und aktivitätsabhängige Plastizität geprägt sind. ist. Charakteristisch für solche komplexe Netze von Neuronen ist, dass die Verarbeitung der semantischen Konzepte eben nicht nur nicht auf expliziten Regeln, sondern auch auf Selbstorganisationsprozessen in neuronalen Aktivitätsmustern beruht. Diese Charakterisierung sieht sich damit zum einen als logische Konsequenz mit einer Reihe von philosophischen Lehren:

- **Thomas Hobbes'** Leviathan, demzufolge Denken nichts anderes als Rechnen ist,
- **René Descartes** Idee mentaler Repräsentationen,
- die Characteristica Universalis von **Gottfried Leibniz**, die Denken auf eine Reihe von Basiselementen zurückführt, also auf ein universelles Symbolsystem, in dem jedem Symbol ein Objekt zugeordnet werden kann,
- **Gottlob Freges** Formalisierung der Kant'schen Behauptung, Konzepte sind nichts anderes als Regeln und
- **Bertrand Russells** Postulierung logischer Atome als die Grundbausteine der Realität.

Bei der Bildung von Analogien nehmen die *Sprachen* als Subsumption natürlicher, universaler und formaler Sprachen eine zentrale Rolle ein. Dabei manifestiert sich der Unterschied von Sprachen in deren unterschiedlichen Sprachebenen, in denen sie zum Einsatz kommen und sich bewähren.[118] So zeigt sich ein Ebenenwechsel von einer

---

[118] Die sicherlich bekannteste Sprachebene ist die so genannte Umgangssprache. Die Umgangssprache ist die natürliche Sprache, mit der der Mensch alles ausdrückt, was

deklarativen Sprache zu einer Signalsprache in deren Entwicklung von Begriffen für bestimmte Entitäten bzw. Objekte einer Wirklichkeit. Eine solche Entwicklung von Begriffen zeichnet sich in der Praxis dadurch aus, dass die Bezeichnung bestimmter Objekte durch Sprache, d.h. durch Lautkombinationen erfolgt. Insofern spricht man dann von einer Begriffsbildung, wenn einem bestimmten Objekt eine Lautkombination zugeordnet wird. Die Basis für die Entwicklung von Begriffen ist dabei die Wahrnehmung einer gewissen Ähnlichkeit zwischen den Entitäten bzw. Objekten und damit die Anwendung der Prinzipien der Verallgemeinerung bzw. Abstraktion.[119] Dies ermöglicht die Einteilung von Objekten in verschiedene Kategorien und die Entwicklung von Ober- und Unterbegriffen in Form von Taxonomien oder Ontologien. Ein Begriff ist somit ein sprachliches Gebilde, das irgendeine Entität oder Objekt einer Wirklichkeit bezeichnet. Eine deklarative Sprache beginnt nach dieser Auffassung mit der ersten Entwicklung von Begriffen, d.h. der Zuordnung von Lautkombinationen zu Gegenständen.[120] In den *natürlichen Sprachen* als Obermenge der deklarativen Sprachen werden kognitive Phänomene und deren Ereignisse durch Worte und Sätze und deren Komposition zu Abschnitten oder Kapiteln beschrieben.

SPRACHEN =   SIGNALSPRACHEN < PROGRAMMIERSPRACHEN <
              DEKLARATIVE SPRACHEN < NATÜRLICHE SPRACHEN

Dabei kann ein kognitives Phänomen als Ereignis durch sprachliche Ausdrücke wiedergegeben werden, die in einem Bereich zwischen Wort und Satz liegen. Solche Ausdrücke werden in der Linguistik als Phrasen und in der Informatik und Mengenlehre

---

er erlebt, und in der mit anderen Mitmenschen kommuniziert. Mit der Weiterentwicklung des Wissens der Menschen haben sich dann viele Spezialgebiete herauskristallisiert, die alle ihre eigene Spezialsprache haben.

[119] Aus erkenntnistheoretischer Sicht ist Abstraktion die Zuordnung eines gemeinsamen Oberbegriffs zu einer Gruppe von Objekten bzw. Begriffen.

[120] Dieser Zusammenhang wurde bereits früh von der Linguistik, als die Wissenschaft, die sich originär mit der Sprache beschäftigt, beschrieben. Die Linguistik hat drei wesentliche Themengebiete: die Lexikologie ist die Lehre vom allgemeinen Aufbau und Bestand des Wortschatzes einer Sprache; die Grammatik ist die Lehre von der Struktur, also den Formen und Baumustern der Sprache; die Semantik ist die Lehre von Sinn und Bedeutung von sprachlichen Einheiten (Wörter, Sätze, Texte).

als Terme bezeichnet (Levy/1997). Insofern spielt in der Mengenlehre nicht Wort und Satz die Hauptrolle, sondern der Begriff des Terms.[121] Ein *Term* bezeichnet in der Mengenlehre zunächst immer eine Menge. Diese Menge wird in der Anwendung einerseits zwar sehr komplex, aber andererseits über viele Definitionsketten immer noch verständlich beschrieben. Ein solcher Term lässt sich auf ähnliche Weise wie eine Phrase verstehen, allerdings muss ein Term zuerst „entpackt" werden. Der Term wird dabei in seine Komponenten zerlegt, um aus diesen Komponenten ein für alle Beteiligten verständlichen Sinn erkenntlich zu machen. Diese Verwendung entspricht der natürlichen Vorgehensweise, indem Menschen ständig Mengen bilden, so dass die komplexe Form der äußeren Welt abgebildet wird.[122] In diesem subjektiv-idealistischen Sinne ist Welt und deren Wirklichkeit zunächst das Konstrukt einer Kognition.[123] Diese Sichtweise findet man auch in der erkenntnistheoretisch idealistischen Position, der zufolge Wirklichkeit das ist, als was sie kognitiv erscheint. Urteile über die Welt und deren Wirklichkeit beziehen sich daher auch nicht auf eine von dieser Kognition unabhängige Außenwelt, sondern auf deren subjektiven Sinneseindrücke.[124] Diese psychologische Tatsache zeigt

---

[121] In der Mathematik spielen die Begriffe der Funktion und der Gleichheit eine zentrale Rolle, indem eine Funktion als eine Beziehung gilt, die den Elementen einer ersten Menge Elemente einer zweiten Menge zuordnet. Gleichheit besagt idealerweise, dass zwei Ereignisse genau dann gleich sind, wenn sie die gleichen Elemente besitzen und mit allen anderen Ereignissen in denselben Beziehungen stehen. Um Funktionen, Zahlen und ihre Beziehungen einfach und klar darzustellen, hat sich die Mengenlehre entwickelt. In der Mengenlehre lässt sich all dies durch zwei Grundbegriffe der Gleichheit und Elementbeziehung und einem Konstruktionsverfahren für Listen von Mengen ausdrücken. Zwei Mengen sind gleich, wenn sie dieselben Elemente enthalten und eine Menge ist ein Element einer anderen Menge, wenn einige wenige Hypothesen der Mengenlehre erfüllt sind.

[122] So dient der sprachliche Begriff der Menge dazu, eine gewisse Anzahl von Objekten, die gemeinsame Eigenschaften haben, im Rahmen der Modellierung zu einer speziellen Entität und im Rahmen der Entwicklung zu einer objektorientierten zusammen zu fassen. Der Begriff der Menge impliziert somit, dass dieser Begriff eine höhere Abstraktionsstufe bildet als die Begriffe für die zusammengefassten Objekte, die Elemente der Menge.

[123] Mit anderen Worten entspricht das der Annahme, dass die Kognition vor allem existiert, und die Materie nur eine Ausformung ist. Materie ist gefrorene Kognition.

[124] In Anlehnung an Immanuel Kant bildet der Verstand Begriffe, die er analysiert und dann zu Urteilen verbindet. So gilt, dass Gedanken ohne Inhalt leer, Anschauungen

sich auch dort, wo Modelle als Mengen konzipiert werden. Jedes Modell einer kognitiven Theorie, so komplex sie auch sein möge, lässt sich letztendlich immer auch durch eine Menge beschreiben, die trotz der abkürzenden Definitionen noch gut zu verstehen ist. Insofern werden die Terme Modelle, intendierte Systeme, Fakten, Theorienentwicklungen, reelle Zahlen und vieles mehr durch atomare Bestandteile einer Sprache und dort aus Phrasen konstruiert. Eine *Phrase* ist eine konsistente Sequenz von Wörtern, die daher zusammengenommen einen gewissen Sinn ergeben. Dabei ist auf Konsistenz zu achten, indem letzteres als Eigenschaft einer Aussage gilt, die sich logisch widerspruchsfrei aus den Prämissen ergibt. Diese geforderte Konsistenz gilt als notwendige Voraussetzung für Kohärenz. Letzteres ist deshalb notwendig, da die natürliche Sprache die Erschaffung von Unterscheidungen als Entscheidungen ermöglicht.[125] Objekte werden durch Substantive in Gruppen eingeteilt, Verben kennzeichnen verschiedene Handlungsweisen als Methoden und eine Vielzahl weiterer Differenzierungen als Klassentypen wird durch sprachliche Konstrukte geschaffen. Dies entspricht einem Denken, das stets versucht, Einheiten zu identifizieren (Identität) und zu differenzieren (Differenz).[126] Diese Produktion von Differenzierungen als Entscheidungen ist nicht etwas, deren man sich stets bewusst ist und sich vor Augen hält, sondern eher unbewusst-elementare Bedingung sprachlich orientierten Entwickelns. Worte unterscheiden nicht nur zwischen Objekten, sie konstituieren überhaupt erst diese Objekte.

---

ohne Begriffe blind sind. Man kann daher davon ausgehen, dass im Kant'schen Sinne folglich auch die artifizielle Kognition bei Verstand ist.

[125]Eine Entscheidung wird in dieser Arbeit als ein rationaler Prozess aufgefasst, da die Kognition als Ratio verschiedene Alternativen bewertet und nach der Bewertung eine Entscheidung trifft. Auch dieser kognitive Prozess basiert auf Sprache. Nach neuesten Erkenntnissen trifft bei Entscheidungsprozessen nicht nur der rationale Teil des Kortex die Entscheidung, sondern die Entscheidung wird vom Emotionszentrum des limbischen Systems eingefärbt.

[126] Bedenkenswert ist an dieser Stelle, dass sich beide Konzepte gegenseitig bedingen bzw. aus sich gegenseitig hervorgehen. So soll sich die Identität selbst in formaler Hinsicht dadurch definieren, dass gemäß dem Identitätssatz sie auf sich selbst bezogen wird. Die Identität muss sich damit aus und durch sich selbst erklären können. Um sich auf sich selbst zu beziehen, muss sie sich jedoch vorher von sich selbst unterschieden haben und dadurch taucht hier die Differenz auf.

Mit dem Mittel der Sprache wird demnach Kognition als Wirklichkeit nicht nur beschrieben, sondern Sprache konstruiert die Kognition als Phänomen.

Die Konstruktion der artifiziellen Kognition erfolgt im Rahmen der Konzeptionalisierung demnach durch zur natürlichen Kognition analoge *Modelle*, die immer als Abbilder, Repräsentationen kognitiver Phänomene verstanden werden müssen. Wissenschaftsphilosophisch betrachtet findet ein Modell immer relativ zu einer Theorie seine Anwendung. Ein Modell ist immer ein Teil einer Theorie und es hat einen Namen und damit eine Bezeichnung. Insofern werden ein kognitives Phänomen oder ein reales System immer durch ein Modell abgebildet und somit beide prinzipiell immer sprachlich dargestellt. Ein solches Modell wiederum besteht aus Mengen, die sich mit den Bestandteilen eines wahrgenommenen Phänomens identifizieren lassen, wobei diese Identifizierung wiederum sprachlich vermittelt wird. Einfache Bestandteile eines Modells werden Fakten und komplexe Teile werden Hypothesen genannt. Ein Faktum erfasst einen elementaren Bestandteil eines intendierten Phänomens, das direkt wahrgenommen oder in einem konstruktiven Sinn auf wahrnehmbare Ereignisse zurückgeführt werden kann. Eine Hypothese dagegen beschreibt größere Zusammenhänge vieler solcher Ereignisse. Eine Hypothese enthält meist Ausdrücke wie „es gibt" oder „für alle", welche sich auf variable Weise auf viele verschiedene Phänomene und Ereignisse beziehen.[127] Zur Bildung solcher Fakten und Hypothesen als Vorreiter einer Theorie der Kognition werden durch die Akteure bestimmte Phänomene untersucht und durch Modelle beschrieben und erklärt. Gemäß einem solchen strukturalistischen Ansatz werden diejenigen Phänomene, die die Akteure als relevant erachten, als *intendierte Anwendungen* bezeichnet. Der Ausdruck der Anwendung betont dabei den dynamischen, aktiven Aspekt der Entwicklung. Durch die Abbildung der natürlichen Kognition mittels Analogie und natürlicher Sprache wird Kognition als Phänomen und deren Funktionen durch Modelle erklärt, um es im Rahmen der Implementierung mittels softwaretechnischer Hilfsmittel machen.

---

[127] Zum Beispiel ist in der Kognitionstheorie eine Amnesie zu einem bestimmten Zeitpunkt ein Faktum, dagegen ist ein Algorithmus, der alle Zeitpunkte einer bestimmten Verlaufsform der Amnesie berechnet, eine Hypothese.

4.3   Implementierung

4.3.1   Objektorientierung als Entwicklungsparadigma

Der Übergang, den ein Entwicklungsprozess zu gehen hat, ist der von der Konzeptionalisierung (Modellierung) zur Realisierung (Implementierung) durch eine entsprechende Programmiersprache. Im Rahmen der Modellierung erfolgt ein Übergang vom Problem zum Modell durch eine entsprechende Analyse. Grundsätzlich unterscheiden sich diese Analysen in der Art ihrer Lokalisationsstrategie. Lokalisation heißt in diesem Kontext, dass bestimmte Modellelemente als essentiell, andere als akzidentiell festgelegt und die akzidentiellen um die essentiellen gruppiert werden. Hierzu kann man mehreren Paradigmen folgen:

- **Funktionaler Ansatz**: lokalisiert die essentiellen Anforderungen um Funktionen.

- **Datenorientierter Ansatz**: lokalisiert die essentiellen Anforderungen um Daten.

- **Objektorientierter Ansatz**: lokalisiert die essentiellen Anforderungen um Objekte.

Die größte Hürde bei der Modellierung und bei der Implementierung ist die berüchtigte semantische Lücke als blinder Fleck.[128] Bereits die objektorientierte Analyse bietet einige neue Konzepte[129] an, um solche semantischen Lücken zu verringern bzw. abzubauen,

---

[128] In der Praxis werden die Annahmen, Zusammenhänge und Ideen nicht immer formal beschrieben. Sie befinden sich vielmehr in Skizzen, Mindmaps auf Whiteboards, in textuellen Passagen von Dokumentationen und in der Source-Code-Dokumentation. Nicht selten sind sie sogar nur implizit in den Kognitionen der Entwickler gegeben. Gleichzeitig sind die konzeptionellen Modelle die Basis für den Code, der während der Entwicklung produziert wird.

[129] Diese Konzepte sind weder in der funktionalen, noch in der einfachen datenorientierten Analyse vorhanden, wodurch die semantische Lücke bei diesen klassischen Analysemethoden bedeutend größer ist, als bei der objektorientierten Analyse. Im Gegensatz z.B. zum Normalisierungskalkül (einer datenorientierten Analysemethode), welches eine mathematisch-formale syntaktische Modelloptimierung (kontrollierte

indem zum einen Taxonomien (Generalisierungen, „ist ein"-Beziehungen) und zum anderen Aggregationen („besteht aus"-Beziehungen) aufgebaut werden, um im Anschluss die die Angliederung von funktionsorientierten Komponenten an Daten (die Operationen der Klassen) folgen zu lassen.[130]

Ergänzend dazu bedient sich die objektorientierte Programmierung der gleichen Prinzipien (Taxonomie, Aggregation und funktionsorientierte Komponenten), um die semantische Lücke dann bei der Implementierung zu verringern. Dadurch ergibt sich eine Durchgängigkeit des objektorientierten Paradigmas von der Analyse bis zur Implementierung. Eine solche Durchgängigkeit kann weder der funktionale, noch der datenorientierte Ansatz aufweisen. Gerade die Überwindung der semantischen Lücke in dieser Durchgängigkeit macht die objektorientierte Realisierung daher zu einem geeigneten Prinzip, das konsequent in dem Entwicklungsprojekt Verwendung findet. Insofern ermöglicht das objektorientierte Paradigma, die semantische Lücke zwischen Anforderung und Lösung im Allgemeinen sowie zwischen Modell und Programm im Speziellen zu verkleinern.

Redundanzen) vornimmt, versucht die Objektorientierung mit den Konzepten der Taxonomie und der Aggregation eine semantische Optimierung.

[130] Letzteres wird auch dadurch legitimiert, dass jede der beteiligten Wissenschaftsdisziplinen ihre eigene Taxonomie verwendet, die nicht oder nur erschwert auf die Taxonomien der anderen Disziplinen reduziert werden kann.

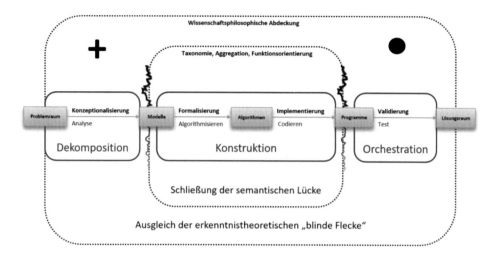

Abbildung 4.4: Theoriekern der Objektorientierung

In diesem Sinne wird die Objektorientierung als Paradigma sowohl in der Analyse, der Modellierung und der Implementierung zur Realisierung einer artifiziellen Kognition angewendet (siehe Abb.4.4). [131] Diese Anwendung des objektorientierten Paradigmas bestimmt somit die funktionale, prozessuale und technologische Ausgestaltung der artifiziellen Kognition vor allem durch die folgenden Aspekte.

- **Taxonomie**: Die Taxonomie ermöglicht, zwischen Klassen eine „ist-ein"-Beziehung zu bilden. Dadurch ist der Aufbau einer hierarchischen Ordnung von Klassen (und damit „abstrahierten Begriffen") möglich. Eine Unterklasse B wird von einer Basisklasse A abgeleitet (B „ist ein" Objekt vom Typ A). Je nachdem wie man die Richtung der „ist-ein"-Beziehung interpretiert, spricht man von einer Generalisierung (A ist Generalisierung von B) oder von einer Spezialisierung (B ist eine Spezialisierung von A). Die Taxonomie ist Grundlage der Vererbung und der Polymorphie.

---

[131] Insofern umfasst das angewendete Entwicklungsparadigma die Objektorientierte Analyse (OoA), das Objektorientierte Modellieren (OoM) und das Objektorientiertes Programmieren (OoP).

- **Aggregation**: Das Konzept der Aggregation erlaubt, „besteht-aus"-Beziehungen zwischen Objekten zu modellieren. Dadurch können Objekte als Teil eines anderen Objekts aggregiert und so komplexe Objekte zusammengesetzt werden.

- **Operationen**: Die Operationen eines Objekts stellen die Angliederung funktionsorientierter Komponenten an den statischen Teil eines Objekts dar. Ohne die Operationen wäre ein Klassenmodell ein eher datenorientiertes Modell. Durch die Operationen werden die funktionalen Fähigkeiten von Objekten festgelegt.

- **Kapselung**: Die Kapselung, auch „Information Hiding" genannt, ist das „Verstecken" der internen Struktur eines Objektes nach außen. Der Zugriff auf die Daten eines Objekts erfolgt in der Regel über eine definierte Schnittstelle (die Operationen).

- **Vererbung**: Das Konzept der Vererbung und der Polymorphie wird durch die Taxonomie ermöglicht. Unterklassen „erben" das Verhalten (Operationen) und die Struktur (Attribute) ihrer Basisklassen. Die Unterklassen zeigen so die gleichen Fähigkeiten wie ihre Basisklassen, ohne selbst etwas implementieren zu müssen. Die Polymorphie erlaubt es nun, innerhalb der Unterklasse Teile des Verhaltens für diese Unterklasse zu ändern, ohne die Implementierung der Basisklasse zu tangieren.

- **Kommunikation**: Die Kommunikation wird in der Literatur selten als Konzept für die Objektorientierung genannt. Aber gerade die Kommunikation zwischen Objekten (über das Versenden von Botschaften oder das gegenseitige Aufrufen von Operationen) ist ein wichtiges Konzept der Objektorientierung. Die Unterstützung ereignisgesteuerter Modellierung (z.B. mit Message-Handlern) trägt auch entscheidend zur Überbrückung der semantischen Lücke bei.

- **Interoperation**: Die Objekte wirken aufeinander ein und sie verändern sich durch Lernvorgänge.

Neben diesen eher allgemeinen Aspekten der Objektorientierung prägen auch die unterschiedlichen Ausprägungen der programmiertechnischen Erkenntnisobjekte das Erscheinungsbild der artifiziellen Kognition.[132] Das Objekt an sich wird dabei spezifischer aufgefasst als der hierzu synonyme Begriff des Gegenstandes. So sind die elementaren Objekte der (herkömmlichen) Programmierung die sogenannten Konstanten und Variablen. Sie tragen einen Bezeichner (identifier) bzw. eine Adresse und haben einen Bezug, den Variablen- oder Konstantenwert. Werte sind selbst wieder Bezeichner entweder für andere Variablen oder Konstanten oder aber sie sind bestimmte Zeichenreihen (z.B. Texte oder Ziffernfolgen), die in Relation mit konkreten Gegenständen der Anwendungsdomäne stehen. Herkömmliche Programmiersprachen haben einen Satz festgelegter Typen, wodurch der Handlungsraum für die Objekte durch einen Satz vorbestimmter, standardisierter Operationen (wie Zuweisungen, Vergleiche, Arithmetik etc.) festgelegt wird. Bei der objektorientierten Programmierung wird dieser Handlungsraum innerhalb bestimmter Grenzen erweiterbar, weil programmierbar. An die Stelle des vordefinierten Typs tritt die individuell konzipierte Klasse, die alle zugehörigen gleichartigen Objekte gemeinsam charakterisiert. Diese Klasse enthält nicht nur Aussagen darüber, welche Werte ein Objekt hat oder annehmen kann, sondern auch, welche Operationen man auf dieses Objekt und seine Werte anwenden kann. Insgesamt bedeutet also Objektorientierung die Kombination von Daten und Programmfunktionen in Form von Objekten. Ein Objekt besitzt damit über Eigenschaften als Attribute und Operationen, die entweder von außen zugreifbar oder nur innerhalb des Objektes sichtbar sind. Objekte kommunizieren durch den Austausch von Nachrichten miteinander. Eine von einem

---

[132] Aus diesem Gesichtspunkt heraus wird auch anstelle des in den angelsächsischen Ländern verwendeten Namens „Computer Science" der Begriff „Informatik" gewählt. Inhaltlich wird unter beiden Namen die „Wissenschaft der systematischen Verarbeitung von Informationen, insbesondere der automatischen Verarbeitung mit Hilfe von rechnerbasierten Systemen (Digitalrechner, Quantencomputer etc.) verstanden. Die so verstandene Informatik ist als ehemaliger Zweig der Mathematik entwachsen und beschäftigt sich auch mit der Abstraktion, der Modellbildung und grundlegenden Fragestellungen, die mit der Struktur, Verarbeitung, Übertragung und Wiedergabe von Informationen in Zusammenhang stehen. Sie umfasst auch die Theorie formaler Sprachen bzw. die Automatentheorie, die Berechenbarkeits- und die Komplexitätstheorie. Des Weiteren gehören Graphentheorie, Kryptologie, Logik (u. a. Aussagenlogik und Prädikatenlogik) sowie formale Semantik und Compilerbau zum Gebiet der Informatik.

Objekt empfangene Nachricht löst in der Regel die Ausführung einer Operation auf dem betreffenden Objekt aus. Objektorientierte Entwicklung heißt demnach, die zu realisierende artifizielle Kognition als eine Menge kommunizierender und interoperierender Objekte zu modellieren und zu implementieren. Ein solches Objekt der artifiziellen Kognition besteht aus Daten, Elementarfunktionen (Operationen) und Zuständen. Technisch gesehen ist jedes solches „Objekt" ein Speicherbereich - mit einer (Speicher-) Adresse und einer Reihe von Speicherzellen, die die Ausprägungen der oben genannten Charakteristika in geeigneter Form als „Wert" repräsentieren. Dies ergibt eine vorläufige softwaretechnologische Sicht auf das Entwicklungsparadigma, indem jedes Objekt der artifiziellen Kognition einen Ausschnitt der natürlichen Kognition als Wirklichkeit abbildet, wobei jedes dieser Objekte Signale, Zeichen, Daten oder Informationen aufnimmt, speichert, verarbeitet und abgibt, um mit anderen Objekten zu interoperieren. Eine artifizielle Kognition ist somit die Realisierung einer Anzahl von modellierten Objekten einer natürlichen Kognition, die zur Laufzeit durch deren Orchestration der Objektinstanzen die Wirklichkeit einer natürlichen Kognition als Phänomen simuliert.

4.3.2   Cognitive Computing als Technik

Im Folgenden soll unter *Technologie* die multiplikative Verknüpfung von Methoden und Techniken verstanden werden.[133] In Ergänzung zur bereits betrachteten Methodik als Entwicklungs- und Erkenntnispfad sollen in diesem Abschnitt die wichtigsten Techniken beschrieben werden, die im Rahmen der Implementierung zur Entwicklung einer artifiziellen Kognition zum Einsatz kommen. Dabei werden die durch Sprache und Notationen charakterisierten Modelle der natürlichen Kognition in der praktischen Konsequenz durch Algorithmisierung mittels Programmiersprachen als artifizielle Kognition realisiert. Unter einer *Programmiersprache* ist dabei eine formale Sprache zu verstehen, die im Unterschied zu einer natürlichen Sprache den Kriterien mathematischer

---

[133] Diese multiplikative Verknüpfung zeigt sich darin, dass Lösungen als linke Seite der Gleichung nur dann problemadäquat erscheinen, wenn die angewendeten Methoden und Techniken auf der rechten Seite der Gleichung entsprechend vorhanden sind und demzufolge „nicht gegen Null gehen".

Theorien genügen müssen. Als solche ist eine Programmiersprache eine formale Sprache zur Formulierung von Datenstrukturen und Algorithmen, d.h. von Rechenvorschriften, die von einem Computer ausgeführt werden können. Sie setzen sich aus Anweisungen nach vorgegebenen Mustern bzw. Regeln zusammen, die als sogenannte Syntax die Struktur und damit die Ausdruckstärke der Programmiersprache festlegt. Die *Syntax* einer Programmiersprache basiert auf lexikalischen Strukturen und einer kontextfreien Grammatik. Die lexikalische Struktur einer Programmiersprache ist die Struktur ihrer Wörter und so zählen zu den Wörtern einer Programmiersprache:

- Reservierte Wörter wie beispielsweise `begin`, `if`, `while` oder `else` usw.,

- Konstante oder Literale, wie `57` als eine numerische Konstante oder „`Hello World`" als eine Zeichenkonstante,

- Sonderzeichen wie +, /, ==, <=, usw.,

- Bezeichner, d.h. selbstgewählte Namen für Variable, Funktionen, usw., wie beispielsweise, `geburts_datum` oder `write`.

Hinzu kommen Trennzeichen, d h. Zeichen, die zwischen den Wörtern stehen können, um sie abzugrenzen. Dazu gehören das Leerzeichen, das Tabulatorzeichen und das sogenannte Return (Wagenrücklauf), der eine neue Zeile ankündigt. Darüber hinaus braucht eine Programmiersprache grammatikalische Regeln, wie aus Wörtern Anweisungen als Sätze durch Aneinanderreihung von Wörtern gebildet werden. In der formalen Schreibweise einer Programmiersprache lässt sich das mit Produktionsregeln wie folgt beschreiben:[134]

- \<Satz\> ≡ \<Substantiv-Ausdruck\> \<Verb-Ausdruck\>

- \<Substantiv-Ausdruck\> ≡ \<Artikel\> \<Substantiv\>

---

[134] Die spitzen Klammern dienen dazu, die Namen der lexikalischen Strukturen von den eigentlichen Wörtern zu unterscheiden, das Zeichen ≡ kann man als „besteht aus" oder „entspricht" lesen.

- <Artikel> ≡ die

- <Substantiv> ≡ Brainware

- <Verb> ≡ denkt

Die Grammatik einer Programmiersprache ist per se kontextfrei.[135] Zusätzlich zu den Regeln für die Einhaltung grammatikalischer Formen wird eine *Semantik* benötigt, die beschreibt, was die Sprachkonstrukte tatsächlich bedeuten und wie die Namen oder Bezeichner zu verwenden sind. Im Kern geht es darum, Konventionen anzugeben, welche die Bedeutung jedes in einem Programm benutzten Namens bestimmen. Die Bedeutung eines Namens (Bezeichners) wird dabei durch die Eigenschaften bzw. die mit dem Namen verbundenen Attribute bestimmt.[136] Entscheidend für die Semantik der Programmiersprache ist, dass jeder Name vor der Benutzung bekannt gemacht (deklariert) wird, kein Typfehler enthalten ist, d. h. einem Namen, der an eine Zahl gebunden im Programmablauf nicht eine Zeichenkette zugewiesen wird oder der zulässige Wert überschritten wird.

PROGRAMMIERSPRACHE = SYNTAX + PRAGMATIK + SEMANTIK

Bereits auf dieser formalen Ebene lässt sich durch den Vorgang der Zuweisung auf benutzerdefinierte Zeichen oder Zeichengruppen einer formalen (Programmier-)Sprache natürlich-sprachliche Bedeutungen in gewissen Grenzen repräsentieren und von rechnerbasierten Systemen verarbeiten. Trotz dieser syntaktischen, pragmatischen und semantischen Beschränkung müssen solche Programmiersprachen zusätzlich die

---

[135] Die Grammatik ist kontextfrei, weil die Namen für Strukturen wie <Satz>, die ihrerseits aus einer Folge von Elementen (Zeichen, Wörtern) bestehen, allein auf der linken Seite der Produktionsregeln erscheinen. Das bedeutet, dass sie auf der rechten Seite durch jede Alternative ersetzt werden können.

[136] Durch die Deklaration `const zahl = 5;` wird die „zahl" zu einer Konstanten mit dem Wert 5. Sie verbindet den Namen „zahl" mit den Attributen `const` und dem Wert 5. Es entsteht ein Name-Wert-Paar mit der zusätzlichen Eigenschaft, dass die Verbindung statisch ist, d. h. über das gesamte Programm hat „zahl" den Wert 5. Auch eine Anweisung `x = 2;` bindet den Wert 2 zumindest zeitweilig an Namen der Variablen „x".

Möglichkeiten eröffnen, die kognitiven Phänomene und deren narrative Beschreibung so zu formalisieren, dass sie in einem rechnerbasierten System ausgeführt werden können. Zwei Paradigmen von Programmiersprachen sind dabei in Erwägung zu ziehen. Eines dieser Paradigmen verzichtet auf jede Reichhaltigkeit des Ausdrucks bei den Objekten. Zu nur einer Sorte von Objekten werden Operationen reichhaltig definiert. Dies bezeichnet man als funktionale Programmierung. Das andere Paradigma verzichtet auf Reichhaltigkeit bei den Operationen, indem zu nur einer Art von Operationen Objekte reichhaltig definierbar und kommunikativ miteinander in Verbindung gesetzt werden. Dies bezeichnet man als *objektorientierte Programmierung*. Die meisten verbreiteten Sprachen liegen als prozedurale Sprachen zwischen den Extremen. Sie mischen Ausdrucksstärke bei Operationen und Objekten. Unabhängig davon, welche Programmiersprache Verwendung findet, ein solch formuliertes Programm muss zur Laufzeit auf einem realen Computer ausgeführt werden. Dies bedeutet, dass die Menge dieser Ausführungen von Anweisungen in einer Programmiersprache auf dem Computer die finale Bedeutung des Programms darstellt. Man spricht auch von der Semantik (Bedeutung) der Sprache mit Bezug auf das Trägersystem als Computer.

Aufgrund der Mächtigkeit von solchen Programmiersprachen wird die Realisierung eines *Symbolismus* möglich, um kognitive Leistungen innerhalb softwaretechnischer Systeme durch Symbolmanipulationen zu ermöglichen. Um beispielsweise menschliche kognitive Fähigkeiten von einem Computer erbringen zu lassen, werden deren Teile des Kognitionsmodells im Rahmen der Formalisierung durch Symbole in Algorithmen transformiert. Dazu muss der Computer als Trägersystem einer solchen artifiziellen Kognition in die Lage versetzt werden, semantische Konzepte in Form von Signalen, Daten bzw. Informationen zu speichern (Wissensrepräsentation bzw. Weltrepräsentation) und diese zu Wissen zu verarbeiten (Wissensverarbeitung). Neben dieser symbolischen Verarbeitung wird mit Hilfe des *Konnektionismus*, auch ein *subsymbolischer Ansatz* verfolgt, der die Vernetzungen einzelner Neuronen als Nervenzellen simuliert, um dadurch die komplexen Strukturen des Gehirns in Form von neuronalen Netzstrukturen nachzubilden. Die Techniken zur softwaretechnischen Realisierung dieser symbolischen und subsymbolischen Verarbeitungsprinzipien werden unter dem Begriff des *Cognitive Computing* subsummiert (siehe Abb.4.5).

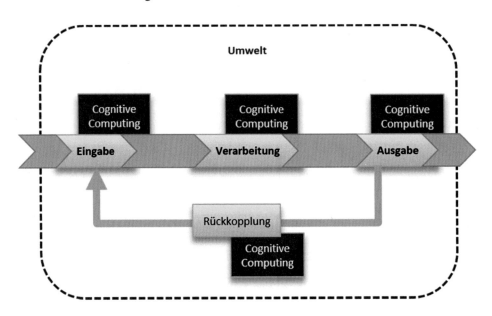

Abbildung 4.5: Kybernetik und Cognitive Computing

Dabei gilt es diesen Begriff des Cognitive Computing gegenüber anderen, ebenfalls in der KI-Szene etablierten Begriffen abzugrenzen und damit weiter zu präzisieren. So ist darauf hinzuweisen, dass die einzelnen Techniken des Cognitive Computing punktuell auch unter den Begriffen des Soft Computing, Computational Intelligence, Organic Computing oder auch Ubiquitous Computing und Autonomic Computing abgehandelt werden. Allerdings werden unter Computational Intelligence primär Techniken verstanden, die mit dem Begriff des Soft Computing zwar vergleichbar sind, wie Neuronale Netze, Genetisches Programmieren, Schwarmintelligenz und Fuzzy Systeme. Der Fokus der Computational Intelligence liegt daher eher auf solchen subsymbolischen Techniken. Im Zusammenhang mit Organic Computing werden selbstorganisierende Systeme untersucht und primär Neuronale Netze, Evolutionäre Algorithmen sowie Zellularautomaten behandelt. Insofern scheint die Einführung des Begriffes des Cognitive Computing gerechtfertigt, da es sich hier erstmalig um eine Orchestration intradisziplinär gewonnener Erkenntnisse und um eine multiplikative Verknüpfung symbolischer und subsymbolischer Ansätze handelt, um damit eine umfassende Technologisierung respektive Realisierung von kognitionswissenschaftlichen Erkenntnissen zu ermöglichen. Damit bewegt sich die Entwicklung einer artifiziellen Kognition im Kontext eines *rechner-basierten Ansatzes*, indem von einem Kognitionsmodell ausgehend, symbolische und subsymbolische Signal-

, Zeichen-, Daten- Informations- und Wissenserarbeitungsmöglichkeiten auf einer von software- bzw. hardwaretechnischen Basisarchitektur entwickelt werden. Der Computer als Trägersystem der artifiziellen Kognition besteht aus elektronischen Schaltkreisen, die gezielt elektrische Signale miteinander verknüpfen. Im einfachsten Fall kennt ein solcher Schaltkreis nur zwei Zustände: „Strom fließt" und „Strom fließt nicht". Nach diesem Ansatz manipuliert ein Rechner zunächst Symbole, wobei ein solches Symbol ein von Natur aus bedeutungsloses Symbol ist, das erst dadurch bedeutungsvoll und damit zum Zeichen wird, indem es durch einen Verarbeitungsprozess eine Zuweisung erhält, die anschließend in einer bestimmten Art und Weise interpretiert wird. Insofern ist ein Rechner das Trägersystem, das Symbole als Zeichen in einem systematischen Verfahren und damit gezielt verarbeitet bzw. prozessiert. Auf der Ebene der elektronischen Schaltkreise „arbeitet" der Computer als Trägersystem nur mit Signalen, die keine Informationen sind. Die eigentliche Verarbeitung des Konzeptes der Information im Computer beginnt erst mit einer Übereinkunft, eines verabredeten Zusammenhangs (Codierung) einer Inhaltsebene wohlunterscheidbarer physikalischer Zustände („Strom fließt", bzw. „Strom fließt nicht") und einer Ausdrucksebene. So wird aus „Strom fließt" die „Eins" und aus „Strom fließt nicht" die „Null". Aus dem Signal wird ein somit ein Zeichen, 0 oder 1, das den „Eigennamen" Bit erhält. Dann ist es die Syntax und Semantik der verwendeten Programmiersprache, die den Umfang der Konvention absteckt, innerhalb derer definiert wird, welchen Zeichen oder Zeichenketten welche Bedeutung für die Ausführung auf dem Computer zugewiesen wird. Innerhalb dieser Konvention, die in der Regel durch den Entwickler der Programmiersprache verabredet wird, sind auf Zeichenebene beliebige Austausche möglich. Solange die Anordnungsregeln, das heißt die Syntax, der Sprache eingehalten werden, ist auch die Interpretation und Ausführung auf der Maschinenebene gewährleistet. Die Semantik der Programmiersprache wiederum hat mit der tatsächlichen Nutzungsbedeutung programmsprachlicher Konstruktionen von Objekten, deren Daten, und Funktionen zunächst nichts zu tun. Die konstruierten Sprachkonstrukte einer Programmiersprache werden zu Trägern von Bedeutung erst innerhalb eines Kontextes, eines umgrenzten Ausschnitts der Wirklichkeit, wofür das Programm entwickelt wurde. Die Abbildung auf die Sprachkonstrukte einer Programmiersprache erfolgt im Falle des Cognitive Computing durch sprachlich gefasste und formal geordnete Darstellungen von Bezeichnern für die Objekte und der zwischen ihnen bestehenden Sachverhalte als Beziehungen. Letzteres kann man als Objektontologie auffassen, die als solche die Bedeutung der Sprachkonstrukte und damit die Eigenschaften der Gegenstandswelt der naturanalogen Verfahren abbildet, die mit der Software theoretisiert, modelliert und realisiert werden soll. Bei den symbolischen naturanalogen Verfahren handelt es sich derzeit um Techniken wie Produktionsregelsysteme (Expertensysteme), Fuzzy Systeme, Evolutionäre Algorithmen sowie Zelluläre Automaten und bei den subsymbolischen Verfahren kommen Neuronale Netze, Memetische Algorithmen, Boolesche Netzwerke sowie Verfahren des maschinellen Lernens zum Einsatz. Im Rahmen der Simulation mittels Multiagentensystemen werden symbolische und subsymbolische naturanaloge Verfahren kombiniert. [137] Aufgrund des Einsatzes dieser Techniken werden sich lernfähige und autonome Systeme verwirklichen lassen, die ihren originären programmtechnischen Rahmen verlassen, was heißt, dass deren Verhaltenspotenziale nicht mehr auf die vorentwickelte Programmstruktur beschränkt und durch die initiale Programmierung seitens der Entwickler vorbestimmt sind. Vielmehr wird man den intrinsisch kreativen adaptiven Prozessen freien Lauf lassen und damit den adaptiven Systemen die Gelegenheit geben, die konkreten Ziele der Adaptation an externe Inputs von innen heraus kreativ zu gestalten. [138] Letzteres setzt wiederum Algorithmen voraus, die indeterminiert sind und autonom operieren. Lediglich ein initialer, vital-programmiertechnischer Rahmen der autonomen Selbstkonstruktion ist vorgegeben, etwa in Form iterativen Rückkoppelungsschleifen auf Basis hierarchischer Repräsentationsebenen. [139] Dazu werden *lernfähige Mechanismen* als Techniken

---

[137] „Naturanaloge Verfahren" als Techniken orientieren sich dabei noch an natürlichen Vorbildern bzw. werden von diesen inspiriert. So wird das Gehirn als ein selbstaktives System aufgefasst, das ständig komplexe raumzeitliche und hoch strukturierte Muster erzeugt, die von der Netzwerkarchitektur (neuronale Netze) konturiert werden. Diese Netzwerkarchitekturen sind im Groben genetisch (genetische Algorithmen) festgelegt, werden dann aber während der Hirnentwicklung durch epigenetische Prägung (epigenetische Systeme) und während des gesamten Lebens (evolutionäre Algorithmen) durch Lernprozesse (Lernmechanismen) überformt, sodass jedes Gehirn durch ein eigenes Verbindungsnetzwerk (Cognitive Fuzzy Maps) ausgezeichnet wird.

[138] Die Adaption erfolgt demnach sowohl intrinsisch als auch extrinsisch induziert.

[139] In diesem Zusammenhang gilt es darauf hinzuweisen, dass die sogenannten Ebenentheorien des Kognitiven bzw. des Bewusstseins (Higher Order Theories, HOTs) auf der Annahme basieren, dass der Unterschied zwischen bewussten und unbewussten Zuständen dadurch entsteht, dass Bewusstsein im Gegensatz zum Unbewussten ein

entwickelt, wobei diese von einem Minimum an Struktur ausgehen und daraus weitere Strukturen konstruieren, entweder durch einen sich verstärkenden Prozess, der auf behavioristischen Modellen von Belohnung und Strafe fußt, oder durch eine Art Selektion, die den Modellen der Evolutionstheorie folgt. Dabei unterliegen diese Mechanismen nicht dem Problem, dass die biologische Evolution in ihrem Zeitmaßstab epochal ist, indem sich evolutionäre Änderungen als Resultat von Kopplung erst über einen Zeitraum von Jahrmillionen vollziehen.[140] Im Rahmen der Simulationen werden sich diese Zeiträume in Monaten, Wochen, Tagen, Stunden, Sekunden bis Millisekunden bewältigen lassen.[141] Trotz dieser Kombinatorik an Techniken werden die Algorithmen software-technisch so leichtgewichtig sein, dass sie sich in jegliche *Trägersysteme* einbetten und dort Simulationen einer natürlichen Kognition zulassen.[142]

---

höherer Meta-Zustand darstellt und dabei den Relationen zwischen kognitiven Zuständen eine besondere Bedeutung zukommt. Generell fokussieren diese Ebenentheorien eine Selbstbezüglichkeit von Gedanken in Form von Reflexion bzw. Reflexivität (Vgl. Rosenthal, 2006), Wahrnehmung in Form der Introspektion (Vgl. Lycan, 1997) und systemisch als Teil eines integrierten, komplexen Ganzen (Vgl. Svan Gulick, 2004).

[140] Evolution muss hier zunächst als ein Wechselspiel von inneren und äußeren, zufälligen und aktiven Prozessen verstanden werden. Außerdem gilt es für den weiteren Verlauf zu berücksichtigen, dass Evolution kein Spezifikum des organischen Lebens darstellt. Vielmehr wird im Rahmen dieser Arbeit das Prinzip der Evolution universal eingesetzt, indem es quantenphysikalisch, kosmologisch, ontogenetisch und phylogenetisch zur Wirkung kommt. Dort begegnet man beispielsweise der Selektion auf unterschiedlichen Größenordnungen und Skalen.

[141] So hat die menschliche Kognition mit ca. 30ms ein anderes fundamentales Zeitmaß als etwa das fundamentale physikalische Zeitmaß der Planck-Zeit von ca. 10^{-43} s.

[142] Beispielsweise interoperieren kognitive Agentensysteme als autonome Systeme selbsttätig in der realen Welt. Gerade diese Fähigkeit solcher Systeme, ihre eigenen Instruktionen und internen Strukturen selbst wieder logisch zusammenhängend repräsentieren zu können, führt dazu, dass sie ihren programmiertechnischen Rahmen verlassen können. Das bedeutet, dass die Systeme nicht mehr nur originäre Regeln anzuwenden, sondern während ihres Lebenszyklus ständig dazu lernen und dadurch ihr ursprüngliches Skelet der Algorithmen nicht nur modifizieren, sondern auch erweitern. Ein solches nicht-determinierendes, weil eben nur steuerndes, ordnendes und disponierendes und damit nicht deterministisches Programm im Sinne eines trans-algorithmischen, sich durch sich selbst anpassenden, weil sich selbst schreibenden und sich das Ziel der Anpassung selbst vorgebenden Programms, ist durch die

Während *kontemplative Techniken* auf einen biologischen oder psychologischen Erkenntnisbegriff abzielende Spielarten des Konstruktivismus immer noch eine externe Beobachterposition gegenüber der Welt für sich reklamieren können, von der aus sie lediglich zugestehen müssen, dass die Möglichkeit der Erkenntnis sich mit dem Vollzug des Bewusstseins begründet und letzteres physischen, chemischen, biologischen oder psychologischen Bedingungen unterliegt, wird die Technik der *Simulation* im Rahmen der Visualisierung kognitiver Phänomene sozusagen zur technologischen Sonde zum Begreifen kognitiver Phänomen. Dabei wird durch den vorläufigen Ausschluss einer Mikroperspektive, indem neurophysiologische Aspekte nicht modelliert, nicht algorithmisiert, nicht funktionell berücksichtigt und damit auch nicht simuliert werden, wird in der dadurch bedingten Konsequenz ein strenger Reduktionismus in Form eines Funktionalismus verfolgt. Insofern wird der folgenden, bis heute dominierenden Ansicht widersprochen:

„Wir denken, dass die Zeit nun reif ist, das Problem der neuronalen Grundlagen des Bewusstseins offensiv anzugehen. Ferner glauben wir, dass das Problem des Bewusstseins langfristig nur durch neurophysiologische Erklärungsansätze gelöst werden kann. Psychologische Modelle sind sicherlich von Bedeutung. Wir bezweifeln jedoch, dass sie jemals genügend Überzeugungskraft besitzen werden, um Bewusstsein wirklich erklären zu können" (Crick/Koch, 1990).

Der Widerspruch basiert unter anderem auf der Tatsache, dass sich zur Bewusstseinsproblematik zwei Theorien etabliert haben, die bei der Entwicklung einer artifiziellen Kognition verfolgt werden. So fußt die sogenannte *Theorie des globalen Arbeitsraumes* (global neuronal workspace) auf der Beobachtung, dass mehrere Hirnbereiche Zugriff auf semantische Konzepte haben, um bewusst wahrgenommen zu werden. So entsteht Bewusstsein aus einer bestimmten Verarbeitung von semantischen Konzepten, indem diese Konzepte auf einer, einem „schwarzen Brett" ähnlichen, Lokalisation angeboten werden, damit die verschiedenen kognitiven Prozesse darauf zugreifen können. Hingegen gilt bei der *Theorie der integrierten Information* (integrated

---

Kombination von Cognitive Computing Techniken auf Basis einer einheitlichen Software-Architektur denkbar und realisierbar.

information theory) das Erlebte als Ausgangspunkt zur Ausprägung eines Bewusstseins. Dabei besitzt jede erlebte Erfahrung bestimmte intrinsische Eigenschaften, die nur für den jeweiligen Träger des Bewusstseins existieren. Nach Berücksichtigung dieser Theorie verfügt eine artifizielle Kognition umso mehr Bewusstsein, je mehr semantische Konzepte integriert und verarbeitet werden. Die allgemeinste Form von Bewusstsein ist der phänomenale Zustand der Wachheit oder Vigilanz als Form einer inneren und äußeren Wahrnehmung oder Empfindung. Eine solche Wachheit ist meist mit konkreten Inhalten verbunden. Diese können unter anderem Sinneswahrnehmungen von Vorgängen in der Umwelt und im eigenen Körper, mentale Zustände und Tätigkeiten wie Denken, Vorstellen und Erinnern, Selbst-Reflexion, Emotionen, Affekte, Bedürfniszustände, Erleben der eigenen Identität und Kontinuität, Wahrnehmung des eigenen Körpers, Autorschaft und Kontrolle der eigenen Handlungen und mentalen Akte, Willenszustände, Verortung des Selbst und des Körpers in Raum und Zeit, sowie Realitätscharakter von Erlebtem und Unterscheidung zwischen Realität und Vorstellung sein. Ebenso lässt sich mit Hilfe der Kombination der Elektroenzephalographie (EEG) oder Magnetenzephalographie (MEG) mit funktioneller Magnetresonanztomographie (fMRI) zeigen, dass allen Bewusstseinszuständen bestimmte unbewusste Prozesse im Zeitraum von 200 Millisekunden oder länger und in systematischer Weise vorhergehen.[143] Dies deutet auf eine modulare, d. h. räumlich und funktional getrennte Organisation der Bewusstseinsinhalte hin. Letztere Sichtweise wird dadurch verstärkt, dass während der Bewusstseinszustände Umstrukturierungen bereits vorhandener kortikaler neuronaler

---

[143] Während beim EEG die Aktivitäten im Gehirn quasi direkt vermessen werden, sind PET und fMRT indirekte Verfahren. Beide beruhen auf der Tatsache, dass die Gehirnprozesse sehr viel Energie in Form von Zucker und Sauerstoff verbrauchen. So lässt sich beispielsweise anhand der funktionellen Magnetresonanztomografie (fMRT) der Unterschied zwischen oxygeniertem und deoxygeniertem Blut beobachten. Hämodynamischen Reaktion können über die Nahinfrarotspektroskopie (NIRS) beurteilt werden. NIRS-Geräte erzeugen Nahinfrarotlicht mit unterschiedlichen Wellenlängen. Dieses wird von natürlichen Chromophoren wie oxygeniertem und deoxygeniertem Hämoglobin reflektiert. Eine weitere geeignete Methode ist die Elektroenzephalografie (EEG), indem sie sich vor allem zur Überwachung ereigniskorrelierter Potenziale (event-related potentials, ERP) eignet. Während das PET vor allem dazu dient Gehirnaktivitäten sichtbar zu machen, ist das fMRT sehr effizient in der Darstellung von Gehirnstrukturen. Mithilfe der Magnetoenzephalografie (MEG) werden die mit der elektrophysiologischen Gehirnaktivität assoziierten Magnetfelder gemessen.

Netzwerke aufgrund von Sinnesreizen und Gedächtnisinhalten stattfinden und sich diese durch eine schnelle Veränderung synaptischer Übertragungsstärken und damit der Kopplungen zwischen Neuronen in einem bewusstseinsrelevanten kortikalen Netzwerk manifestieren. Neben diesen bildgebenden Verfahren bedarf es zusätzlich der Simulation der natürlichen Kognition als artifizielle Kognition, um ein Begreifen von Kognition zu ermöglichen. Das setzt weniger voraus, dass es im Rahmen des Entwicklungsprojektes gelingt, die Interoperationen als Wechselwirkungen und die Interrelationen der Neuronen als deren Vernetzung einer natürlichen Kognition adäquat durch algorithmisierte Interoperationen und Interrelationen einer artifiziellen Kognition abzubilden. Vielmehr gilt es die Funktionen der natürlichen Kognition funktional adäquat über eine artifizielle Kognition algorithmisch zu realisieren. Erst im letzteren Fall gilt das artifizielle System als dem des natürlichen Systems hinreichend funktional adäquat und das natürliche System als adäquat durch das artifizielle System rekonstruiert und somit validiert. Eine adäquate Simulation einer natürlichen Kognition liegt somit dann vor, wenn diese Simulation das natürliche System als Vorbild bzw. Blaupause hinsichtlich spezifischer, abstrahierter Eigenschaften und Merkmale funktional abbilden kann. Insofern wird mit der Simulation eine reduktionistische, weil funktionalistische und konstruktivistische und damit nachzubildende Wirklichkeit einer natürlichen Kognition angestrebt. Eine Simulation als Erkenntnistechnik ist nach dieser Auffassung zunächst eine algorithmisierte und idealisierte Theorie einer artifiziellen Kognition als adäquates Modell einer natürlichen Kognition, die durch Implementierung mittels einer Programmiersprache in eine artifizielle Kognition als Simulation der natürlichen Kognition überführt wird. [144] Bei der Ausführung der Simulation der natürlichen

---

[144] Dabei gilt es die initialen Vorgaben seitens der Programmierung als initiale Rahmenbedingungen der Simulation sicherlich zu beachten. Doch spielen sie nicht mehr die entscheidende Rolle gegenüber dessen, was die Simulation vorantreibt. Dieser Antrieb ist eine zeitliche Entwicklung, eine Abfolge von Ereignissen nach dem Wenn-Dann-Schema kausaler Wechselwirkungen. Simuliert werden konnektionistische Artefakte als Netzwerke von Kausalitäten gegenseitiger Beeinflussungen, bidirektionaler und rekurrenter Koppelungen, von dynamisch sich immer neu organisierenden konnektionistischen Architekturen. Insofern liegt eine Netzwerkkausalität vor, da es zu einer parallelen und simultanen Auslösung von Wirkungen und zu koinzidenten Effekten kommt. Zugleich kommt es zyklischer, selbstbezüglicher und iterativer Netzstrukturen zur Ausbildung von Feedbacks und Feedbacks auf die Feedbacks etc. Das Netzwerk setzt nicht nur das Wirken verschiedener Ursachen auf derselben oder auf unterschiedlichen Netzschichten

Kognition, d.h. zur Laufzeit der artifiziellen Kognition verschränken sich die natürliche Kognition als erkennendes Subjekt mit der artifiziellen Kognition als Erkenntnisobjekt. Die Simulation als Erkenntniszugang projiziert Unterscheidungen durch eine Visualisierung und Rekursivität, die sich in der Wirklichkeit so nicht der natürlichen Kognition zu erkennen geben. Es entfaltet sich dadurch eine epistemologische Dynamik und die Erkenntnis als Begreifen korrigiert sich mit jedem Simulationsschritt immer mehr zu einer Begreifen als Erkenntnis.[145] In diese Dialektik von Theorie und Praxis, Modellierung und Implementierung sowie Internalisierung und Externalisierung, die nunmehr nicht mehr isolierte Bewusstseinsakte einer natürlichen Kognition reduziert werden kann, ist die Konstruktionen einer artifiziellen Kognition als Simulationen immer schon eingelassen.

4.3.3   Simulation als Erkenntniszugang

Die Entwicklung einer artifiziellen Kognition als Simulation einer natürlichen Kognition bedeutet zunächst, dass man sich bei der Programmierung auf Regeln auf basaler Ebene rekurriert. Diese Regeln sind algorithmischer Natur und obwohl diese Algorithmen zunächst determinierend sind, zeigen sie in der Simulation während ihrer Ausführung ein

---

voraus, sondern auch eine grundsätzliche formale Rückbezüglichkeit des Netzes als Systems, das sich durch ein schichtenübergreifendes Rückwirken realisiert. Insgesamt kommt es zu Wechselwirkungen in den unterschiedlichen Netzschichten und dort zur Rückbezüglichkeit durch Iteration der Wirkungen, die somit zur Wechselwirkung werden. Im Falle der Netzwerkkausalität macht es auch unter Umständen Sinn, weniger von Ursachen, sondern eher von Konditionen, Bedingungen, Randbedingungen oder einschränkenden Gewichtungen zu sprechen. All diese sind dann wiederum als der Anlass zu sehen, dass sich ein Netz von bzw. durch seine Schichten und damit durch sich selbst zugrunde legt, indem es sich selbst organisiert, ordnet und konstruktiv ausgestaltet.

[145] Damit soll ein bisheriger Fehler korrigiert werden, der in dem Glauben besteht, dass sich die Wirklichkeit als Umverteilung und Umstrukturierung von vorhandenem Erkenntnismaterial begreifen lässt. Ontologisch, also in Bezug auf die Struktur der Wirklichkeit bezogen, gibt es nur das Neue in der Simulation. Der Grund dafür, dass in der Wirklichkeit, in der die Simulation abläuft, Neues möglich wird, liegt darin begründet, dass diese Wirklichkeit eine unendliche Komplexität besitzt. Erkenntnis in Form von Begreifnis kommt dann zustande, wenn man die Komplexität erhöht und sie dennoch begreift.

nicht determiniertes, sich selbst bestimmendes und damit ein nicht extern bestimmtes Verhalten. Eine Simulation der natürlichen Kognition als artifizielle Kognition setzt damit technische Umsetzung einer Theorie in Form eines Programms voraus, das sich wiederum aus einer Kette von Anweisungen einer Turing-Maschine zusammensetzt. Die Anweisungen sind dahingehend formal, insofern sie losgelöst von ihrem materiellen Substrat gültig und konsistent formuliert werden können. Sie sind außerdem algorithmisch und definieren die initialen Anfangsbedingungen der Simulation in einer streng deterministischen Weise. Durch die Implementierung von maschinellen Lernverfahren und deren Realisierung handelt es sich allerdings nicht nur um die Simulation eines kybernetischen, sondern vielmehr eines dynamischen, die initialen Programmierrahmen verlassendes, sich selbst transzendierendes und konnektionistisches System.[146] Eine solche Perspektive weist darauf hin, dass die Theorie nach deren Implementierung und Validierung in der Praxis funktioniert, ohne den Anspruch auf Vollständigkeit zu erheben und damit als vorläufige Theorie einer Kognition zu gelten. Insofern ist ein solches Begreifen durch Simulation als eine transzendentale Erkenntnis zu charakterisieren, wonach Erkenntnis über beobachtete Dinge hinausgeht und dabei nicht nur auf natürlicher Sinneswahrnehmung beruht, sondern auch auf technologisch durchflutete Quellen zurückgreift.[147] Durch die Simulation, als die blinden Flecken der sinnlichen Wahrnehmung ausgleichender Erkenntniszugang, bezieht sich eine solche Erkenntnis nicht auf eine spekulative bzw. imaginäre Wirklichkeit, sondern beschreibt die natürliche

---

[146] Die Simulation als ein konnektionistisches System bildet auch die unterschiedlichen Systemhierarchien als neuronale Schichten ab, sowohl in ihren Wechselwirkungen untereinander als auch hinsichtlich der Wechselwirkungen, die jeweils innerhalb einer Hierarchieebene respektive neuronalen Schicht stattfinden. Beispielsweise versklavt eine obere neuronale Schicht eines Deep Learning Netzes wohl nicht die tieferen Schichten, doch werden diese durch die oberen Schichten bestimmt und geprägt. Durch Simulation der unterschiedlichen Schichten wird gewissermaßen ein vertikales bzw. orthogonales Netzwerk geschaffen, das ein Eigenleben und somit autonome Funktionalität in gewissen Grenzen entwickeln kann.

[147] Nach traditioneller Auffassung bildet die natürliche Sinneswahrnehmung die einzige Verbindung der Kognition zur Außenwelt. Die Sinne und die Kognition und darin deren klassischen Aspekte des Denkens, Verstandes und der Vernunft ermöglichen Erkenntnis über die Welt und deren Wirklichkeit. Insbesondere bei sensorischem Empfinden geht es um das Erfassen von Information mithilfe der Sinnesorgane und die Wahrnehmung beschäftigt sich mit der Deutung dieser sensorischen Information.

Kognition zunächst als modellierte, dann als algorithmisierte, implementierte und damit realisierte Wirklichkeit. Die Simulation der natürlichen Kognition als artifizielle Kognition ist damit die logische und praktische Konsequenz einer Technologisierung der Kognitionswissenschaft, indem im Gegensatz zu den bisherigen philosophischen Ansätzen im Rahmen der Konzeptionalisierung und Implementierung die Modelle durch Algorithmen ausformuliert, dadurch die bisherigen Theorien systematisch durchleuchtet, deren philosophischen Unschärfe geschärft und damit insgesamt die blinden Flecken der Erkenntnis durch die simulative Praxis ausgeglichen werden können.

4.3.4   Artifizielle Kognition als Orchestrierung

Eine artifizielle Kognition als eine softwaretechnische Brainware muss die in der Initialisierung formulierten Kriterien und Eigenschaften erfüllen, sowie die in der Konzeptionalisierung modellierte Funktionen abdeckt. Eine solche artifizielle Kognition oszilliert prozessual zwischen der Perzeption über Sensoren und der Interoperation durch Aktoren.[148]

Die Verarbeitung der semantischen Konzepte und die Produktion der Anweisungen zur Ausführung der Interoperationen erfolgt im Verlaufe eines kognitiven Prozesses und dort als Ergebnistypen der kognitiven Funktionen.[149] Über das perzeptive System

---

[148] Damit folgt man zwar noch den gegenwärtigen neurowissenschaftlichen Konzepten, die davon ausgehen, dass Wahrnehmung einen Vorgang darstellt, der mit einer spezifischen Reizung am Sensororgan beginnt. Im Gegensatz dazu, versteht die in dieser Arbeit entwickelte Theorie der Kognition allerdings die der Wahrnehmung folgenden Bildung einer Objektrepräsentanz nicht als Vorgang, der durch das Zusammenfügen von sensorischen Informationen charakterisiert ist. Insofern ist die Wahrnehmung auch kein Ereignis, das primär auf kortikaler Ebene stattfindet. Vielmehr wird Wahrnehmung und die Entwicklung von Objektrepräsentanzen als Orchestrierungsprozess verstanden, in dem sich Repräsentanten inmitten respektive aus voll vermaschten Netzstrukturen herausbilden. Die jeweiligen Qualitäten der Wahrnehmung korrelieren dabei implizit mit dem Grad der Orchestrierung und damit der Vernetzung der beteiligten kognitiven Funktionen. Der Prozess ist dadurch als Vorgang konzipiert, der parallel die sensorische und die kognitive Ebene durchläuft, entsprechend der hierarchischen Struktur des Vorderhirns.

[149] Man kann dies auch als einen kognitiven Mechanismus auffassen, d.h. als eine prozesshafte Struktur, die eine kognitive Funktion ausführt und durch ihre Algorithmen, der Funktion der Algorithmen und damit der Architektur charakterisiert

wahrgenommene Konzepte stimulieren den eigentlichen kognitiven Prozess. Die jeweilige Tiefe der Verarbeitung (depth of cognitive processing) hängt von den Stimuli, der jeweiligen Funktionskonfiguration des kognitiven Systems, der Beschaffenheit bzw. Konstitution der Umwelt und von der für die Verarbeitung zur Verfügung stehenden Zeit ab (siehe Abb.4.6).

Gemäß dem Kognitionsmodell beeinflussen aber auch Funktionen, wie die der artifiziellen Situationserkennung, der Motivation und Emotion sowie der artifiziellen Kreativität und Selbstreflexivität, die Ausprägung der Ergebnistypen. Mit dieser optionalen Funktionalität bekommt die Kognition eine Richtung, indem Absichten und Ziele nicht völlig vom algorithmischen Schließen und den formalen Beschreibungen der Welt abtrennbar erscheinen. Basis dieser funktionalen und prozessualen Ausgestaltung bilden die Mechanismen der semantischen Signal-, Daten-, Informations- und Wissensverarbeitung innerhalb der einzelnen Funktionen. Auch innerhalb dieser einzelnen Funktionen oszillieren die Verarbeitungsprozesse zwischen einer funktionsspezifischen Ein- und Ausgabe.[150] Insgesamt zeigt sich also die Brainware als ein Gesamtkomplex einzelner Funktionen, welche in softwaretechnische Komponenten gekapselt sind.

---

ist. Das ineinandergreifende Funktionieren des Mechanismus ist ursächlich für eines oder mehrere, auf diese Weise realisierte kognitive Phänomene.

[150]In der Literatur wird oft begrifflich zwischen Verhalten und zwischen Handlungen unterschieden. Verhalten ist eher spontan und intuitiv und wird durch Ereignisse und Erlebnisse ausgelöst. Diese bezeichnet man dann als Ursache des Verhaltens.

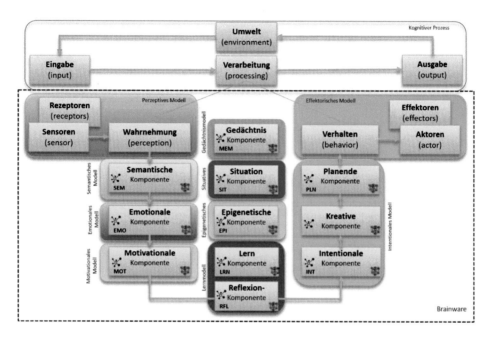

Abbildung 4.6: Komponentenmodel der Brainware auf Basis des Kognitionsmodells

Die Brainware als mit ihren in Komponenten gekapselten Funktionen erscheint damit nach außen hin als Gesamtsystem. Die einzelnen kognitiven Funktionen sind softwaretechnisch als Java-Klassen realisiert und demzufolge setzt sich die Brainware aus den folgenden Komponenten zusammen:

- **Perzeptive Komponenten**: Die perzeptive Komponente dient der Konzeptaufnahme durch Sensoren und der Wahrnehmung durch Transformation der Konzepte bzw. Signalreize auf entsprechende Datenstrukturen. Die perzeptive Komponente umfasst den Vorgang der Einreichung einer Gesamtheit von Reizen (Stimuli) der Umwelt. Sie inkludiert auch das Filtrieren und Zusammenführen von Teilkonzepten zu sinnvollen semantischen Konzepten. Der Umfang und die Qualität aller Einreichungen orientieren sich an den Möglichkeiten der Sensoren und Rezeptoren. Die Inhalte und Qualitäten der perzeptiven Komponente können durch gezielte Steuerung der Aufmerksamkeit und durch Wahrnehmungsstrategien beeinflusst werden. Sensoren sind an die kognitive Komponente angeschlossene Messinstrumente oder Messwandler, die physikalische Größen, wie Wärme, Licht, Druck usw. in elektrische Signale umwandeln, die dann in der geeigneten Kodierung von der Wahrnehmungskomponente weiterverarbeitet werden können. Artifizielle Wahrnehmung ist somit auch ein Prozess der Signal-, Zeichen- und Informationsreduktion, wobei eine komplexe und zum Teil unstrukturierte Menge von Signalen auf einfachere, strukturierte und entscheidungsrelevante Formen zurückgeführt werden muss.

- **Semantische Komponente**: Die Eingaben über die Sensoren und freien Rezeptoren werden nach der Wahrnehmung im Rahmen des kognitiven Prozesses zunächst an die semantische Komponente geleitet und führen manchmal bereits auf dieser frühen Verarbeitungsstufe zu systemischen Reflexen oder bestimmen die Tendenz einer komplexeren Reaktion oder Entscheidungsfindung. Um eine für die Zwecke einer adaptiven Kopplung an die Umwelt angemessene Interpretation des sensorischen Inputs zu erreichen, muss die semantische Komponente den sensorischen Input gleichsam im Kontext bestimmter Annahmen über die Wirklichkeit der Problemdomäne interpretieren.

- **Emotionale Komponente**: Obwohl es bisher keine exakte Definition der Emotion an sich gibt, orientiert sich diese Komponenten an dem modelliert Vorbild der natürlichen Emotion, die sich durch Phänomene der Freude, Trauer, Ärger, Furcht, Stolz, Mitleid etc. auszeichnet.[151] Artifizielle Emotionen als Analogon zu natürlichen Gefühle sind nichts anderes als interne Zustände, auf die das System sehr häufig völlig spontan reagiert. Emotionen sind also zunächst Auslöser von Handlungen in Form von Interoperationen und versetzen das System in die Lage, auf innere und äußere Reize vielfältig zu reagieren. Artifizielle Emotionen werden somit mit bestimmten systeminternen Zuständen gleichgesetzt. So bestehen Emotionen zum einen in der Wahrnehmung der systemischen Veränderungen, die während der Laufzeit als Folge- oder Begleiterscheinung von Gefühlen (Erfolg, Misserfolg, Zielerreichung, Scheitern

---

[151] So beinhaltet Furcht immer eine ganz konkrete Furcht vor einem konkreten Objekt oder einem konkreten Ereignis. Angst ist hingegen ein der Furcht sehr ähnliches Gefühl, das allerdings nicht auf ein konkretes Bedrohungsszenario zurückgeführt werden kann. Angst ist somit eine Art von Furcht, deren Ursachen verborgen bleiben.

etc.) auftreten. Zum anderen sind Emotionen komplexe systemische Zustände, die aus der Wahrnehmung der kognitiven Einschätzungen von Bewertungen einer Situation zusammengesetzt sind. Insofern geht der Ansatz der artifiziellen Emotion von einer multidimensionalen Zustandsbeschreibung aus, die kognitive Zustände, systeminterne Veränderungen sowie Verhaltensänderungen umfasst. Insbesondere wirken die Emotionen auf die anderen kognitiven Funktionen ein, wie Gedächtnis (und Erinnerung), Intuition und planendes Denken (Urteilsbildung und Problemlösen).[152]

- **Motivationale Komponente**: Motivation umfasst die Gesamtheit der Bedingungen und Prozesse, die einer Verhaltensbereitschaft zugrunde liegen und ist neben der Verfügbarkeit relevanter Fähigkeiten und Fertigkeiten (Können) notwendige Voraussetzung für zielgerichtetes Verhalten. Im Einzelnen umfasst dies die Wahl von Verhaltenszielen sowie die Ausführung des zielgeleiteten Verhaltens des Gesamtsystems.

- **Situationserkennungskomponente**: Die situative Komponente unterstützt die Aufbereitung einer situationsbezogenen Semantik, da die Bewertung einer Bedeutung eine Relation zwischen einzelnen Situationen darstellt. Das System basiert auf einer Modallogik, in der die grundlegenden Entitäten und deren Relation in Situationen berechnet werden können. Mit Hilfe dieses Ansatzes ist es möglich, Situationstypen, Ereignistypen, Rollen usw. zu bewerten.

- **Gedächtniskomponente**: Gedächtnis kann als kognitive Leistung angesehen werden, die auf vorangegangenen Wahrnehmungen und Erfahrungen beruht. Die Gedächtniskomponente umfasst sowohl die Fähigkeit, das Gelernte zu behalten, um es bei weiteren Erfahrungen einsetzen zu können, als auch die Fähigkeit, diese erinnerbaren Inhalte abrufen zu können. Die primäre Funktion der Gedächtniskomponente besteht demnach darin, aus den Wahrnehmungs-, Verarbeitungs- und Lernprozessen resultierende semantische Konzepte zu

---

[152] Emotionale werden im Vorbild des menschlichen Gehirns Gefühle im orbitofrontalen Cortex, im cingulären Cortex und in der Amygdala verarbeitet.

speichern und diese Konzepte für spätere Nutzung zur Verfügung zu halten bzw. zu stellen.

- **Epigenetische Komponente**: Die epigenetische Komponente umfasst sowohl die Fähigkeit aus Erfahrungen zu lernen als auch die Fähigkeit, diese Lernerfahrungen auf die intrinsische Ausgestaltung der Brainware (Persönlichkeitsmerkmale) einwirken zu lassen.[153] Die epigenetische Komponente verfügt demnach über eine Vielzahl von Prozessen, die zum Erwerb sowie zur Veränderung von Wissen und damit zu einer Veränderung systemischer Fähigkeiten und Verhaltensweisen im Rahmen einer epigenetischen Entwicklung führen.

- **Lernkomponente**: Die Lernkomponente unterscheidet zwischen einer intrinsischen (inneren) Erfahrung von der einer extrinsischen (äußeren) Erfahrung. Äußere Erfahrung bezieht sich auf das Erleben von „äußeren", d.h. in der Umwelt stattfindenden Ereignissen, während innere Erfahrungen sich vollständig im Bereich des Systems durch die systemische Reflexion abspielen. Das Ergebnis dieses Lernprozesses kann sowohl eine Veränderung der semantischen Konzeptstrukturen, insbesondere der Daten, Informations- und Wissensstrukturen des Systems als auch eine Veränderung der Repräsentation dieser Konzepte sein.

- **Intentionale Komponente**: Der Ausdruck der Intentionalität wird verwendet, um die Eigentümlichkeit der artifiziellen Kognition zu bezeichnen, auf einen

---

[153] Diese epigenetische Funktion als Abbild der genetisch bedingten Struktur des Gehirns ist der Rahmen, in dem neuen neuronalen Vernetzungen gebildet werden können. Wie auch im Vorbild bildet jeder Mensch durch persönliche Erfahrung, erlebte Erziehung und dem Bewegen in einer Kultur ein ihm individuell zurechenbare neuronale Strukturen aus, die das Wissen, Überzeugungen, Vorstellungen und Wünsche repräsentieren. Hinzu kommen im limbischen System, dem Emotionszentrum, durch Erfahrungen weitere neue neuronale Vernetzungen, die das Verhalten einer Person unter Umständen unbewusst beeinflussen und steuern. Die Gesamtheit dieser individuellen neuronalen Vernetzungen, die sich also aus Genetik, Erfahrung, Erziehung und Kultur ergeben, wird in der Literatur auch als das ICH bzw. die Persönlichkeit bzw. die Seele einer Person bezeichnet.

Gegenstand oder Sachverhalt Bezug zu nehmen. Die intentionale Komponente umfasst dabei die Funktion der Intuition und der Planung im Sinne einer Prädiktion. Beide Funktionen dienen der reproduktiven bzw. der produktiven Prädiktion. Während reproduktive Prädiktion nur die Anwendung verfügbaren Wissens oder geübter Strategien auf neue Aufgaben umfasst, erfordert produktive Prädiktion die Berücksichtigung spezifischer struktureller Merkmale der Problemlösekonstellation, aus denen sich aufgrund von systemischen Einsichten ein neues Lösungsprinzip erschließt. Das Ergebnis produktiver Prädiktion ist in der Regel eine neue, bislang unbekannte Sicht eines Problems und seiner Lösung. Intuition bezeichnet eine besondere Form des Erkenntnisgewinns und der Entscheidungsfindung, der zufolge das Erkannte oder die Entscheidung unreflektiert in einem unmittelbaren bzw. unvermittelten Akt des Erlebens gegeben ist. Intuition erscheint demnach als ein nicht-analytisches, nicht logisches, eher ganzheitliches oder gar zufälliges Ergebnis des Verarbeitungsprozesses. Das Ergebnis der Intuition kann die Planung entweder nachhaltig beeinflussen oder gar ignorieren.

- **Reflexionskomponente**: Entscheiden und Planung im Besonderen werden im Rahmen des Cognitive Computing als Schlussfolgerungsprozess verstanden. Auf der Basis eingereichter Konzepte werden neue Konzepte mit Hilfe von Inferenzen abgeleitet und die jeweils aktuellen Konzepte erweitert bzw. die verfügbaren Konzepte angereichert. Der Schlussfolgerungsprozess umfasst sowohl deduktive, induktive als auch analoge Inferenzmechanismen.

- **Effektorische Komponente**: Die effektorische Komponente dient der Interoperation durch Aktoren mit der Umwelt und damit die Umsetzung der Ergebnistypen auf ein entsprechendes Verhalten. Ein Effektor ist in diesem Zusammenhang ein Ausgabeinstrument, durch das Ein- und Auswirkungen auf andere Systeme und damit auf die Umgebung möglich sind.

4.3.5   Artifizielle Kognition als Brainware

Im Rahmen der Implementierung wird das Kognitionsmodell mittels der objektorientierten Programmiersprache Java als softwaretechnische Brainware realisiert. Der bisher verfolgte Reduktionismus in Form eines Funktionalismus und Konstruktivismus geht davon aus, dass ein kognitives Phänomen als Prozess aufgrund der universellen Berechenbarkeit seiner kognitiven Teilfunktionen simuliert werden kann. Das impliziert, dass die Berechenbarkeit einer kognitiven Funktion als Abbild eines kognitiven Phänomens dadurch möglich ist, indem man dafür einen Algorithmus konstruiert, der in endlicher Zeit zu einem dieser kognitiven Funktion adäquatem Ergebnis kommt. Dazu werden von der Brainware vor allem Rauschen und Signale über die Sensoren aufgenommen und im perzeptiven System zu Konzepten fusioniert, die das semantische System zu semantischen Konzepten verarbeiten kann. Diese um Bedeutung angereicherten Konzepte werden den kognitiven Komponenten der Brainware zur Verfügung gestellt, welche komponentenspezifische Berechnungen ausführen und diese Resultate innerhalb der Brainware weiterleiten. Je nach Situation und Zustand des Gesamtsystems unterscheidet sich der Weg des Konzeptflusses. Das Resultat der semantischen Konzeptverarbeitung als finale Interoperation wird an das effektorische System geleitet und die Aktoren des Trägersystems werden dementsprechend angesteuert. Artifizielle Kognition ist danach nicht mehr aber auch nicht weniger als semantische Konzepte generieren, diese verarbeiten und auf deren Grundlage entscheiden, handeln bzw. interoperieren. Dieser Ansatz erweitert die These der der starken künstlichen Intelligenz, der gemäß Kognition an symbolische (zeichenhafte) Repräsentation gebunden ist, um die Notwendigkeit symbolischer und nonsymbolischer semantischer Konzeptverarbeitung. Dieser semantische Konzeptverarbeitungsprozess muss demnach als eine Form der symbolischen und nonsymbolischen Konzeptverarbeitung verstanden werden, die rein maschinell ausgeführt werden kann. Das Trägermedium ist damit austauschbar, darum sind artifizielle Systeme grundsätzlich in der Lage, über kognitive Eigenschaften zu verfügen. Nach dieser Hypothese basiert kognitives Verhalten auf der Fähigkeit, mit symbolischen und nonsymbolischen Verfahren semantische Konzepte zu verarbeiten. Einige dieser Verfahren können dabei gewissermaßen „hartverdrahtet" als kognitive Vitalfunktionen in der Maschinensprache des rechnerbasierten Systems initial einprogrammiert werden. Jedes artifizielle System, dass ein solches Vermögen besitzt,

Konzepte symbolisch und nonsymbolisch zu verarbeiten und darüber hinaus über maschinelle Lernverfahren verfügt, ist in der Lage, kognitives Verhalten nicht nur zu zeigen, sondern dieses Verhalten auch autonom zu entwickeln. Insofern kann ein kognitives System auch Funktionen ausführen, um die Vitalfunktionen zu erweitern respektive die bereits existierenden Algorithmen zu instruieren, wie die die artifizielle Kognition als lernfähige Brainware im nächsten Takt auszuführen ist (siehe Abb.4.7).

Durch diese vermaschte Funktionalisierung der artifiziellen Kognition lassen sich durch sogenannten Kognitionsbögen sowohl die Orchestrierung dieser kognitiven Funktionen aufzeigen als auch die Wege der Konzepte durch die Brainware und deren kognitiven Teilsysteme verfolgen. Dabei gilt es zu beachten, dass je nach situativem Kontext mehrere Kognitionsbögen parallel existieren können. Dies ist beispielsweise der Fall, sobald das System als autonomes System zwischen zwei möglichen Handlungsalternativen entscheiden muss. *Autonome Systeme* sehen sich oftmals mit einer Menge konkurrierender Ziele konfrontiert, die es zu bewältigen gilt. Auch wird es oftmals notwendig, Lösungen trotz vieler und schlecht spezifizierter Aufgaben zu entwickeln, die neben einem planenden Denken auch eine gewisse Intuition erfordern (siehe Abb.4.8).

KOGNITION	≙	BRAINWARE	≙	SEMANTISCHE KONZEPTE
GEHIRN		HARDWARE		INTEROPERATIONEN

Abbildung 4.7: Kognition und semantische Konzeptverarbeitung

Durch die enge Kopplung der Brainware über die Sensoren und Aktoren mit der Umwelt, entsteht eine artifizielle Kognition an sich erst im Zusammenspiel zwischen diesen intrinsischen und extrinsischen Faktoren. Artifizielle Kognition erscheint als emergentes Epiphänomen, als eine aus der Komplexität des dynamischen Zusammenspiels kognitiver Teilfunktionen mit diesen Faktoren wie eine von selbst entstehende Eigenschaft.[154]

---

[154] Ein solches Zusammenspiel erscheint als Dynamik, die nicht fixiert werden kann. Wäre sie fixierbar, quasi wie eine Momentaufnahme, die einen solchen Prozess einfriert, so wäre ausgerechnet der Prozess in seiner Dynamik aufgehoben. Eine solche Dynamik kann daher nicht statisch eingefangen werden und bleibt nur anhand ihrer Effekte bzw. Wirkungen indirekt erschließbar und rekonstruierbar. Damit sich eine

Repräsentation der Innen- und Außenwelt und die Berechenbarkeit der dadurch implizierten semantischen Konzepte wird für die Entstehung einer artifiziellen Kognition als wesentlich erachtet und für deren Entwicklung als konstitutiv betrachtet. Insgesamt wird damit in Anlehnung an die dynamische Systemtheorie die artifizielle Kognition als ein emergenter Prozess angesehen.[155] Immerhin zeigt diese Brainware im Echteinsatz in ihrer inneren Vernetztheit von Funktionen im Vergleich zu den einzelnen Funktionen solche neue Eigenschaften, die aus den einzelnen Funktionen partiell nicht hervorgehen.[156]

Architektonisch werden im Rahmen der Implementierung die kognitiven Funktionen in Komponenten gekapselt, die im späteren Ausbau die kognitiven Dienste mit effizienten Schnittstellen zur Verfügung stellen. Die Implementierung der Dienste, das Innenleben sozusagen, ist nicht erheblich und nicht sichtbar. Deshalb spielt ab diesem Zeitpunkt die Programmiersprache, in der sie kodiert sind, keine Rolle mehr. Die Komponenten können relativ unabhängig entwickelt und ersetzt werden, solange die Schnittstellen unverändert bleiben. Da nicht alle kognitiven Funktionen und Komponenten die gleiche Lebensdauer oder Dynamik aufweisen, lässt sich mit diesem architektonischen Ansatz die Anpassung und Verbesserung viel flexibler gestalten. Häufig werden dabei die semantischen Konzepte bei den Komponenten gehalten. In Anlehnung an die Objektorientierung der Programmiersprachen werden Mitteilungen zwischen den kognitiven Diensten ausgetauscht. Um eine funktionstüchtige Gesamtanwendung zu gewährleisten, verfolgt

---

artifizielle Kognition in ihrer dynamischen Wirkung realisieren kann, basiert sie auf der komplexen Algorithmisierung und folgt dort einem Simulationsprogramm.

[155] Damit wird auch die kartesische Unterscheidung zwischen Kognition (ehemals Geist) und Gehirn (ehemals Körper) obselet. Kognition, Trägersystem und Umwelt sind dynamisch verbundene Systeme, die kontinuierlich interoperieren, dabei Daten, Informationen und Wissen austauschen, damit gegenseitig auf sich ein- bzw. auswirken und damit wechselwirken. Die Prozesse laufen in Realzeit und kontinuierlich ab.

[156] Dies Emergenz zeigt sich auch in dem Konnektionismus des natürlichen Vorbildes. So hat ein System von Neuronen, das durch Synapsen verbunden ist, Eigenschaften und Fähigkeiten, die jene einzelner Neuronen weit übertreffen.

man eine sogenannte Orchestrierung, die durch eine Integrationskomponente, die die einzelnen Komponenten zweckmäßig ansprechen kann, realisiert wird.

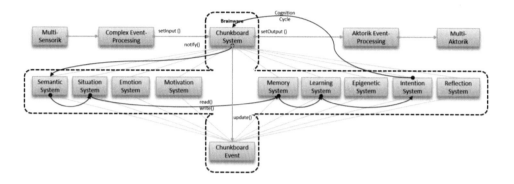

Abbildung 4.8: Kognitives System und Kognitionsbogen

Die funktionale Ausgestaltung der Brainware und damit die Realisierung einer artifiziellen Kognition erfolgt mittels naturanaloger Verfahren im Allgemeinen und den Techniken des Cognitive Computing im Speziellen. Die Techniken des Cognitive Computing setzen sich symbolischen und subsymbolischen semantischen Konzepterarbeitungsmöglichkeiten zusammen. Zur symbolischen Verarbeitung greift man dabei auf Produktionsregelsysteme, Fuzzy Systeme, Evolutionäre Algorithmen sowie zelluläre Automaten zurück. Hingegen werden zur subsymbolischen Verarbeitung Memetische Systeme, Boolesche Netzwerke, und Neuronale Netze eingesetzt. Als hybride Verfahren werden Cognitive Fuzzy Maps sowie agentenbasierte Ansätze verbaut. Übergreifend kommen maschinelle Lernverfahren wie beispielsweise Deep Learning zum Einsatz. Alle diese Techniken basieren auf der Kombination unterschiedlicher Open Source Frameworks, um die damit realisierten und in der Brainware gekapselten Funktionen in bestehende Trägersysteme zu applizieren.

4.3.6   Brainware als Klassendiagramm

Die Brainware wird gemäß dem Entwicklungs- und Konstruktionsparadigma der Objektorientierung als lose gekoppelte, also voneinander getrennte Entitäten (Objekte) realisiert. Diese Objekte orchestrieren sich als Gesamtkonstrukt zur artifiziellen Kognition als eine sogenannte Brainware.

Die Brainware als `CognitionSystem` kapselt dabei die einzelnen Teilsysteme, die je nach Kognitionsfunktion die eigentliche Logik zur deren Berechnung bereitstellen. Dabei kann die Brainware über sogenannte `Property`-Dateien von außen unterschiedlich konfiguriert werden, um darüber bestimmte Kognitionsfunktionen initial zu aktivieren respektive zu deaktivieren. Der semantische Konzeptfluss zwischen den beteiligten Kognitionsfunktionen wird über das der Brainware inhärente `BrainwareChunkboard` realisiert.[157] Dieses benachrichtigt die kognitiven Teilsysteme, falls durch die Multi-Sensorik neue semantishe Konzepte angeliefert oder aber bereits berechnete Teilergebnisse zur Verfügung stehen. Dabei wird das Entwurfsmuster des `Observer`-Patterns verwendet und ihre Funktion stellt das `Observable` Objekt dar. Die Verwendung dieses weit verbreiteten Musters ermöglicht die Kommunikation über `Events` als Ereignisse. Die semantischen Konzepte, die die Brainware empfängt, werden in Objekten der Klasse `BrainwareChunkboardEvent` gespeichert. Diese sind in Listen der `BrainwareChunkboard` hinterlegt und können von den einzelnen kognitiven Teilsystemen aufgerufen werden, um Ergebnisse der beteiligten Teilsysteme zu verwenden bzw. diese weiter zu verarbeiten (siehe Abb.4.9).

---

[157] Die sogenannte Chunking-Theorie geht davon aus, dass Wissen in sogenannten Chunks als Informationseinheiten organisiert ist. Die unmittelbare Gedächtnisspanne bei fast allen Menschen liegt bei sieben, plus oder minus zwei. Etwa sieben Informationseinheiten (Chunks) kann jeder Mensch üblicherweise nach einmaliger Präsentation von zwei Sekunden Dauer pro Chunk wiedergeben.

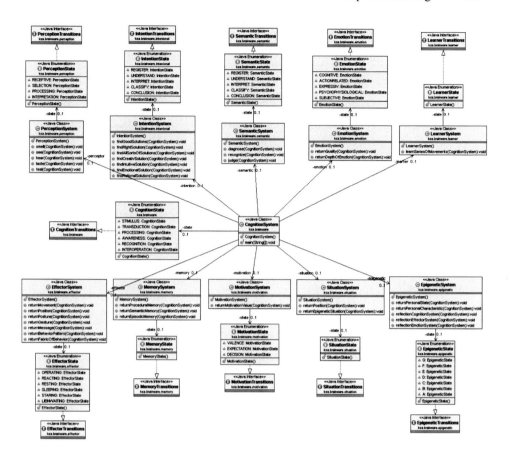

Abbildung 4.9: Klassendiagramm der Brainware

Das Objekt der `BrainwareChunkboardEvent` verfügt über eine spezielle Struktur und spezielle Methoden, die bei der Initialisierung des Systems von der `BrainwareChunkboardEventLoader` Klasse unter Verwendung einer Parameterdatei, in der die Struktur als auch die Methoden beschrieben ist, je nach Anwendungsfall konfiguriert werden kann. Die beiden Klassen `PerceptionSystem` sowie `EffectorSsystem` stellen dahingehend eine Ausnahme dar, da ihre Kommunikation mit dem `BrainwareChunkboard` auf direktem Wege verläuft und sie über `Interfaces` mit den Sensor- und Aktor-Klassen verbunden sind, die als Schnittstelle zu der simulierten Multi-Sensorik und Aktorik des Gesamtsystems dienen. Während der Initialisierungsphase des Systems, werden die Container zum Informationstransport für jede in der Konfigurationsdatei `Brainware.app` definierte

Kognitionsfunktionskonfiguration aktiviert und im `BrainwareChunkboard` registriert. Dabei werden diejenigen Services auf einem Container registriert, die benötigt werden, um die Entscheidung in einer bestimmten Problemdomäne, treffen zu können. Dadurch wird auch die potenzielle Abhängigkeit des Informationsflusses innerhalb der Brainware beschrieben. Des Weiteren ist für jede kognitive Funktion deren Dignität definiert, d.h. mit welcher Wertigkeit diese spezielle Funktion an dem Gesamtergebnis partizipiert. Auf diese Weise werden die Ereignisse auf einem Kognitionsbogen zwischen den kognitiven Services transportiert, bis die finale Berechnung abgeschlossen ist und das Ergebnis am `BrainwareChunkboard` bereitsteht. Diese Art der Weiterleitung macht das gesamte System sehr flexibel, da Teilentscheidungen in den einzelnen kognitiven Services gekapselt und getestet werden können. Des Weiteren ist dieses Konzept im Zusammenspiel mit der Event-gesteuerten Implementierung des `BrainwareChunkboard` zu sehen, welches zum einen den semantischen Konzeptfluss innerhalb der Brainware regelt, und zum anderen die Eignung der Brainware für die parallele Verarbeitung auf Mehrkern-Prozessoren sicherstellt.

4.4   Validierung

4.4.1   Autonomes Fahren als Anwendungsfall

Die Theorie der natürlichen Kognition ist auf Basis des erarbeiteten Kognitionsmodells dort durch eine natürliche Sprache und Notationssprache konzeptionalisiert, durch Verwendung einer formalisierten Programmiersprache als Algorithmen formalisiert und durch die Orchestrierung dieser Algorithmen in Form einer Brainware als artifizielle Kognition realisiert. [158] Nunmehr gilt es, die Ergebnisse der Konzeptionalisierung, Formalisierung und Implementierung als Realisierung im Rahmen der Validierung auf die

---

[158] Dabei sei darauf hingewiesen, dass im Rahmen der Validierung lediglich die Funktionalität des semantischen, motivationalen, lernenden, integrativen sowie die situativen Services implementiert wurden. Auf die Integration der emotionalen Komponente wurde beispielsweise in der finalen Version verzichtet, da diese zu keiner Verbesserung der Entscheidungsqualität beitragen konnte und eher Performanceverluste erzeugte.

kognitive Angemessenheit zu überprüfen. Die Phase der Validierung als auch deren Ergebnisse werden von den Validierungs- und Beobachtungsinstrumenten beeinflusst, die im gewählten Anwendungsfall zur Verfügung stehen. Zur Validierung der empirischen Angemessenheit der artifiziellen Kognition wird diese in Form einer Brainware im Kontext des autonomen Fahrens und dort zur Lösung von Entscheidungsproblemen in Dilemmata erprobt. *Dilemmata* sind dabei umgangssprachlich betrachtet Herausforderungen, in deren Logik Unlösbarkeiten eingebaut sind und innerhalb dieser Logik es keine oder nur unbefriedigenden Lösungen zu geben scheint.

ConCarForum 2017 - Program
Moderation: Guido Reinking, automotive press GmbH
(former chief editor automobilwoche)

DAY 1, JULY 5, 2017

09:30 Opening Speech: "Autonomous Driving, Digital Infrastructure & Mobility solutions as Key Drivers for the Automotive Industry"
Johann Jungwirth, Volkswagen AG

10:00 Intelligent Vehicle and Mobility solutions from Finland
Mikko Koskue, Finpro Oy

10:25 Innovations – more than new technologies – a holistic view
Albert Habermann, in-tech GmbH

10:50 "Moral Decisions" During a Dilemma – Soon to Be the Task of the Automobile?
Matthias Haun, ITK Engineering AG

11:15 Connecting, Sharing & Caring
Andrew Nash, Mediamobile S.A.

*13:30-14:30 Panel Discussion: Technology as driver & enabler of Smart Mobility Solutions
Booming concepts like carsharing, ride hailing and other new mobility trends are also based on innovative technologies. Latest hard- and software tools allow customers to instantly search, book and pay for these services. It also enables new players to enter the market quickly. Operators and providers will discuss different solutions.

Representatives are:
- Trevor Storey, Senior Director Mobility Partnerships INTERNATIONAL, Middlesex, UK
- Dr. Andreas Knie, Managing Director, InnoZ, Berlin
- Armin Fendrich, General Manager, Ridecell, Germany
- Michel Stumpe, CEO, free2move (PSA), Germany
- Michael Lange, Head of Sales, Invers, Germany
- Nils Rosslmeisl, Country Manager DE/AT, Driv

Abbildung 4.10: Vortrag auf ConCarForum 2017

Solche Dilemmata entstehen auch durch eine durch den Menschen als natürliche Kognition nicht zu bewältigende Komplexität der entscheidungsrelevanten Parameter.[159]

---

[159] Während man beispielsweise im strömenden Regen mit 90 km/h bei dichtem Verkehr auf einer Schnellstraße fährt, stürmt plötzlich ein großer Hund direkt vor dem Fahrzeug über die Straße. Den Hund anzufahren könnte das Fahrzeug aus der Spur werfen, das Steuer herumreißen würde zum Zusammenstoß mit Autos rechts und links führen, zu scharfes Bremsen könnte das Auto ins Schleudern bringen und vieles mehr. Eine sorgfältige Beurteilung der Alternativen, beispielsweise durch Rundumblick, um

Einen gewissen Zeithorizont theoretisch vorausgesetzt, wird die Entscheidungsfindung auch in solchen Situationen zu einem Problem, das sich in logisch distinkte Einzelschritte zerlegen lässt:

- **Betrachtung** aller strategischen Alternativen

- **Bewertung** der Konsequenzen dieser Alternativen

- **Auswahl** der besten Alternative

Das Problem der beschränkten Rationalität entsteht nun dadurch, dass Menschen als natürliche Kognitionen nur eine beschränkte Zeit haben oder nur eine beschränkte Planungskapazität zur Verfügung steht. Auch lassen sich nicht alle strategischen Alternativen im Regelfall perzeptuell und damit kognitiv erfassen.

Selbst wenn die Entscheidung korrekt durch das abstrakte Modell des Problemlösens adäquat beschrieben würde, muss dies nicht zu optimalen Lösungen führen, da die Grenzen der Komplexität die optimale Lösung verbergen können. In der Praxis schließt die hohe Fahrzeuggeschwindigkeit jedoch eine totale Wahrnehmung und damit semantische Konzeptverarbeitung aus. In diesem Fall handelt es sich also um eine Situation, in der zwar alle Variablen vorhanden sind, aber nicht ausreichend Zeit zur Verfügung steht, um eine adäquate Auswertung durchzuführen (siehe Abb.4.10). In einem solchen Fall verwandelt der Kontext die Sachlage in ein unstrukturiertes, weil zu zeitkomplexes Problem.[160]

---

festzustellen, wie groß der Abstand zum nächsten Auto ist, ist theoretisch nur möglich, wenn genügend Zeit zur Verfügung steht.

[160] Konkret liegt dem Anwendungsfall für die Validierung die folgende Ausgangsituation zugrunde: Man sitzt in einem selbst fahrenden Auto. Das Auto fährt direkt auf ein Kind zu, das auf der Straße spielt. Das Fahrzeug kann nicht ausweichen, weil zum einen Bäume stehen und sich zum anderen alte Menschen auf der Straße befinden. Das Auto muss also entscheiden, ob es geradeaus fährt und das Kind trifft. Oder ob es auf die alten Menschen zusteuert und so das Kind rettet.

4.4.2   Anforderungen als Bewertungskriterien

Zur Beurteilung des Brainware im Rahmen der Validierung erscheint unter dem Aspekt der Fahrzeugführung eine Kategorisierung des zu validierenden Interoperationsumfanges sinnvoll. Hierfür werden die Funktionen autonomer Systeme gewöhnlich in drei Klassen eingeteilt:

- **Informierende und warnende Funktionen**: Die Systeme stellen Informationen über die Fahrzeugumgebung bereit und visualisieren diese durch Warnhinweise über die Mensch-Maschine-Schnittstelle durch visuelle, haptische oder akustische Signale. Sie unterstützen den Fahrzeugführer und erleichtern ihm, die Übersicht der Umgebung zu bewahren. Sie greifen nicht aktiv in die Fahrzeugführung ein und überlassen dem Fahrer die Entscheidung, eine geeignete Reaktion auszuführen. Ihre Aktivierung ist systeminitiiert, kann aber optional   deaktiviert   sowie   reaktiviert   werden. Beispiel: Verkehrszeichenerkennung oder der Totwinkel-Assistent

- **Kontinuierlich wirkende Funktionen**: Systeme dieser Kategorie führen eine kontinuierliche Abtastung der Umgebung aus und greifen parallel zu den Steuerbefehlen des Fahrers in die Fahrzeugführung ein. Die von den Systemen ausgeführten Steueraktionen sind durch die Fahrdynamikänderungen unmittelbar vom Fahrzeugführer wahrnehmbar und können von diesem übersteuert werden. Beispiel: Adaptive Geschwindigkeitsregelung.

- **Eingreifende Notfallfunktionen**: Zu dieser Kategorie zählen Systeme, die den Fahrer in Notfallsituationen, insbesondere kollisionsnahen Situationen, durch aktives Eingreifen in die Fahrzeugsteuerung unterstützen. Die zeitgleiche Wahrnehmung der Umgebung von Fahrzeugführer und System ist aufgrund der höheren Reaktionszeit des Menschen nicht gegeben.[161] Dies resultiert in der

---

[161] Die erforderliche Mindestzeit für die visuelle Wahrnehmung eines äußeren Objekts beträgt ca. 10 Millisekunden. Es wird angenommen, dass 100 Millisekunden die Mindestzeit für die bewusste Integration einer Wahrnehmung' darstellen. So werden zwei eigenständige sensorische Prozesse in ein einziges bewusstes Ereignis integriert, wenn sie in einem Intervall von maximal 100 Millisekunden ablaufen.

Abwesenheit der menschlichen Kontrolle über das Fahrzeug in plötzlich auftretenden Notfallsituationen, in der das System dem Fahrer überlegen ist. Hierbei ist die Aktivität der Systeme auf einen zeitlich kurzen Rahmen beschränkt und die Kontrolle wird nach dem Eingreifen in die Fahrzeugsteuerung wieder dem Fahrer übergeben. Systeme, die bei Handlungsunfähigkeit des Fahrzeugführers das Fahrzeug in eine risikominimale Ausgangssituation versetzen, werden ebenfalls in diese Kategorie eingeordnet und repräsentieren aktive Sicherheitssysteme, die systeminitiiert nicht abschaltbar, damit permanent aktiv   und   verfügbar   sind.
Beispiele: Fußgänger Notbremsassistent oder das Nothaltesystem.

Die in der Validierung zum Einsatz kommende Brainware als artifizielle Kognition ist der letzten Kategorie zuzuordnen. Im Falle einer Dilemma-Situation, in der jede Reaktion des autonomen Fahrzeugs unweigerlich zu einem Unfall führt, sollte das System eine moralisch vertretbare Aktion ausführen, sofern die Rand- und Umweltbedingungen dies zulassen. Diese Anforderungen ist allerdings im Rahmen dieser Arbeit nicht zu erfüllen und bleibt der weiteren Entwicklung einer Brainware vorenthalten. Dennoch ist als gesetzliche Rahmenbedingung zu beachten, dass aufgrund der zeitverzögerten Reaktionsfähigkeit eines Menschen in einer kollisionsnahen Situation, zwischen Fahrer und Brainware von keinem arbeitsteilig wirkenden System mehr ausgegangen werden kann. Die Brainware wird nämlich im gegebenen Fall den Fahrzeugführer aus der Entscheidungskette herausnehmen und letzterer kann somit nicht übersteuernd in den Regelkreis eingreifen. Eine solche autonome Entscheidung und deren vorausgehende Bewertung der Dilemma-Situationen im Straßenverkehr, setzen folgende Punkte als bereits technisch realisiert voraus:

- Zuverlässige Erkennung der Position von statischen und dynamischen Objekten.[162]

---

[162] Ein dynamisches Objekt ist charakterisiert durch eine Anzahl von Zustandsvariablen und dynamischer Methoden, die den Wandel ihrer Werte im Zeitverlauf regeln. Die Menge aller möglichen Werte der Zustandsvariablen konstituiert den Zustandsraum des Objekts. Die Parameter des Objekts bestimmen die Dimensionen seines Raumes. Jeder Objektzustand ist ein Punkt in seinem Zustandsraum. Die Abfolge der Zustände repräsentiert den Entwicklungspfad des Objekts. Das Verhalten eines Objekts, das sich

- Bestimmung der Geschwindigkeit sowie Richtung der dynamischen Objekte.

- Korrekte Klassifizierung der Kollisionsobjekte.

- Erkennung der Straßenmarkierungen und der eigenen Fahrspur.

- Datenfusion der unterschiedlichen Sensorsysteme.[163]

- Störungsfreie und unmittelbare Weiterleitung der aufgenommenen Daten von den Sensoren an das System.

- Zuverlässige Ansteuerung der Aktorik durch das System.

Insgesamt sind damit die folgenden Anforderungen an die Brainware zu stellen:

- **Reaktion auf Objekte**: Das Fahrzeug als System muss die Fähigkeit aufweisen, Objekte der Außenwelt, die als solche erkannt werden, zu beeinflussen oder in Abhängigkeit von diesen Objekten zu reagieren,

- **Prozessfähigkeit**: Dies umfasst die Fähigkeit, Situationen zu interpretieren, Interpretation bedeutet in diesem Zusammenhang, dass das System die bezeichnete Situation nicht nur erkennen kann, sondern auch eigene Prozesse hervorbringen kann, aus Situationen, die diese Prozesse beschreiben.

- **Reaktion auf beliebige Situationskonstellationen**: Das Fahrzeug muss sich selbständig bewegen können. Dazu muss es in der Lage sein, auf alle sich ergebenden Situationen innerhalb seiner Domäne korrekt zu reagieren.

- **Echtzeitfähigkeit**: Die Algorithmen des Kontrollsystems müssen auf der Zielhardware in Echtzeit lauffähig sein. Echtzeit bedeutet in diesem Fall, dass ein Verarbeitungszyklus so wenig Zeit beansprucht, dass das Gesamtsystem eine Reaktionszeit aufweist, die unter der eines menschlichen Fahrers liegt. Dabei

---

im Verlauf der Zeit ändert, wird durch eine Sequenz von Punkten in seinem Phasenraum repräsentiert.

[163] „Sensor Fusion" bedeutet das Verstehen von Szenen unter Verwendung von Informationen unterschiedlichen Typs.

sind auch die Latenzzeiten der Sensorsysteme und Aktorsysteme zu berücksichtigen.[164]

- **Erklärbarkeit**: Die Reaktionen des Fahrzeugs müssen für einen menschlichen Beobachter nachvollziehbar und im Nachgang plausibel sein.

Um die Tests im Rahmen der Validierung zu bestehen, muss die Brainware die folgenden Fähigkeiten im Anwendungsfall nachweisen:

- Verarbeitung natürlicher Sprache

- Situationserkennung und Wissensrepräsentation

- Automatische Entscheidungsfindung auf Basis naturanaloger Verfahren

- Maschinelles Lernen

- Wahrnehmung entscheidungsrelevanter Objekte auf Basis Multisensorik

- Manipulation von Objekten auf Basis von Interoperationen.

4.4.3   Simulation als Validierungsumgebung

Die Validierung der Brainware zur autonomen Fahrzeugführung und dort die Lösung von Problemen in Dilemma Situationen stellt aufgrund des damit verbundenen Kostenaufwands, des Zeitaufwands, aber vor allem der Unmöglichkeit der praktischen Verprobung im Straßenverkehr erzwingt eine Validierung in einer Simulationsumgebung. In dieser Simulationsumgebung werden die für das gestellte Problem relevanten Vorgänge nachgebildet und zuvor die relevanten Objekte nachgebildet. Die im Entwicklungsprojekt entwickelte und verwendete Simulation bildet ein Fahrzeug mit seinen optischen Sensoren, seiner Brainware und der Fahrzeugdynamik ab. Durch die Modellierung der Umgebung, in der sich das Fahrzeug bewegt, bestehend aus einem Straßennetz und anderen Verkehrsteilnehmern, können in der Simulation beliebige Verkehrssituationen simuliert werden. Die Aufnahme von realen Verkehrsszenen aus dem Alltag per

---

[164] Da die verwendete Umgebungsinformation durch optische Sensoren erfasst wird, bildet die in diesem Bereich verwendete Echtzeitdefinition, eine Verarbeitungszeit von 30ms die Grundlage für den hier verwendeten Echtzeitbegriff.

Datenrecorder und das anschließende Einspielen der aufgenommenen Daten zur Nachbildung der Situationen in der Simulationsumgebung als virtuelle Welt und damit außerhalb des Straßenverkehrs ist vorgesehen. Es wird zwischen einem statischen und einem dynamischen Aspekt der virtuellen Welt unterschieden:

- **Statischer Aspekt**: Der statische Aspekt der virtuellen Welt bildet die Straßenverläufe ab.

- **Dynamischer Aspekt**: Der dynamische Aspekt der virtuellen Welt bildet die modellierten Verkehrsteilnehmer durch die kognitiven Agenten als Brainware ab, die sich während eines Simulationslaufs in der virtuellen Welt bewegen und interoperieren.

Ein kognitiver Agent ist durch seine äußere Form, seinen dynamischen Zustand, und seine Position in der virtuellen Welt und seine inhärente artifizielle Kognition als Brainware identifiziert. Zu Beginn eines Simulationslaufs werden die Position und der Startzustand der Agenten gemäß der jeweiligen Ausgangsituation des Testfalls in der virtuellen Welt festgelegt. Während des Simulationslaufs ändern die Agenten ihre Position und ihren Zustand durch Reaktion auf die sie umgebende beteiligten Akteure. Die Simulationsumgebung stellt eine Vielzahl von Visualisierungen graphischen Darstellungen der simulierten Daten zur Verfügung. Dazu zählen unter anderem die textliche Darstellung von Daten während der Simulation, Animationen des Verkehrsszenarios während eines Simulationslaufs und graphische Darstellung von Interna der beteiligten Agenten.

Abbildung 4.11: Simulationsumgebung

Die Entscheidungen eines kognitiven Agenten bezüglich des Fahrverhaltens erfolgen mittels einer Dilemma-Repräsentation. Jedem Objekt der Szene wird dabei ein subjektiver Dilemma-Wert zugeordnet und die durch die Brainware berechneten Verhaltensmuster dienen der Reduktion dieses Wertes. Aber auch eher reaktive Verhaltensweisen zur Kollisionsvermeidung in Form von vitalen Notreaktionen kommen als Verhaltensmuster in Betracht. Das Konzept der Verhaltensmuster berücksichtigt damit die wichtige Eigenschaft der Kontinuierlichkeit von Bewegungsabläufen in der wirklichen Verkehrswelt. Alle berechneten Verhaltensmuster ergeben einen Potenzialraum an möglichen Interoperationen für den nächsten Simulationsschritt. Dieser Potenzialraum wird mit Hilfe einer dynamischen Priorisierung der Verhaltensmuster anhand eines Cognitive Fuzzy Maps bewertet, was zu einer inhibitorischen (hemmenden) oder exzitatorischen (erregenden) Ausprägung von einzelnen Verhaltensweisen führt (siehe Abb.4.11).

Es muss als Ergebnis der Simulationsläufe festgehalten werden, dass die kognitiven Agenten mit ihrer Brainware in einigen Fällen und dort im Gegensatz zum Menschen moralisch-adäquatere Entscheidungen treffen. Eine Begründung dafür ist nicht allein nur bei der semantischen Konzeptkomplexität aufgrund der Multi-Sensorik zu suchen, über die kognitive Agenten im Gegensatz zum Menschen verfügt, sondern wird auch mit der dadurch möglichen höheren Verarbeitungskomplexität durch die Verarbeitung mittels Cognitive Computing Techniken und der höheren Verarbeitungsgeschwindigkeit der Brainware begründet. Berücksichtigt man dabei die Tatsache, dass sich die Brainware in der Simulation neben der Lösung von Dilemma-Situationen nahezu 90% ihrer Berechnungszeit mit antizipatorischen Fragestellungen beschäftigt, d.h. Dilemma-Situation im Vorfelde zu vermeiden sucht, kann ein Einsatz solcher Systeme nicht nur dringend empfohlen werden, sondern erscheint sogar als moralisch geboten.[165]

4.5   Implikationen

Der Blick auf die zur Entwicklung einer artifiziellen Kognition benötigte Infrastruktur hat die analytische Sensibilität auf die Praxis des Entwickelns bzw. auf die vielfältigen Praktiken gelenkt, in denen zunächst empirische Erkenntnisse in konkrete Modelle und dann in softwaretechnologische Systeme transformiert werden. Dabei hat die hier eingenommene Perspektive deutlich gemacht, dass es sich um einen vielschichtigen soziotechnologischen Prozess handelt, der neben natürlichen Denkprozessen, Entwicklungspraktiken auch von Entwicklungswerkzeugen und damit der Technologie maßgeblich beeinflusst wird. Gerade die Technologie als multiplikative Verknüpfung von Methoden und Techniken ergänzt nicht nur die tradierten Denk- und Vorgehensweisen, sondern eröffnet ganz neue Perspektiven auf die Wahrnehmung und Transformation kognitiver Phänomene in softwaretechnische Artefakte. Technologie dient also dazu, die

---

[165] Die bisherigen Ausführungen beschränken sich auf die technologische Machbarkeit einer solchen Brainware. Die Auswirkungen auf den Straßenverkehr werden dabei ebenso nicht berücksichtigt, wie die der Kundenakzeptanz. Ebenso werden versicherungstechnische und juristische Fragestellungen (u. a. die Produkthaftung des Herstellers), die sich insbesondere bei interoperierenden Systemen ergeben, nicht behandelt. Bei genauer Betrachtung wird aber deutlich, dass bei dem Einsatz einer Brainware Probleme nicht vom technischen System selbst ausgehen, sondern vielmehr vom Zusammenwirken von Mensch und Maschine. Gegebenenfalls muss dann der Fahrer als menschlicher „Bug" in der Entscheidungskette als Entscheidungsinstanz übergangen werden.

Fesseln des natürlichen Erkenntnisvermögens durch die Beschränktheit der natürlichen Kognition zu lockern.[166] Zu den Techniken dieser Technologie gehört neben den Sprachen, Notationen, naturanalogen Verfahren etc. auch die Schaffung von experimentellen Rahmenbedingungen, die eine Simulation von artizieller Kognition ermöglicht. Insgesamt lässt sich anhand dieser Technologie die zunehmend an Relevanz gewinnende Rolle von Modellen im Allgemeinen und den Kognitionsmodellen im Besonderen nachzeichnen, die als Transport- und Transformationsvehikel von Wissen zur Entwicklung artizieller Kognitionen dienen. Es zeigt sich, das Erkennen, Verstehen, Erklären, Applizieren und damit das Begreifen kognitiver Phänomene nicht nur als Kontemplation, sondern vielmehr auch als Konstruktion aufzufassen ist. Begreifen als Konstruktion entwickelt sich durch die Konzeptionalisierung als Kontemplation über die Implementierung als Realisierung des Erkenntnisgegenstandes der Kognition. Begreifen stellt sich dann ein, wenn Modelle als Ergebnistyp der Konzeptionalisierung und in Abhängigkeit von diesen Modellen, Simulationen als Implementierung der Modelle verwirklicht bzw. in Annäherung an die Wirklichkeit realisiert werden.

---

[166] So existieren gleich vier Filter, die das Erkenntnisvermögen der natürlichen Kognition einschränken: die biologische Bedingtheit der Erkenntnis, die angeborenen Strukturen der Kognition, die bevorzugte bzw. ausschließliche Wahrnehmung der mittleren Dimensionen der Welt und die Leistungsfähigkeit des Gehirns als materielles Trägersystem der Kognition. Es ist davon auszugehen, dass die gegenwärtigen Grenzen des Denk- und Erkenntnisvermögens und damit der Kognition auf natürliche Weisen kaum erweiterbar sind. Signifikante Erweiterung dieses natürlichen Vermögens wird nur durch die Integration artizieller Kognition und damit durch Einsatz von Technologie möglich sein.

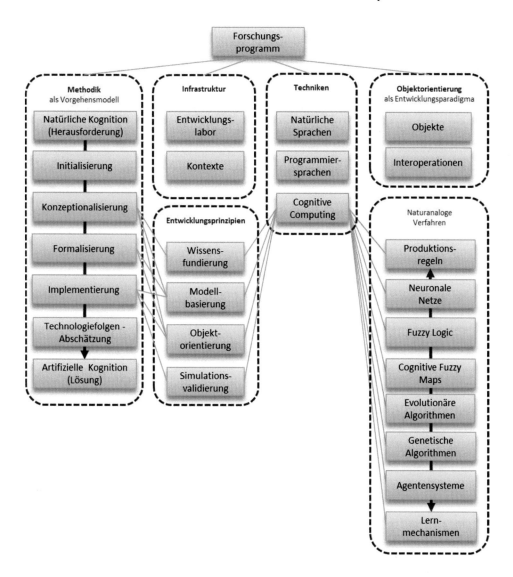

Abbildung 4.12: Artifizielle Kognition als Implikation

Diese Annäherung ist selbst eine erkenntnisleitende Operation einer Operation. All dies ist allerdings nicht nur eine Eigenleistung einer (einzelnen) natürlichen Kognition, sondern das Ergebnis der Interoperation von (mehreren) Kognitionen eines soziotechnologischen Systems. Aus dieser Perspektive heraus gilt es in Anlehnung an die synthetische Biologie, deren Credo besagt, dass man nur verstehen kann, was man herstellen kann (Weiß/2011), dieses Credo dahingehend zu erweitern, dass man natürliche

Kognition nur begreifen kann, wenn man deren Modell algorithmisieren und damit natürliche Kognition als artifizielle Kognition simulieren bzw. realisieren kann.

Die Phasen der Initialisierung, Konzeptionalisierung, Implementierung und Validierung liefert als Ergebnistyp eine mittels softwaretechnologische Techniken realisierte artifizielle Kognition als Brainware, die in bestehenden Trägersystemen im Allgemeinen und beim Autonomem Fahren im Speziellen zum Einsatz kommen wird. Dabei basiert der rechner-basierte Ansatz zum einen auf einem Kognitionsmodell und zum anderen auf symbolischen und subsymbolischen semantischen Konzeptverarbeitungsmöglichkeiten des Cognitive Computing. Eine solche artifizielle Kognition wird als ein semantischer Konzeptverarbeitungsprozess aufgefasst, in dessen Rahmen durch die Orchestrierung kognitiver Funktionen (Emotion, Motivation, Lernen, Intuition, Planen, etc.) gemäß eines Kognitionsmodells entscheidungsrelevantes Wissen generiert und durch die Aktorik in Interoperationen umgesetzt wird. Die Validierung in der Problemdomäne des autonomen Fahrens hat die Praxistauglichkeit und die kognitive Angemessenheit solcher kognitiven Systeme gezeigt. Gerade weil diese kognitiven Systeme den Zugang zu bisher nicht handhabbaren Problemgebieten ermöglichen, dort durch die Verwendung ihren programmiertechnischen Rahmen verlassen und damit nicht mehr nur das tun, was ihnen der Entwickler einst einverleibt hat, erscheint eine wissenschaftsphilosophische Abdeckung sowohl in Bezug auf die Entwicklung als auf den Einsatz solcher artifizieller Kognitionen absolut notwendig bzw. unabdingbar (siehe Abb.4.12).

5. Wissenschaftsphilosophie als Reflexionsinstrument

5.1 Philosophische Fragen als Eingrenzung des Forschungsgegenstandes

Die philosophischen Fragen begleiten die Entwicklung und Realisierung einer artifiziellen Kognition auf dem Weg von der Konzeptionalisierung einer Theorie über das Zusammenspiel von kognitiven Funktionen bis hin zur Implementierung softwaretechnischer Komponenten mittels der Techniken des Cognitive Computing. Die Techniken des Cognitive Computing basieren dabei auf einem semantischen Konzeptverarbeitungsprozess abgebildet und damit verfolgt man die triale Entwicklungsstrategie, dass man das Ganze (natürliche Kognition) nicht ohne die Orchestrierung der Teile (kognitive Funktionen), umgekehrt, die Teile (kognitive Instanzen) nicht ohne das Ganze (artifizielle Kognition) und alles beide nicht ohne die Möglichkeiten einer semantischen Konzeptverarbeitung haben kann. Insofern erscheint die Entwicklung einer artifiziellen Kognition technologisch als eine Herausforderung und ist unabhängig des Gelingens philosophisch eine Provokation. Daher wird eine wissenschaftsphilosophische Abdeckung als wichtig erachtet, da nicht nur technologische Herausforderungen zu meistern sind, sondern auch zentrale Themenfelder der Philosophie im Allgemeinen und der Wissenschaftsphilosophie im Speziellen tangiert werden.[167] Damit bewegt sich diese wissenschaftsphilosophische Auseinandersetzung zwischen den Grenzen der theoretischen und der praktischen Philosophie. Das Ziel der praktischen Philosophie ist die Entwicklung von philosophischen Modellen und Vorstellungen für praktische Zwecke. Die praktische Philosophie umfasst die Gebiete Ethik, Politik und Rechtsphilosophie. Im Gegensatz zur praktischen Philosophie beschäftigt sich die theoretische Philosophie mit generellen Fragen, die die menschliche Existenz aufwirft.

---

[167] Beispielsweise werden Themen wie wissenschaftliche Erklärung, Kausalität, Induktion und Bestätigung, Naturgesetze, die Rolle der Simulation und des Experiments in der Theoriegenerierung und -validierung, Reduktion, Emergenz sowie Realität und Wirklichkeit, etc. adressiert.

© Der/die Autor(en), exklusiv lizenziert durch
Springer-Verlag GmbH, DE, ein Teil von Springer Nature 2022
M. Haun, *Natürliche Kognition technologisch begreifen*,
https://doi.org/10.1007/978-3-662-64670-0_5

Die Gebiete der theoretischen Philosophie sind Ontologie, Metaphysik, Erkenntnistheorie, Logik, Philosophie des Geistes, Naturphilosophie, Philosophie der Mathematik, die Sprach- und Wissenschaftsphilosophie.

So teilt sich die Sprachphilosophie in die zwei Denkrichtungen einer Philosophie der idealen Sprache und die einer normalen Sprache.[168] Die Philosophie der idealen Sprache geht von einem logischen strukturierten Aufbau der Sprache aus. Dazu enthält die Sprache Regeln, die nur bestimmte Kombinationen von Wörtern zulässt. Dadurch bildet die Sprache die Welt und ihre Wirklichkeit ab. Gegenstände werden durch Namen bezeichnet und diese Namen bzw. Wörter können zu sinnvollen Sätzen in Form von Sachverhalten zusammengesetzt werden. Sind die Sachverhalte wahr, beschreiben sie Tatsachen einer Wirklichkeit. Insofern geht die Philosophie der idealen Sprache davon aus, dass sich die gesamte Sprache atomar nach bestimmten Regeln aus einzelnen Bestandteilen zusammensetzen lässt. Die Philosophie der normalen Sprache hingegen geht davon aus, dass sich solche Regeln nicht finden lassen und dass die Sprache mehr oder weniger organisch durch den Gebrauch entsteht.

Die *Wissenschaftsphilosophie* im Allgemeinen ist auf die Analyse der Vorgehensweise, des Lehrgebäudes oder der Praxis der Wissenschaft ausgerichtet und damit als Orientierung für die Reflexion über die Entwicklung einer artifiziellen Kognition geeignet. So kommt der Wissenschaftsphilosophie die Aufgabe zu, die Akteure in den Phasen der Initialisierung, Konzeptionalisierung, Implementierung und Validierung und dort bei der Erkenntnisgewinnung flankierend zu unterstützen. In diesem Sinne ist wissenschaftsphilosophische Abdeckung projektbegleitend und berücksichtigt jederzeit Fragen von Theorie und Praxis zugleich. Wenn eine solche Wissenschaftsphilosophie sich bisher mit der Untersuchung von wissenschaftlichen Inhalten und deren Erfahrungsgrundlage, ebenso wie mit den zugehörigen Beobachtungs- und Experimentierverfahren befasst hat, gilt es, sie im Rahmen dieser Arbeit allerdings auch

---

[168] Prominente Vertreter der ersten Richtung sind Frege, im Prinzip der Begründer dieser Richtung, Bertrand Russell (1872–1970), Carnap und Ludwig Wittgenstein. Zu den Vertretern der zweiten Richtung zählen Gilbert Ryle (1900–1976), Peter Strawson (1919–2006) und abermals Ludwig Wittgenstein

auf die Technologisierung der Erkenntnisgewinnung auszurichten (Frigg/Reiss/2009). Insofern lautet die zentrale Fragestellung dieser wissenschaftsphilosophischen Abdeckung:

Sind die im Entwicklungsprojekt eingenommenen erkenntnistheoretischen Grundpositionen und die zu Grunde liegenden wissenschaftsphilosophischen Konzeptionen ausreichend, um mittels der Simulation natürlicher Kognition als artifizielle Kognition die natürliche Kognition wiederum erklären zu können?

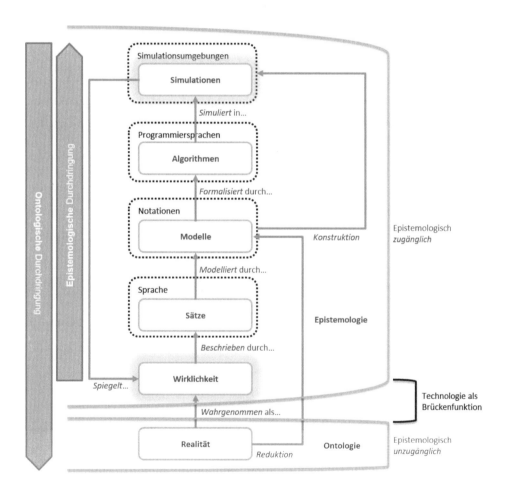

Abbildung 5.1: Kognition als Wirklichkeit und als Simulation

Es geht bei dieser Fragestellung also darum zu klären, inwieweit durch die Orchestration wesentlicher Komponenten erkenntnistheoretischer Konzeptionen und Programmatiken, eingebettet in die inhaltlich-strukturelle Ausrichtung des Entwicklungsprojektes, das Ziel des Begreifens von Kognition erreicht werden kann. Oder anders formuliert:

Lassen sich bereits im Vorfeld, durch eine wissenschaftsphilosophische Untersuchung bezüglich der grundlegenden erkenntnistheoretischen Positionen bzw. der methodologischen Ansätze Ausschlusskriterien erkennen, die den Erklärungsanspruch des Entwicklungsprojektes und damit den wissenschaftlichen Erkenntnisprozess in Frage stellen, oder die zu einem frühen Zeitpunkt konkrete Hinweise auf ein Scheitern dieses Entwicklungsprojektes erkennen lassen?

Diese zentrale Fragestellung wird von weiteren Fragen flankiert, um zum einen die im Zusammenhang mit der Kognition strapazierten, mehrdeutigen Begriffe zu schärfen (Bühler 2003).

- Auf welche Ergebnistypen des Entwicklungsprojektes (Theorie, Modell, Simulation, etc.) bezogen wird das Wort „erklären" in welcher Phase (Konzeptualisierung, Formalisierung, Implementierung, Validierung) gebraucht?
- Durch welche anderen, wenn möglich spezielleren Ausdrücke (begreifen etc.) ist „erklären" ggf. ersetzbar?
- Welches sind die charakteristischen Bedingungen dafür, dass der Forscher bzw. die Community etwas erklärt?
- Erklären die jeweiligen Spezialisten, die gemeinsam an dem Projekt arbeiten, jeweils das Gleiche? Woran erkennt man im Rahmen des Entwicklungsprojektes, dass jemand etwas versteht (sich erklären kann)?

Zum anderen gilt es flankierende Fragen zu stellen, die sich mit der Überprüfung der Hypothesen sowie der Zuverlässigkeit, Reichweite und Grenzen der angewendeten Methoden auseinandersetzen. Immerhin wird die These vertreten, dass Phänomene der natürlichen Kognition als kognitive Prozesse bzw. Funktionen modellierbar, einer Algorithmisierung zugänglich, berechenbar und damit simulierbar sind (Holland/Goodmann/2003).

- Können die empirischen Methoden des Entwicklungsprojektes überhaupt hinreichende Erkenntnisse liefern?

- Lassen sich die wissenschaftlichen, auf dem Wege der Reduktion aufgestellten Hypothesen und Theorien empirisch überprüfen?

- Wie zuverlässig sind die durch Simulation artifizieller Kognition generierten wissenschaftlichen Erklärungen und Prognosen?

- Wie lassen sich die Leistungsfähigkeit konkurrierender Theorien, Modelle und Simulationen naturanaloger Verfahren vergleichen?

- Inwieweit sind die technologisierten Methoden in Form der Simulation auf die Analyse von natürlicher Kognition übertragbar?

- Ist natürliche Kognition überhaupt begrifflich greifbar, modellierbar, einer Algorithmisierung zugänglich, berechenbar und damit simulierbar?[169]

Insgesamt sieht sich die wissenschaftsphilosophische Abdeckung dazu aufgefordert, wertende Aussagen über die Technologie der Entwicklung einer artifiziellen Kognition, damit deren Methoden bzw. Techniken und des sich dadurch vollziehenden Erkenntnisprozesses zu machen. Dies bedingt auch eine Positionierung bezüglich der Fragestellung, was der Mensch mit seiner natürlichen Kognition letztlich erkennen kann und inwieweit die Technologie als Werkzeug dazu dienen kann, diese natürlichen Grenzen zu überschreiten.[170]

---

[169] So hat Kant in seiner Kritik der reinen Vernunft als das bedeutsame Werk zu einer Erkenntnistheorie der Neuzeit noch formuliert, dass Gedanken ohne Inhalt leer und Anschauungen ohne Begriffe blind seien. Kant macht damit deutlich, dass Anschauungen Begriffe und damit Sprache benötigen, um damit menschliches Denken zu begründen. Erkenntnis kommt demzufolge dadurch zustande, dass sinnlichen Erkenntnissen Begriffe zugeordnet werden, um in einem weiteren Schritt der Abstraktion die Zusammenhänge zwischen den Begriffen herzustellen.

[170] Immerhin besteht die Schwierigkeit bei der Erforschung der natürlichen Kognition darin, dass sich ein kognitives System im Spiegel seiner selbst betrachtet und sich daher recht schnell die Frage nach den Grenzen dieser Betrachtung stellt. Aber bereits eine solche Grenze ziehende Reflexion setzt voraus, dass man sich an beide Seiten der Grenzen herandenken muss. Man muss sozusagen das denken, was sich eigentlich nicht denken lässt.

Als wissenschaftsphilosophische Untersuchung angelegt, kommt diesem Kapitel ein deskriptiver und instrumenteller Charakter zu. Die verbindliche Festlegung von Normen bezüglich des Einsatzes der Technologien zur Entwicklung einer artifiziellen Kognition sowie deren Einsatz selbst würde den Rahmen dieser Untersuchung vermutlich sprengen, ihren Kompetenzbereich sicherlich überschreiten und zu diesem Zeitpunkt einen technologischen Fehlschluss darstellen (siehe Abb.5.1).

5.2   Wissenschaftsphilosophie als Metaperspektive

Die Modellierung einer Theorie der natürlichen Kognition zur Realisierung einer artifiziellen Kognition durch Anwendung von Cognitive Computing Techniken muss zumindest entwicklungsbegleitend die wissenschaftsphilosophische Beleuchtung der damit induzierten erkenntnistheoretischen Grundlagen beinhalten. Technologien orientieren sich wissenschaftsphilosophisch betrachtet an einer spezifischen Verschränkung von Theorie und Praxis, respektive Methoden und Techniken. So erzeugt man in sich ein ideales Bild als Modell von einer natürlichen Kognition in Form einer „platonischen Idee", um dann in der Folge und iterativ die so modellierte Ideen praktisch umzusetzen und damit softwaretechnisch zu realisieren.[171] Insofern geht also um die epistemologische Transformation von Konzepten als Schemata in Theorien als Modelle und von dort in Algorithmen als Realisierungen derselben. Die Forderung nach einer wissenschaftsphilosophischen Abdeckung wird durch die Erschwernis verstärkt, indem man zur natürlichen Kognition als Realität keinen und damit nur zur wahrgenommenen Wirklichkeit einer solchen Kognition über eine Technologisierung einen Erkenntniszugang hat. Aber auch dieser Zugang zu einer Kognition als wahrgenommene Wirklichkeit scheint im Rahmen der semantischen Konzepte der Zeichen, Daten, Informationen, Wissen, deren Ausdruckstärke und damit gleichzeitigen deren epistemologischen Grenzen zu liegen (siehe Abb.5.2).

---

[171] Die praktische Umsetzung orientiert sich am „Know-how", am „Gewusst-wie".

Mit der Kapselung von Daten, Informationen und Wissen als semantische Konzepte ist die Annahme verbunden, dass diese Konzepte zunächst in Energie als potentielles Potenzial enthalten sind, dann durch entsprechende semantische Verarbeitungsmechanismen zu semantisch unterschiedlich werthaltigen Konzepte materialisiert werden. [172]   Die semantische Ausprägung der Konzepte ist demnach eine potenzielle Qualität von Energie, wobei dieses Potenzial von der Energie lediglich getragen wird und nicht in ihr als konkrete Konzeptausprägung bereits enthalten ist.[173]

---

[172] Damit wird zum einen die Auffassung des Kybernetikers Norbert Wiener vertreten, wonach Information nicht einfach Materie oder Energie sei, sondern etwas aus der Energie erzeugtes Eigenständiges erst wird. Insofern stecken diese Konzepte auch nicht in materiellen Strukturen, in Organismen und Maschinen, sondern ergeben sich aus diesen. Zum anderen wird der Auffassung von Wheeler „It from bit" widersprochen, demgemäß, jeder Gegenstand der physikalischen Welt eine nichtmaterielle Quelle und Erklärung besitzt.

[173] Die semantischen Konzepte entstehen also durch die Verarbeitung der Kognition als Transformation aus der Energie, ohne die Energie jedoch selbst dabei zu verändern. Entscheidend ist die Transformation in einen Kontext. Solange die Energie nicht als Konzept durch eine Kognition verarbeitet wird, bleibt sie pure Energie.

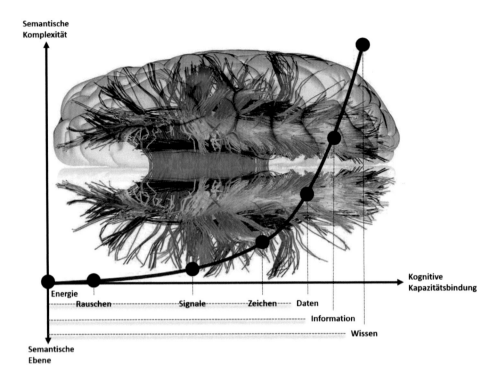

Abbildung 5.2: Semantische Konzepte im Kontext der Kognition

Damit soll ausgedrückt werden, dass die semantische Unterschiedlichkeit von Zeichen, Daten, Informationen und Wissen keine der Energie inhärenten Eigenschaften sind, sondern erst durch die Verarbeitung einer Kognition entstehen und damit die Energie bzw. die Materie lediglich als der Träger dieser potenziellen Konzepte fungiert. [174] Die

---

[174] Dabei gilt es zu bemerken, dass der Begriff der Energie an dieser Stelle wie der der Materie abstrakter Natur ist und ihr Bezug zur Wirklichkeit sich mit dem wissenschaftlichen Erkenntnisgewinn wandelt. So ist die Materie im Laufe der Zeit von einem soliden, fassbaren Ding zu einem im vormaligen Sinne nicht mehr realen, nicht vorhandenen Phänomen avanciert. So auch die Energie, seitdem sie zusammen mit der Materie in der allgemeinen Relativitätstheorie durch Einsteins berühmte Formel über die Lichtgeschwindigkeit als Faktor mit der Materie äquivalent wurde. Nach der Speziellen Relativitätstheorie ist die Lichtgeschwindigkeit demnach eine Konstante und der Allgemeinen Relativitätstheorie markiert sie die Krümmung der Raumzeit, die wiederum durch eine kausale Struktur gekennzeichnet ist, indem die Ursache stets zeitlich und räumlich vor der Wirkung kommt. In diesem

semantischen Konzepte sind nichts Physisches und damit auch keine konkreten Eigenschaften von Materie und Energie. In Abhängigkeit vom jeweiligen Kontext und Verarbeitung durch eine Kognition kann dabei dieselbe Energie zu unterschiedlichen Konzepten und damit semantischen Bedeutungs- und Werthaltigkeiten führen.[175] Damit umfasst die Definition des semantischen Konzepts die folgenden Grundideen:

- Semantische Konzepte umfassen im engeren Sinne Daten, Information und Wissen und im erweiterten Sinne noch zusätzlich Zeichen, Signale und Symbole.
- Symbole sind basale materielle Muster.
- Die Symbole können zu komplexen Symbolstrukturen in Form semantischer Konzepte kombiniert werden.
- Eine Kognition verfügt über Prozesse zur Manipulation der komplexen Symbolstrukturen und damit zur Verarbeitung semantischer Konzepte
- Die Prozesse zur Erzeugung und Transformation der komplexen Symbolstrukturen können selbst durch Symbole und Symbolstrukturen innerhalb des Verarbeitungsprozesses dargestellt werden.

Damit verbunden sind die folgenden Basisannahmen:

- Symbole können jeden Ausdruck bezeichnen. Die Symbolzeichen und deren wechselseitige Beziehungen bestimmen zum einen das semantische Konzept und darin, welches Objekt durch einen komplexen Ausdruck bezeichnet wird.

Zusammenhang sah die traditionelle Kybernetik unter Information reine Information, weder Materie noch Energie.

[175] Energie als reine Wirkung aufgefasst, entspricht gemäß dieser metaphysischen Sichtweise dabei dem Begriff der aristotelischen energeia on, des reinen Seinsaktes, d.h. des metaphysischen Seinsprinzips der Wirkung, ohne die es keine Wirklichkeit geben kann und umgekehrt. Dem Begriff der Materie wiederum entspricht metaphysisch der Begriff der Potenz, Empfänglichkeit ebenso wie der Bestimmbarkeit und Definierbarkeit. Ebenso entspricht dem Begriff der Information und ein metaphysisches Formprinzip, das ordnend und informierend wirksam ist. Schließlich entspricht dem Begriff des Systems ein metaphysisch zusammenhaltendes (griech. systenai) Prinzip, das die Welt im Innersten zusammenhält und klassisch mit dem Begriff der Substanz belegt wurde.

- Für jeden Prozess, den die artifizielle Kognition ausführen kann, gibt es einen Ausdruck.
- Die artifizielle Kognition verfügt über Prozesse, mit denen es jedes semantische Konzept erzeugen und beliebig manipulieren kann.
- Semantische Konzepte gelten als volatil und plastisch, da sie verändert oder gelöscht werden können.
- Die Anzahl der semantischen Konzepte, die eine artifizielle Kognition verarbeiten kann, ist nur durch deren Trägersystem determiniert.

Auf neurobiologischer Ebene manifestiert sich diese Verarbeitung dadurch, dass etwa 100 Mrd. Neuronen der Großhirnrinde mit ihren jeweils ca. 10.000 Verbindungen und unter Einrechnung der ko-regulierenden Glia-Zellen für eine kombinatorische Explosion an Interoperationen sorgen. Letzteres resultiert in einem unüberschaubaren Potenzial von Möglichkeiten, neuronale Erregungssignale zu generieren und dadurch biochemische Erregungs- und neuronale Aktivierungsmuster abzubilden. Insofern sind auch auf dieser Ebene die Neurone lediglich die Träger potenzieller Konzepte und erst durch deren Vernetzung in Form von morphologischen Mustern und Strukturen generieren sich die semantischen Konzepte. Die zunehmende semantische Bedeutungs- und Werthaltigkeit dieser einzelnen Konzepte als Resultat der kognitiven Verarbeitung illustriert die folgende epistemologische Relation:[176]

SEMANTISCHE KONZEPTE = WISSEN > INFORMATIONEN > DATEN > ZEICHEN > SIGNALE > RAUSCHEN > ENERGIE[177]

---

[176] Die unterschiedlichen Perspektiven auf gewisse Sachverhalte oder Annahmen können im Verhältnis einer attributiven Analogie zueinanderstehen. Eine attributive Analogie liegt etwa beim Verhältnis A:B = B:C vor. Bei der attributiven Analogie also ist das gemeinsame Glied, welches die Relation der Gleichung vermittelt, das „B". Sie wird unterschieden von einer proportionalen Analogie: A:B = C:D. Bei der proportionalen Analogie hingegen „existiert" das gemeinsame Glied nur noch in Form des „="-Zeichens, also in der Gleichung selbst.

[177] Das Symbol „>" steht für eine epistemologische Relation und drückt dadurch zum einen aus, dass die Werthaltigkeit des linken Ausdrucks *größer als* die des rechten Ausdrucks ist. Zum anderen bringt das „größer als" im Gegensatz zu einem „größer gleich" die Emergenz zum Ausdruck, die diesen kognitiven Prozess charakterisiert. Zu guter Letzt zeigt sich durch diese Relation, dass der rechte Teil der Relation immer

Die Bedeutungs- und Werthaltigkeit zeigt sich an der jeweiligen Ausprägung der Syntax, Pragmatik und Semantik, die den semantischen Gehalt dieser Konzepte bestimmen.

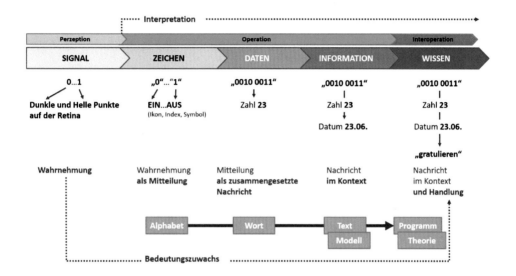

Abbildung 5.3: Semantische Konzepte im Kontext der Theorie von Kognition

Der semantische Gehalt als Bedeutung eines Konzeptes entsteht vielmehr erst aus der Verknüpfung von Syntax, Pragmatik und Semantik.[178] Insbesondere ist es im Falle der Sprache und Programmiersprache die Syntax und Semantik, die den Umfang dessen

---

eine Potenzialität des linken Teils der Relation in sich birgt. So handelt es sich beispielsweise bei einem Datum um potenzielle Information, die zu solcher erst durch eine Interpretation mittels Syntax und Semantik werden kann.

[178] Die Syntax regelt die Beziehung der Zeichen untereinander. In den gesprochenen Sprachen wird die Syntax eher als Grammatik bezeichnet. Die strengen Regeln der Programmiersprachen werden gleichfalls Syntax genannt. Die Semantik ist mit der Bedeutung der Konzepte befasst und regelt die Beziehung dieser Bedeutungen zur Wirklichkeit. Die Art der Verwendung der Konzepte wird durch Syntax und Semantik letztlich nicht festgelegt. Das Verhältnis zwischen den Konzepten und deren Anwendungskontext ist daher Gegenstand der Pragmatik. Des Weiteren werden mit der Pragmatik verwendungsspezifische Kriterien wie Aktualität, Selektivität und Komplexität berücksichtigt. Die Verarbeitung von Syntax, Semantik und Pragmatik ist offensichtlich nicht mehr ein Privileg natürlicher Kognitionen, sondern spielt eine entscheidende Rolle bei der Verarbeitung von Signalen, Zeichen, Daten, Informationen und Wissen durch artifizielle Kognitionen.

absteckt, innerhalb dessen einem semantischen Konzept eine Bedeutung zukommt. Solange die Anordnungsregeln, das heißt die Syntax, der Sprache eingehalten werden, ist auch die Interpretation des semantischen Konzeptes gewährleistet. Semantische Konzepte werden dann zu Trägern von Bedeutung erst innerhalb eines Kontextes, eines umgrenzten Ausschnitts der Wirklichkeit, in dem das Konzept zur Verarbeitung gelangt. Das heißt, dass die Bedeutung eines semantischen Konzeptes sich erst aus der Verarbeitung und den Eigenschaften der Umwelt ergibt, in der die Verarbeitung sich vollzieht. Semantische Konzepte existieren daher nicht einfach, sie werden durch Verarbeitung erzeugt (siehe Abb.5.3).

Auch diese Fähigkeit der Verarbeitung bzw. Erzeugung ist an Strukturen und Verarbeitungsprozesse gebunden.[179] Durch die Kombinatorik der Interoperationen von Neuronen, der dadurch möglichen Strukturen und Verarbeitungsprozesse emergiert Kognition im jeweiligen Träger. Diese getragene Kognition nimmt Einfluss auf die Ausprägung anderer Träger und deren Kognition, interoperieren mit anderen Kognitionen und der Umwelt, d.h. die Kognitionen stehen untereinander in mannigfaltiger Wechselwirkung. Kognition als Emergenz erscheint also nicht nur als ein in den kognitiven Strukturen und Prozessen innewohnendes Phänomen, sondern die Kognitionen und deren Umwelten sind untereinander unauflösbar miteinander verschränkt.[180] Mit dieser Verschränktheit der Kognitionen ist eine weitere Notwendigkeit und Legitimation gegeben, um sich mit der Entwicklung artifiziellen Kognition nicht nur technologisch, sondern auch wissenschaftsphilosophisch auseinanderzusetzen. Insofern wird im Rahmen dieser Auseinandersetzung unter Wissenschaftsphilosophie nicht nur die logische und

---

[179] Ohne diese Kognition als Struktur und Prozess existiert beispielsweise auf der Konzepteben der Information diese wie die Shannon-Information lediglich als Energiemuster mit bestimmten Wahrscheinlichkeiten des Auftretens. Eine solche Informationstheorie lässt alle inhaltlichen, semantischen Aspekte der Konzepte schlicht aus.

[180] Damit wird einer zu extrem reduktionistischen Behauptung begegnet, dass die Kognition nur das sei, aus der sie besteht. Nur weil eine artifizielle Kognition als softwaretechnisches System aus einzelnen Komponenten besteht und nur weil dieses System ohne diese Komponenten nicht funktioniert, darf eben nicht gefolgert werden, dass diese Komponenten die einzig mögliche Beschreibungsebene darstellen.

praktische Notwendigkeit einer philosophischen Auseinandersetzung mit Grundfragen der Wissenschaft im Allgemeinen, sondern und dem Forschen bezüglich dieser Entwicklung von Kognitionen im Speziellen gesehen[181]. In Anlehnung an die traditionelle Wissenschaftstheorie (Philosophy of Science) und durch die Erweiterung zur Wissenschaftsphilosophie werden nunmehr auch Probleme zugänglich, die spezifisch bei der Entwicklung einer artifiziellen Kognition in Erscheinung treten. [182] So ist die Wissenschaftstheorie nach dem traditionellen Verständnis die Untersuchung der logischen Struktur wissenschaftlicher Theorien, die präzise Definition eines Erklärungsmodells, die Entwicklung einer induktiven Logik und ähnlichem, wobei ausgiebig von den Mitteln der formalen Logik Gebrauch gemacht wird.[183] Dabei gilt eine solche formale Logik als ein

---

[181] „Forschen" kommt etymologisch von „furchen", was auch mit „umgraben", oder „pflügen" ausgedrückt werden kann. So wird in der Soziologie sehr oft von Wissenschaftsforschung gesprochen, in der Philosophie von Wissenschaftsphilosophie und in der Geschichtswissenschaft von Wissenschaftstheorie.

[182] „Philosophy of Science" gilt im allgemeinen Sprachgebrauch als ein Spezialgebiet der Philosophie, „Science Research" bezeichnet meistens einen Bereich der Soziologie und „Science of Science" wird in verschiedenen Fächern benutzt. Die Wissenschaftstheorie war über 2000 Jahre hinweg ein reines Teilgebiet der Philosophie und wurde lange Zeit unter die Erkenntnistheorie subsumiert. Die „Wissenschaftstheorie" wird üblich in eine allgemeine und spezielle Wissenschaftstheorie gegliedert. Die allgemeine Wissenschaftstheorie bezieht sich dann auf Begriffe, Methoden und Voraussetzungen, die in sämtlichen Wissenschaften, oder wenigstens in Gruppen von Wissenschaften verwendet werden. Beispielsweise auf die Begriffe der Wahrheit, Folgerung, Ableitung, Definition, Klassifikation, Erklärung, Prognose, induktiven Verallgemeinerung, Hypothesen, Theorie, Widerspruchsfreiheit, empirischen Bestätigungsfähigkeit sowie auf den Wissenschaftsbegriff im Allgemeinen. Die spezielle Wissenschaftstheorie kann verstanden werden als Theorie der einzelnen Wissenschaften. Demzufolge unterscheidet man u.a. Philosophie der Mathematik, Philosophie der Physik, Philosophie der Biologie, Philosophie der Soziologie, Philosophie der Psychologie, Philosophie der Sprachwissenschaft, Philosophie der Geschichtswissenschaft, Philosophie der Kunstwissenschaft, Philosophie der Theologie, etc.

[183] Unter Logik soll die Lehre des vernünftigen Schlussfolgerns verstanden werden, um damit die Struktur von Argumenten im Hinblick auf ihre Gültigkeit unabhängig vom Inhalt der Aussagen zu untersuchen. Die formale Logik ist dabei als ein Konstrukt von analytischen Sätzen aufzufassen. Dabei greifen die vier Gesetze des Aristoteles, an die der Vollständigkeit wegen erinnert werden soll. Das erste Gesetz ist das „Gesetz der Identität", das besagt, dass jedes Ding mit sich selbst identisch ist. Das zweite „Gesetz vom Widerspruch" besagt, dass etwas nicht gleichzeitig wahr und falsch sein kann. Das dritte „Gesetz vom ausgeschlossenen Dritten" formuliert, dass eine Aussage M

System mit einer Menge von Symbolen, die nach bestimmten Regeln kombiniert werden können, um innerhalb dieses Systems die Wahrheit von Sätzen eben durch das Einhalten dieser Regeln gewährleisten zu können. Aufgrund des soziotechnologischen Charakters des Vorhabens der Entwicklung einer artifiziellen Kognition und der damit einhergehenden Notwendigkeit der Begründung von Aussagen über das Phänomen der Kognition und deren Umsetzung in Modelle und Algorithmen, sind auch Fragen nach der Rolle von Werten, nach der Entstehung von Ideen (Heuristik) sowie mit nach den sozialen Bedingungen eines solchen Vorhabens zu stellen. Außerdem bedienen sich die tangierten Wissenschaftsdisziplinen unterschiedlichen Perspektiven, verwenden damit unterschiedliche Sprachen und deren Erkenntniszugänge sind somit unterschiedlichen Ismen ausgesetzt. Diese erweiterten Fragestellungen bedingt also eine Wissenschaftsphilosophie und damit eine Erweiterung der philosophischen Zuwendungsmöglichkeiten einer traditionellen Wissenschaftstheorie.[184] Diese verfolgte Zuwendung trägt im Allgemeinen der Technologisierung der Wissenschaften Rechnung als auch der Algorithmisierung von kognitiven Phänomenen im Speziellen. Damit

---

entweder wahr oder falsch sein kann, eine dritte Möglichkeit gibt es nicht. Das vierte „Gesetz vom zureichenden Grunde" betrifft die Kausalität und besagt, dass es für jede Wirkung eine Ursache geben muss. Dieses vierte Denkgesetz bildet auch die Basis aller Erkenntniszugänge, insbesondere der Erfahrungserkenntnis im Rahmen der Entwicklung einer artifiziellen Kognition.

[184] Dies deckt sich auch mit der Tatsache, dass auch in der heutigen Philosophie der Wissenschaft Untersuchungen mit formallogischen Mitteln angestellt werden. Aber zusätzlich findet man eine Auseinandersetzung mit Fragen, die man in den 30er Jahren des letzten Jahrhunderts noch als metaphysisch abgelehnt oder die man in die Einzelwissenschaften verwiesen hatte. Ethische Aussagen beispielsweise galten als metaphysisch. Auch heute noch wird vielfach die Auffassung vertreten, dass die Wissenschaftstheorie ausschließlich mit Fragen der Geltung und Begründung von Aussagen zu tun hätte und dass daher Fragen nach der Entstehung wissenschaftlicher Ideen in die Denkpsychologie gehören würden und Fragen nach den sozialen Bedingungen der Wissenschaft in die Wissenschaftssoziologie. Aber mehr und mehr hat sich die Auffassung durchgesetzt, dass eine getrennte Abhandlung dieser Fragen nicht sinnvoll ist. Die Probleme der Geltung und Begründung von Aussagen hängen zusammen mit Fragen nach der Rolle von Werten, mit Fragen der Entstehung von Ideen (Heuristik) sowie mit Fragen nach den soziotechnologischen Bedingungen der Wissenschaft. Diese inzwischen dominierende Art und Weise, Probleme der Wissenschaft zu untersuchen, hat dazu geführt, die Untersuchung als eine Wissenschaftsphilosophie zu betreiben.

reflektiert eine solch ausgestattete Wissenschaftsphilosophie über die Art der Erkenntnisgewinnung und deren praktische Nützlichkeit in Verbindung mit der dazu zum Einsatz kommenden Technologie. Die Bedeutung dieser Reflexion als erkenntnistheoretische Meta-Perspektive auf die technologisierten Wissenschaften im Allgemeinen und auf die Entwicklung einer artifiziellen Kognition lässt sich sowohl szientistisch[185] als auch in Erweiterung zu Wittgenstein meta-wissenschaftlich formulieren:

4.11 Die Gesamtheit der wahren Sätze ist die gesamte Naturwissenschaft (oder die Gesamtheit der Naturwissenschaften). 4.111 Die Philosophie ist keine der Naturwissenschaften. (Das Wort „Philosophie" muß etwas bedeuten, was über oder unter, aber nicht neben den Naturwissenschaften steht.) 4.112 Der Zweck der Philosophie ist die logische Klärung der Gedanken. Die Philosophie ist keine Lehre, sondern eine Tätigkeit. Ein philosophisches Werk besteht wesentlich aus Erläuterungen. Das Resultat der Philosophie sind nicht „philosophische Sätze", sondern das Klarwerden von Sätzen [. . .] (Wittgenstein 1933).

Um die Möglichkeiten der Erkenntnis kognitiver Phänomene durch einen technologisierten Zugang über die Entwicklung einer artifiziellen Kognition beurteilen zu können, muss man sich mit auch den Aspekten auseinandersetzen, die unmittelbar im Zusammenhang mit solchen Entwicklungen stehen. Diese Aspekte beziehen sich zum einen eher horizontal auf das Zusammenspiel der Entwicklungsphasen wie die der Initialisierung, Konzeptionalisierung, Formalisierung, Implementierung und Validierung und dort vertikal derer Ergebnistypen in Form von Modellen, Notationen, Algorithmen, Programmiersprachen, Simulationen und Anwendungsfälle. Bei all dem kommt der Sprache im Allgemeinen und einer Fach- bzw. Programmiersprache im Speziellen eine zentrale Bedeutung zu. Immerhin wird die Kognition als Phänomen in einer natürlichen Sprache beschrieben, eine solche Beschreibung durch eine Programmiersprache in Algorithmen codiert und im Rahmen einer Simulation als artifizielle Kognition realisiert,

---

[185] Der „Szientismus" ist die Annahme, dass nur naturwissenschaftlich abgesichertes und in einer echten oder wenigstens vermeintlichen Expertensprache formuliertes Wissen erkenntnistragendes Wissen ist.

die wiederum als wahrgenommene Wirklichkeit eine natürliche Kognition transzendiert. Neben der Sprache gilt es sich den Ismen zuzuwenden, die als Glaubenssysteme, Lehrmeinungen, Ideologien oder wissenschaftliche Strömungen in der Ausprägung von Hintergrundannahmen im Verborgenen wirken und dennoch und vor allem auf diese Weise die Theorie-, Modell- und Simulationsentwicklung wesentlich beeinflussen.

5.3   Ismen als Einengung oder Ausweitung des Erkenntnisraumes

Die Entwicklung einer artifiziellen Kognition erfolgt im Rahmen oder Korsett von *Ismen*, die den Raum möglicher Theorien, Modelle oder Realisierungen aufspannen oder eher einengen.[186] Ein solcher Ismus als epistemologischer Grenzrahmen beeinflusst nicht unwesentlich die Art bzw. Qualität, wie man vermeintliche Sachverhalte zu erklären, zu verstehen und letztlich zu begreifen versucht. So lebt das Vorhaben in seiner Geschichtlichkeit in den Ismen, sowie diese Ismen durch den Austausch mit anderen, die unter Umständen den gleichen Ismus teilen, in dem Vorhaben gelebt werden. Es sind damit auch eher Einstellungen bzw. Arten und Weisen, als deutlich ausformulierte Doktrinen. Diese Ismen sind auch keine Lehrmeinungen, allenfalls Bewegungen, auf die man sich zunächst einlässt und von denen man sich tragen lässt, um den eigenen, aber vor allem den konkurrierenden Meinungen begegnen zu können.

Während der logische *Empirismus* die wahre Darstellung auf eine unverstellte Beobachtung und deren Wiederholbarkeit gründet, hat der *Rationalismus* den Eingriff in die Wirklichkeit als Repräsentation verstanden, durch die Begriffe erst entwickelt werden können.[187] Rationalismus und Empirismus gelten nicht umsonst als die treibenden Kräfte

---

[186] Das Suffix „ismus" ist hierbei zunächst ein Mittel zur Wortbildung durch Ableitung (Derivation). Das so entstandene Wort kann in dieser Untersuchung sodann ein Abstraktum bezeichnen, ein Glaubenssystem, eine Lehre, eine Ideologie oder eine geistige Strömung in Geschichte, Wissenschaft oder Kunst.

[187] Der „Empirismus" (von gr. empeiria = Erfahrung) ist die These, dass die einzige Quelle des Wissens die Erfahrung, das heißt in diesem Kontext spezifisch, die Sinneserfahrung ist. Ergänzt dadurch, dass ein empirisch-wissenschaftliches System auch an der Erfahrung bzw. in der Praxis scheitern kann.

westlicher Wissenschafts- und Technologieentwicklung, wo die Wirkungsweise deterministischer Mechanismen und deren Prinzipien mit formalen Systemen modelliert werden. Auch in der Mathematik und Logik hat der Rationalismus und Empirismus nicht nur beeinflusst, sondern auch die Entwicklung der Linguistik und Kognitiven Psychologie erst ermöglicht. So ist es dem Rationalismus geschuldet, dass bei der Entwicklung einer artifiziellen Kognition die Einhaltung einer wissenschaftlichen Methode bis zu einem gewissen Grad gewährleistet sein muss. Eine solche Methode besteht in vielen Wissenschaftsdisziplinen aus einer Abfolge grundlegender Schritte, die zur schrittweisen Verfeinerung wissenschaftlicher Aussagen iterativ durchlaufen werden können:

„Die wissenschaftliche Methode kann durch die folgenden Operationen dargestellt beziehungsweise umschrieben werden: (a) Beobachtung eines Phänomens, das als zu erklärendes Problem angesehen wird; (b) Entwicklung einer erklärenden Hypothese in Form eines deterministischen Systems, das ein Phänomen erzeugen kann, welches mit dem beobachteten Phänomen isomorph ist; (c) Generierung eines Zustandes oder Prozesses' des Systems, der entsprechend der vorgelegten Hypothese als vorhergesagtes Phänomen beobachtet werden soll; (d) Beobachtung des so vorhergesagten Phänomens" (Maturana/1982 und Bunge/2003).

Im Rahmen der Entwicklung wird nicht nur „wissenschaftliches Wissen" verarbeitet, die mit den oben angeführten Regeln der wissenschaftlichen Methode erarbeitet und intersubjektiv geteilt werden. Das von den Akteuren eingebrachte Alltagswissen hingegen ist im Vergleich dazu viel weniger institutionalisiert aber dennoch nicht weniger mächtig, ihre Verwertungsmöglichkeiten dauerhaft zu etablieren. Ein solches Alltagswissen scheint allerdings mit Epistemologien wie Positivismus, Realismus und Empirismus nicht im Einklang zu stehen. Gehen diese doch von einer Dualität zwischen Wirklichkeit und Wissen aus, in dem sich Wissen auch unabhängig von einer wie auch immer gearteten Wirklichkeit entwickeln kann. Beispielsweise wird bei der Entwicklung unterstellt, dass die natürliche Kognition als Phänomen sich erst durch den Ablauf entsprechender Algorithmen auf einem Trägersystem als artifizielle Kognition realisiert. Damit wird der philosophischen Strömung des logischen *Positivismus* gefolgt, indem nur das als wirklich anerkannt wird, was man auch berechnen, simulieren und messen kann.[188] Daran anschließend geht eine sozialkonstruktivistische Perspektive davon aus, dass auch ein solcher technologischer Erkenntniszugang sozial vermittelt ist. Damit schließt ein solcher Sozialkonstruktivismus unmittelbar an die Phänomenologie und Hermeneutik[189] an, was die Pluralität der Erkenntniszugänge strapaziert, indem es davon so viele zu geben scheint, wie Kognitionen diese konstruieren. Im Rahmen eines *Pragmatismus* scheint die Wirklichkeit der natürlichen Kognition für die Entwicklung der Modelle, Theorien und Algorithmen nicht entscheidend, da man keinen direkten Zugang zu dieser Wirklichkeit haben kann, da das Denken über Kognition immer selbstreflexiv ist und Objekt und Subjekt identisch zu sein scheint. Das selbstreflexive Denken über Kognition führt zu einer Aufhebung der Objekt-Subjekt-Trennung, denn der Beobachter als Denker ist unweigerlich in die Konstituierung seiner Kognition eingebunden. Erst die Tätigkeit des Denkens in der Kognition realisiert die Wahrnehmung des Untersuchungs- als Erkenntnisgegenstand, genauer die Wechselwirkung in der je spezifischen Simulation, von denen ausgehend das Versehen, Erklären und Begreifen stets neu kognitiv verhandelt wird. Die cartesianische Voraussetzung für Objektivität, also die Trennung von erkennendem Subjekt über das Erkenntnisobjekt, von Diskursivität über Materialität wird spätestens hier obsolet. Das erinnert an die mythologische Figur des Ouroboros, wo sich die Schlange in den eigenen Schwanz beißt. So erklärt ein Gehirn das Gehirn, eine natürliche Kognition entwickelt eine artifizielle Kognition, ein Erkennender erkennt sein Erkennen, ein Begreifender versucht sein Begreifen zu ergreifen. Das Subjekt ist sich sein eigenes Objekt. Zumindest im Rahmen der Konzeptionalisierung und dort bei der Modellierung existiert keine beobachterunabhängige Kognition als Erkenntnisobjekt, die sich ontologisch im Bewusstsein einer erkennenden Kognition spiegelt. Die in Anlehnung an

---

[188] Das unausgesprochene Ziel des verfolgten logischen Positivismus ist es, eine schleichende Metaphysik zu vermeiden.

[189] Phänomenologie bedeutet wörtlich übersetzt Erscheinungslehre (von griechisch *phainomenon* „Sichtbares, Erscheinung"; *logos* „Rede, Lehre"). Sie ist eine Methodik der Wissenschaften und widmet sich der Beschreibung und Einteilung der Erscheinungen (Phänomene) in der Natur und Gesellschaft. Die „Hermeneutik" (von altgr. *hermeneia* = Verstehen) nahm im 20. Jahrhundert an, die Geisteswissenschaften untersuchten nur dasjenige, was man verstehen kann, während die Naturwissenschaften nicht verstehen, sondern erklären wollen.

Heinz von Foerster eher zunächst unschuldig wirkende Frage, was man brauche, um Kognition zu verstehen, kann an dieser Stelle provokativ dahingehend beantwortet werden, dass man hierzu ein Modell der natürlichen Kognition (Grey Box), dessen Algorithmisierung als artifizielle Kognition (White Box) und deren Realisierung als und *in* der Simulation (Black Box) benötigt.

Man akzeptiert die Konstruktion der Kognition als Black Box, zumal diese und das dadurch mögliche Studium der Inputs und Outputs einen praktischen Charakter haben. Was konstruiert wird, steht in enger Beziehung zur Praxis, die ihrerseits durch die Simulation als Theorie zugänglich wird. Zumal die Aufgabe einer artifiziellen Kognition zu einem späteren Zeitpunkt darin bestehen wird, Probleme, wie sie in den jeweiligen praktischen Anwendungsgebieten entstehen, „intelligent" zu lösen.[190] Der Pragmatismus zeigt sich auch in dem experimentellen und simulativen Zugang, indem sich die kognitiven Phänomene als Handlungskonsequenzen der Teilnehmer in Experimenten und Simulationen ergeben. Dort gilt es die klassische Beobachtertheorie durch die Verwendung von praxisbewährter Technologie zu ergänzen, um das Phänomen der Kognition so zu modellieren, dass deren Funktionen in einem weiteren Schritt in Algorithmen formalisiert und in die Praxis überführt werden können.[191] Bereits bei der

---

[190] Der „Pragmatismus" hatte es traditionell schwer in Deutschland. Wenn eine bestimmte Theorie zur Diskussion steht, so untersucht man ihre praktischen Konsequenzen. Der Pragmatismus ist damit eine bestimmte Wahrheitstheorie. Sie richtet sich gegen die sogenannte Korrespondenztheorie der Wahrheit. Danach ist Wahrheit die Übereinstimmung einer Behauptung mit der objektiven Realität. Theorien sind demnach auch Werkzeuge. Mit ihrer Hilfe kann man, wenn bestimmte Erfahrungen gegeben sind, andere Erfahrungen vorhersagen und dies zu praktischen Zecken nutzen.

[191] Insofern avanciert eine zukünftige Philosophie der Kognition im Rahmen der Technologisierung zu einer philosophierenden Naturwissenschaft. So treiben die bildgebenden Verfahren, die Simulationen und damit die vermeintlichen Fakten treiben die Begriffe, nicht umgekehrt. Die Berechenbarkeit des Kognitiven und deren Gesetzmäßigkeiten bestimmt die Begriffsbildung. Dies ist im Einklang damit, dass Historie der Chemie, Biologie, Paläoanthropologie, Medizin und Neurowissenschaft ebenso zeigt, dass Erkenntnisgewinne sich einstellen, wenn man sich als Teil der Natur ansieht und mit naturwissenschaftlichen Methoden, ergebnisoffen en und experimentell gestützt, analysiert. Eingedenk der im frühen Teil der Arbeit vermuteten Implikation, dass sich das Menschenbild dadurch stark verändert hat und sich, unabhängig davon, ob dies der Menschheit „gut tut", weiter verändern wird.

Modellierung wird ein Pragmatismus dahingehend angestrebt, dass einfache Modelle anstelle komplexer Modelle angestrebt werden. Damit lehnt man sich an Ockhams Rasiermesser an, wonach eine einfache Erklärung der komplizierten Erklärung vorzuziehen ist.[192] Eine solche Orientierung an der Einfachheit wird als ein wichtiges Prinzip zur Entwicklung einer artifiziellen Kognition gesehen.[193] So zeigen die Seitenblicke auf vergleichbare Projekte, dass die Komplexität und Dynamik der natürlichen Kognition mit den traditionellen kontemplativen Zugängen nicht erfasst und schon gar nicht in eine Form transportiert werden kann, die einer Algorithmisierung zugänglich ist. Immerhin gilt es auch in Bezug auf die Berechenbarkeit von Kognition einen gewissen Pragmatismus recht früh zu verankern, um die Möglichkeiten einer Realisierung aufgrund einer nicht abbildbaren Dynamik und Komplexität zu gefährden.[194] Insofern wird damit eine pragmatische Theorie benötigt, um nicht nur das Problem der Konzeptionalisierung einer natürlichen Kognition zu lösen, sondern diese Konzeptionalisierung muss auch die Transformation der Modelle in die Implementierung

---

[192] So forderte bereits Platon nach der Einfachheit der Wahrheit.

[193] Das bedeutet in der Praxis, dass noch bevor ein komplexes Modell entwickelt wird, ein einfaches Modell, eine sogenannte Baseline erstellt wird. Eine solche Baseline ist ein möglichst einfaches Modell, das vielleicht nicht das beste Ergebnis darstellt, dafür aber verständlich und schnell zu implementieren ist.

[194] Trotz dieser begrenzten Prädiktion endet die Dynamik der kognitiven Systeme weder im Chaos noch im Falle von Perturbationen in einer finalen Zerstörung des Systems. Vielmehr garantiert der Konnektionismus als Vernetzung der Kombination der Techniken bzw. Funktionen sowie die Orchestrierung der Algorithmen, dass die komplexen Interoperationen nicht zum Zusammenbruch des Systems führen. Das Netzwerk löst immer wieder Synergien und räumliche Fokussierungen aus, die das System nicht nur nachhaltig stabilisieren. Diese Stabilisierung ist also das Produkt der Techniken, Funktionen und Algorithmen und damit der komplexen Selbstordnung des Systems, Ein exekutiver Systemkern wird nach der Initiation nicht benötigt. Lediglich davor, zur Ausgestaltung der Vitalfunktionen bedarf es der externen Programmierung durch einen Entwickler. Danach vollzieht das kognitive System den Akt des Realisierens durch funktionale und zeitliche Konstituierung, also durch zeitliche Synchronisierung und funktionale Fokussierung. Die Kontrolle dieses synergetischen Realisierens obliegt dem konnektionistischen System, sodass mit der Simulation eines solchen Systems durch Definition eines Master-Programms die einzelnen Systemschichten nicht determiniert werden, auch nicht ausgerechnet werden können, sondern spontan und konstruktiv emergieren.

und damit Realisierung einer artifiziellen Kognition einrechnen.[195] Die Erfüllung der Einfachheit wird allerdings dadurch erschwert, dass im Rahmen der Konzeptionalisierung auf Modelle der Mathematik, wie beispielsweise symbolische Logik und Automatentheorie, der Informatik, dort der Künstlichen Intelligenz und Computerlinguistik sowie generell auf die Modelle der Kognitionswissenschaft zurückgegriffen wird, um die Phänomene der Kognition zu entschlüsseln. [196] Der angenommene Pragmatismus zeigt sich dadurch auch noch in einer weiteren Facette, indem diese Theorien und Modelle nicht nur dahingehend bewertet werden, ob sie der natürlichen Kognition entsprechen oder nicht, sondern ob sie nützlich sind oder sich im Experiment bzw. der Simulation bewähren. Insofern wird damit die Richtung eines instrumentellen Pragmatismus eingeschlagen, indem den Theorien und Modellen der Charakter eines Werkzeuges zukommt, mit deren Hilfe die Kognition als natürliches Phänomen nicht nur erklärt, sondern als artifizielles Artefakt realisiert werden soll. Die Nützlichkeit eines solchen Werkzeuges zeigt sich bekanntlich darin, ob es seinen Zweck erfüllt. Insofern werden die Theorien bzw. Modelle bereits dann als nützlich angesehen, wenn sie zu plausiblen Erklärungen, zu modellierbaren Zusammenhängen und damit einer Algorithmisierung zugeführt werden können. Man strebt damit im Rahmen der

---

[195]In diesem Sinne ist auch die Mathematik ein System von Definitionen sowie analytischen Sätzen und damit ein sprachliches Konstrukt. Die Mathematik besteht ebenso wie die Logik nur aus Tautologien. Ohne Kognition und darin die gibt es daher keine Mathematik. So ergeben sich alle Sätze der Mathematik aus den anfänglichen Definitionen, den sogenannten Axiomen, durch analytische Umformungen als Beweise. Insofern ist auch der Formalismus der Mathematik als eine konkrete sprachliche Basis aufzufassen.

[196] Die „Informatik" ist in dieser Sichtweise die wissenschaftliche Beschäftigung mit der Konstruktion von Software. Man betreibt sie dabei in eher theoretischer Form, indem man Prinzipien technischer Artefakte, ihre Entwicklung und ihre Verwendung identifiziert und sie so ausgestaltet, dass ihr Einsatz Auswirkungen auf die gesellschaftliche Praxis erlangen kann. Die Informatik bezieht sich damit auf die Maschinisierung bzw. Naturalisierung von Kopfarbeit. Software-Entwicklung hingegen erscheint als jener Bereich gesellschaftlicher Praxis, der der Hervorbringung von Software unter ökonomischen Begrenzungen gewidmet ist und Verwertungsbedingungen beachten muss. In der Wirtschaftsinformatik geht es nicht um Grundlagenforschung, sondern um Fragen der Gestaltung von Wirklichkeit im Bereich der Informations- bzw. Kommunikationssysteme in Wirtschaft und Verwaltung.

Konzeptionalisierung eine empirische Adäquatheit von Theorien und der Kognition als Erkenntnisgegenstand an, um dann die Konstruktion funktionalistisch-adäquater Algorithmen diesem Teilziel folgen zu lassen.

Neben den Modellen als visueller Erkenntniszugang werden auch die Simulationen als technologisierter Erkenntniszugang dahingehend instrumentalisiert, dass diese produktive und konstruktive Instrumente Zusammenhänge bzw. Wechselwirkungen aufzeigen, die eher im Verborgenen lagen oder aber sich dem bisherigen Wahrnehmungsbereich entzogen. Damit erweitern die Simulationen die wahrgenommene Wirklichkeit, indem sie die begrenzten Wahrnehmungsmöglichkeiten der natürlichen Sinne mit der nunmehr zur Verfügung stehenden Rechenkapazitäten und Auflösungen ausgleichen, um Zusammenhänge in einem bisher unmöglichen Detailierungsgrad zu visualisieren. Dadurch wird die Simulation zu einem repräsentierenden Instrument, indem Abhängigkeiten kognitiver Phänomene auch symbolisch dargestellt werden können. Die Simulation als instrumentelles Medium wird somit zu dem speziellen Zweck eingerichtet, um durch diesen repräsentativen *Instrumentalismus* in Anlehnung an Dewey ein Erkennen von Zusammenhängen, als eine vorübergehende Neuausrichtung und Neuanordnung von Modellen als Symbolausschnitte des Wirklichen zu begreifen. (Dewey/1998). Ein solches Erkennen ist damit vermittelnd und damit instrumentell in dem Sinne, dass es zwischen einer visualisierten und virtuellen Wirklichkeit vermittelt. Neben dieser Vermittlung findet aber durch diese Instrumentalisierung auch eine Anreicherung des Erkenntnisobjektes um die visuellen Eindrücke statt. (Dewey/1998). Damit wird ein *Beobachterrelativismus* identifiziert, in dem jede Erkenntnis eine Beobachtung solcher Eindrücke und damit relativ zu den Kategorien eines bestimmten Beobachters erscheint. Beobachten heißt demnach auch Unterscheidungen zu treffen und Bezeichnungen auf Basis dieser Eindrücke vorzunehmen. Jede Wahrnehmung bedeutet unvermeidlich die Ausblendung eines gewaltigen Raumes an möglichen Wahrnehmungen und damit ist jede Wahrnehmung auch einer gewissen Blindheit ausgesetzt. Wenn man etwas in der Simulation sieht, sieht man gleichzeitig etwas anderes nicht und wenn man etwas an den simulierten Objekten beobachtet, beobachtet man etwas anderes nicht. Jede Beobachtung besitzt demnach einen blinden Fleck, der Beobachter ist im Unterscheidungsprozess selbst blind für die gewählte Unterscheidung, die sich erst in einem Beobachter zweiter Ordnung offenbart, der natürlich seinerseits ebenfalls einem blinden Fleck ausgesetzt ist. Wenn demnach das Erkannte strikt an den jeweiligen Erkennenden und die ihm eigene Erkenntnisweise gekoppelt wird, damit für den Beobachter, das Beobachtete und die Operation des Beobachtens nur in zirkulärer Einheit vorstellbar sind, dann unterminiert eine solche Sicht das Streben nach absoluter Gewissheit, relativiert somit jeden Erkenntnisanspruch entscheidend und weist dadurch im Vorfelde auf einen an- und noch ernstzunehmenden Konstruktivismus hin. Neben diesem Hinweis weckt diese Sichtweise das Interesse an der Differenz und der Pluralität von Kognitions- als Wirklichkeitskonstruktionen, indem jeder dieser Konstruktionen als eine von vielen möglichen gilt. Erneut erscheinen der Erkennende und das Erkannte, der Beobachter und das Beobachtete, die natürliche und die artifizielle Kognition in einer unauflösbaren Weise miteinander verschränkt. Dies führt zu der Feststellung, dass alle Aussagen einer Theorie der Kognition nur Wahrscheinlichkeitsaussagen sind, damit an die Stelle der bisherigen apodiktischen Aussagen der traditionellen Kognitionswissenschaft treten und damit den Glauben an eine mechanisierte und damit auch vollkommen kausalistische Kognition zerstört. Es ist gerade diese zirkulär angelegte Verschränktheit, die auf einen weiteren Topos einer zirkulären und paradoxen Denkfigur in Form der Rekursion hinweist. Gemeint ist damit die Einspeisung eines generierten Outputs als ein neuer Input in den Erkenntnisprozess. Das Resultat einer Operation wird als Ausgangspunkt derselben Operation verwendet, die erneut als Ausgangspunkt dieser Operation dient, um so epistemologische Eigenwerte entstehen zu lassen. Dies steht in engem Zusammenhang mit einer anzutreffenden *Autologie*, die gleich mehreres zum Ausdruck bringt, so dass ein Begriff seiner selbst bedarf, um definiert zu werden, Kommunikation braucht Kommunikation, um sich bestimmen zu lassen, Kognition benötigt Kognition, um als Erkenntnisobjekt zu gelten, Erkennen setzt Erkennen voraus, um als solches erkannt zu werden, artifizielle Kognition setzt natürliche Kognition voraus, um als artifizielle Kognition konstruiert werden zu können. Insofern offenbart eine solche Selbstreferenz den zirkulären Charakter der Entwicklung einer artifiziellen Kognition als Prozess der Erkenntnis bzw. des Begreifens, und umso wichtiger ist es in Anlehnung an Charles S. Peirce und William James, dass auch ein *Fallibilismus* zugelassen wird, wonach sich grundsätzlich jede dieser Erkenntnisse oder Begreifnisse als falsch erweisen kann.

Unabhängig von diesem Eingeständnis eines Fallibilismus erfolgt bei der Entwicklung einer artifiziellen Kognition, beginnend mit der Beobachtung kognitiver Phänomene, der anschließenden Theoretisierung bzw. Modellierung, über die Algorithmisierung bzw. softwaretechnische Implementierung, eine auf Technologie basierend epistemologische Transformation. Diese Transformation einer natürlichen Kognition als Phänomen in eine artifizielle Kognition als Artefakt und Simulation gestaltet sich als ein Erkenntnisprozess mit entwicklungsbegleitenden Seiteneffekten. Letztere entstehen dadurch, dass die theoretische Durchdringung des Gegenstandsbereiches der natürlichen Kognition gegebenenfalls erst nach der Transformation in Modelle, Algorithmen, Applikationen und damit erst im Echtzeiteinsatz erreicht wird.[197] Dies liefert einen ersten Hinweis, von der Position eines *wissenschaftlichen Realismus* Abstand zu nehmen, der sich, in Anlehnung an Richard Boyd (Boyd/Gasper/Trout/1991) oder Michael Devitt (Devitt/1984), wie folgt charakterisieren lässt:

„So werden die meisten wissenschaftlichen Theorien des Entwicklungsprojektes, sowohl die eingebrachten, als auch die sich daraus ergebenden, als wahr angenommen. Weiterhin wird unterstellt, dass sich die meisten wissenschaftlichen Begriffe bei der Konzeptualisierung auf real existierende Phänomene beziehen, die dann die Grundlage für die Modellierung der Objekte, Eigenschaften, Ereignisse und Prozesse bilden“ (Sokolowski/Banks/2009).

Vielmehr erweist erst der Einsatz der artifiziellen Kognition im Rahmen der Validierung und dort im konkreten Anwendungs- als Testfall die Angemessenheit oder Unangemessenheit der Modelle bzw. Theorien durch eine funktionale Adäquatheit in Bezug auf die jeweilige Situation. Man geht also bewusst davon aus, dass sich der Erkenntnisfortschritt durch eine sukzessive Annäherung der Lösung an das Problem, die sich dadurch entwickelnden Theorien, Modelle und Algorithmen funktional-adäquat den Anforderungen an eine artifizielle Kognition annähern. Ein solcher agile Entwicklungsansatz bzw. eine solche adaptive Erkenntnisplastizität impliziert die Entwicklung alternativer Theorien bzw. Modelle und konkurrierende Algorithmen, die in ihrer Alterität die technologische Ausgestaltung der artifiziellen Kognition wesentlich

---

[197] So ist es beispielsweise gängige Praxis, dass die Theorie sozusagen im Nachgang, d.h. in der Retrospektive die validen Erklärungen liefert, auf deren Grundlage die Technologie schließlich vollends ausentwickelt, sozusagen „veredelt“ werden kann.

mitbestimmen. Auch diese Alterität spricht gegen einen wissenschaftlichen Realismus, indem Alternativen nicht nur geduldet, sondern zum Begreifen vorausgesetzt werden. Dies rechtfertigt vielmehr zu der Annahme eines *kritischen Realismus*, der in seiner traditionellen Auffassung davon ausgeht, dass eine Theorie der Kognition zwar Aussagen darüber macht, wie die Kognition als wahrgenommene Wirklichkeit beschaffen ist, aber nicht voraussetzt, dass die Richtigkeit dieser Aussagen durch die Validierung und dort durch die Simulation von Anwendungsfällen begründet werden kann. Gerade eine solche Validierung erscheint dadurch erschwert, dass sich kaum Anwendungsfälle finden lassen, die die Vielzahl von Theorien und Konzepten der tangierten Wissenschaftsdisziplinen abdecken. Immerhin kommen vor allem im Rahmen der Konzeptionalisierung und Implementierung der naturanalogen Verfahren der Evolutionstheorie, der Kybernetik erster und zweiter Ordnung, den mathematischen Theorien Chaostheorie, Fuzzy Sets, Fraktale, nicht-lineare Funktionen, etc. eine große Bedeutung zu, ermöglichen sie doch erst mit Konzepten wie beispielsweise Selbstorganisation und Emergenz, maschinellem Lernen, Kreiskausalität und Selbstreferenzialität, Stochastik, und Irreversibilität solche Systeme zu konstruieren, die Realisierung solcher, für die Entwicklung artifizieller Funktionen zentralen Verfahren.[198] So macht diese Mannigfaltigkeit an Konzepten und die Bedeutung der Theorien die Entwicklung einer artifiziellen Kognition zu einem interdisziplinären Vorhaben. In allen diesen Theorien und Konzepten kommt den semantischen Konzepten in Form von Zeichen, Daten, Informationen und Wissen aus Sicht eines *repräsentationalen Realismus* eine tragende Rolle zu. Sowohl die Strukturbildung der semantischen Konzepte (Syntax) als auch der überlieferte und erworbene Kontext (Pragmatik) schafft die semantische Repräsentation, die die Ausdrucksstärke der Modelle und Algorithmen sowie deren basale Sprache bestimmt. Diese semantischen Konzepte als Werkzeuge der Repräsentation von Wirklichkeit

---

[198] Exemplarisch und stellvertretend sei an dieser Stelle an die fünf Grundprinzipen der Evolutionstheorie nach Darwin erinnert. So basiert die Evolution auf gemeinsamer Abstammung, wobei sich die Entwicklung nicht linear, sondern in Form sich verzweigender Stämme vollzieht, wie an der Vielfalt der Organismen gesehen werden kann. Die Organismen weisen die Tendenz auf, sich ständig weiterzuentwickeln, wobei sich die Arten im Laufe der Zeit vervielfältigen. Insgesamt erfolgt die Evolution in Form eines langsam progredienten Wandels. Zu guter Letzt basiert der Evolutionsmechanismus auf der Konkurrenz unter zahlreichen Individuen um begrenzte Ressourcen.

schieben sich sozusagen zwischen die Wahrnehmung, kognitiver Phänomene, deren narrative Beschreibung, Modellierung und Algorithmisierung.[199] Die semantischen Konzepte als Repräsentanten sind damit die bedeutungstragenden Konzepte zur Verwirklichung einer artifiziellen Kognition. Als solche ermöglichen diese semantischen Konzepte erst die Modellierung natürlicher Kognition und deren Realisierung in Form einer artifiziellen Kognition und avancieren somit nicht nur zur semantischen Grundlage aller Ausprägung von Kognition. Vielmehr wird durch einen solchen repräsentationalen Realismus der Zugang zur Kognition und deren basale physikalische Welt durch konstruktive Repräsentationen vorgegeben.

Letzteres lässt an eine weitere Variante des wissenschaftlichen Realismus denken, indem ein *Strukturenrealismus* latent mitwirkt, indem zum einen die theoretischen Begriffe der Modelle und die praktischen Konzepte der Algorithmen sich nicht auf gegenständliche, sondern lediglich strukturelle Merkmale der artifiziellen Kognition als Simulation einer natürlichen Kognition beziehen. Erneut zeigt sich dadurch ein funktionaler Strukturenrealismus, in dem die funktionale Ausgestaltung der artifiziellen Kognition auf strukturale Merkmale der natürlichen Kognition komprimiert wird. Man nimmt damit auch eine theoretische Unterbestimmtheit des Kognitiven in Kauf, wenn es nicht gelingt, an der einen oder anderen Stelle den „blinden Fleck" nicht nur nicht ausgleichen zu können, sondern diesen eher noch ausweitet. Dabei reicht die epistemologische Zugänglichkeit zu den Dingen dieser Welt über Strukturen und deren Relationen, Prozessen und deren Ereignisse offensichtlich weiter als den perzeptiven Fähigkeiten der natürlichen Kognition und erweitert durch die Techniken der Visualisierung und Simulation kognitiver Funktionen das natürliche Vorstellungsvermögen, dass im Rahmen der Evolution nur mit den Entitäten der mittleren Dimensionen konfrontiert wurde. Dennoch ist die Simulation der natürlichen Kognition als vor allem in ihrer Visualisierungsfunktion eine Inspiration der Theoriengenerierung und ein Instrument für die Modellvalidierung und damit insgesamt konstitutiv für die Erkenntniserzielung.

---

[199] Die Gegenposition zu diesem repräsentationalen Realismus innerhalb des Realismus ist ein direkter Realismus, der solche kausalen Bindeglieder zwar anerkennt, aber bestreitet, dass es epistemische Bindeglieder gibt und demzufolge sich die Repräsentationen unmittelbar auf etwas in der Wirklichkeit beziehen.

Daraus ergibt sich eine durch die Simulation technologisch induzierte Zirkularität, indem Theorie (Modell) und Praxis (Technologie) in der Simulation (Anwendung) konvergieren, so dass die Machbarkeit in Form von Realisierbarkeit als Wissenschaftlichkeits-, Wirklichkeits- und Existenzkriterium konstitutiv wird. Was im Modell sprachlich theoretisiert, was im Computer und dort durch Algorithmen programmiersprachlich funktioniert, gilt in der Simulation als realisiert und existiert.

Der umgekehrte Weg dieses Gedankengangs erinnert an eine von J. Derrida in Anlehnung an M. Heidegger entwickelte Arbeitsweise zur Interpretation von Erkenntniszugängen. In Erweiterung eines hermeneutischen Zirkels, der bekanntlich danach fragt, wie sich etwas von der Tradition Abweichendes denken lässt, wenn das eigene Denken selbst durch diese Tradition geprägt ist, gilt es diese soeben festgestellte Zirkularität an der Stelle sprachbasierten Kognitions- als Wirklichkeitserzeugung aufzubrechen. Bereits durch die in den beteiligten Wissenschaftsdisziplinen zur Sprache kommenden Begriffe ist es nicht zu vermeiden, dass unter Umständen eine unterschiedliche Sprache gesprochen wird. So sprechen beispielsweise die Kognitionspsychologen von Problemlösungsverhalten und funktionalen Zuständen, wo die Computerwissenschaftler von der Programmierung naturanaloger Verfahren und Systemzuständen sowie die Philosophen wiederum von intentionalem Handeln und mentalen Zuständen reden. Durch diese Versprachlichung von Begriffen und der dadurch bedingten terminologischen Unschärfe ergibt sich ein Defizit, das nur bedingt von den zu leistenden Transfer- und Synchronisationsfunktion bezüglich der Terminologie auszugleichen ist.[200] Umgekehrt wird befürchtet, dass durch eine Zementierung der Begriffe im Rahmen einer inter- und transdisziplinären Zusammenarbeit die notwendige fachliche Breite und technologische Tiefe durch einen solchen terminologischen Tunnelblick nicht erreicht werden kann. Insofern wird ein *terminologischer Dekonstruktivismus* angenommen, dass durch die Versprachlichung der Kognition als Phänomen unweigerlich Spuren in der *Ontologisierung* der Kognition als Begriffs- und Funktionsstruktur hinterlassen werden, welche in der Simulation als

---

[200] Konkret zeigt sich dies bereits zu dem frühen Zeitpunkt, wo es darum zu gehen hat, eine für alle Beteiligen verbindliche Definition von Kognition zu formulieren.

Realisierung der Kognition aufgedeckt werden können.[201] Diese Aufdeckung führt dann dazu, dass die Fachsprache rund um die Kognition im Rahmen eines *terminologischen Konstruktionismus* respektive *terminologischen Eliminarismus* entweder erweitert oder aber bereinigt wird.[202] Aber auch durch den Einsatz artifizieller Kognitionen als kognitive Technologien verwandelt sich Art und Weise, über diese Technologien zu sprechen, damit die Sprache selbst und damit die Kognition als Intellekt.[203] Diese neuen Rede- und Sichtweisen führen in Kombination mit dem Einsatz von basalen Technologien der Künstlichen Intelligenz in der praktischen Konsequenz wiederum zu Änderungen der traditionellen Lebens- und Weltbilder. [204] Insofern begegnet man der Sprache als erkenntniserzeugendes Konstrukt gleich in mehrfacher Weise, indem die Technologie in Bezug auf deren Methoden und Techniken, als auch die artifizielle Kognition bei der

---

[201] Unter einer Ontologisierung werden dabei die Bemühungen verstanden, die sich mit der Klassifikation der kognitiven Funktionen und den dadurch bedingten begrifflichen Grundstrukturen der Kognition befassen.

[202] Stellvertretend sei daran erinnert, dass in der Literatur und dort von Neurowissenschaftler dem Gehirn immer wieder psychologische Eigenschaften in der Betonung zugeschrieben werden, dass das Gehirn des Menschen denkt, fühlt oder etwas erinnert. Ein solcher, so genannter mereologischer Fehlschluss, bei dem man Eigenschaften eines Ganzen einem seiner Teile zuschreibt, widerspricht der Erkenntnis, dass man die kognitiven Fähigkeiten von Menschen wie Denken, Wahrnehmen und Fühlen nicht als Fähigkeiten eines Teils des Menschen, nämlich des Gehirns, ansehen darf. Vielmehr lässt sich nur vom ganzen Menschen, von einer Person sagen, dass er nachdenklich, traurig sei oder sich an etwas Bestimmtes erinnere.

[203] Wirft man nur einen Blick auf Computer als Vehikel oder Trägermedium kognitiver Systeme, lassen sich diese besagten Prozesse ausmachen. Die technische Entwicklung hat zu neuen Verwendungsweisen von Begriffen wie „Information", „Eingabe", „Ausgabe", „Sprache" und „Kommunikation" geführt, während Forschung und Entwicklung im Bereich der traditionellen Künstlichen Intelligenz den Nährboden für einen neuen Bedeutungszusammenhang für Worte wie „Intelligenz", „Entscheidung" und „Wissen" recht früh geebnet hat.

[204] Eine solche traditionelle Künstliche Intelligenz folgt zwei Strömungen. Eine starke Künstliche Intelligenz folgt dem Ziel, dass ein System ähnlich dem menschlichen Vorbild etwas verstehen kann und somit über kognitive Zustände verfügt. Wenn ein System nur ein Werkzeug zur Simulation kognitiver Funktionen darstellt, handelt es sich um die Strömung einer schwachen Künstlichen Intelligenz.

Verarbeitung semantischer Konzepte mit Sprache operieren.[205] Sprachen in der Praxis formen somit Theorien, Modelle, Algorithmen und damit die Entwicklungs- und Realisierungsmöglichkeiten artifizieller Kognitionen. Sprache aus Sicht eines solchen *semantischen Repräsentationalismus* ist zunächst ein Symbolsystem und die aus Symbolen zusammengesetzten Muster repräsentieren Strukturen und Prozesse kognitiver Phänomene. Sätze können diese Phänomene richtig oder falsch wiedergeben, klar oder unverständlich beschreiben, aber ihr Fundament haben sie in ihrer Entsprechung zum Sachverhalt, den sie repräsentieren. Eine dabei angenommene *Korrespondenztheorie der empirischen Adäquatheit* lässt sich wie folgt formulieren:

- Sätze sagen Sachverhalte über die Kognition aus und können richtig oder falsch sein.

- Was ein Satz über die Kognition aussagt, ist eine Funktion der Wörter, die der Satz enthält, und der Strukturen, nach denen diese Wörter kombiniert und verbunden werden.

- Die Inhaltswörter eines Satzes (z.B. Substantive, Verben und Adjektive) können als Denotationen, also Bezeichnungen für Objekte, Eigenschaften, Beziehungen in der Kognition für die Kognition oder für daraus gebildete Verknüpfungen verstanden werden.

Insgesamt sagen damit Sätze etwas über die Kognition als wahrgenommenes Phänomen aus, können dabei entweder wahr oder falsch sein, wodurch sich ein einzelner Satz zu einer logischen Funktion auf Basis seiner Wortbestandteile und seiner syntaktischen Struktur formalisiert. Mit dem symbolischen Repräsentationalismus wird angenommen, dass sich diese formale Struktur der Sprache semantisch in den Theorien, Modellen, Algorithmen transformieren und damit in der artifiziellen Kognition als Realisierung von Kognition auf einem rechnerbasierten Trägersystem materialisieren lässt. Sprache und die durch diese repräsentierten semantischen Konzepte erweisen sich so als formale Strukturen, die sowohl von natürlichen Kognitionen als Lebewesen wie von artifiziellen

---

[205] So gilt die artifizielle Kognition als Brainware als eine auf Basis eines Computers realisierte Maschine zur Erzeugung, Manipulation und Übertragung symbolischer und damit sprachlicher Objekte.

Kognitionen als Artefakte bzw. Maschinen verarbeitet werden können.[206] Mit dieser Feststellung wird allerdings ein Großteil der sprachlichen Ausdruckstärke ausgeblendet und reduziert diese auf Anteile, die zwar durch formallogische Kalküle zur Informationsverarbeitung charakterisiert werden können. Im Rahmen der Entwicklung einer artifiziellen Kognition werden jedoch auch die Funktionen der Sprache adressiert, die sich in Bedeutungen, Gedanken, Gefühle, Absichten, Wünsche, Ideen, aber auch Einstellungen und Charaktereigenschaften zum Ausdruck kommen. Insofern ist der informationsverarbeitende und übertragende Aspekt nur ein Aspekt unter vielen Aspekten der Sprache, möglicherweise ein sehr geringer. Eine alleinige Ausrichtung in den Bannen der formulierten Korrespondenz- und Repräsentationstheorie auf die Kognition als Phänomene greift demzufolge zu kurz. Vielmehr wird im Rahmen eines *epistemologischen Expansionismus* angenommen, dass alle Facetten Kognition als Phänomen in einem sprachlichen Format, damit als Modelle und Algorithmen repräsentiert werden kann. Sprache liefert eine eindeutige und syntaktische Formulierung kognitiver Phänomene, die es ermöglicht, die Kognition struktural und prozessual so zu erfassen, dass sie als artifizielle Kognition auf einem rechnerbasierten Trägersystem zu realisieren ist. Letzteres erzwingt einen *Komputationalismus*, der sich gleich in zwei Erscheinungsformen zeigt, indem zum einen der Computer als Entwicklungsumgebungen für die Realisierung kognitiver Artefakte eingesetzt und dieser Computer zum anderen als Trägersysteme für die Simulationen kognitiver Phänomene vorausgesetzt wird (Balzer & Manhard/2017; Brendel/2010). Dies wirft die wissenschaftsphilosophische Frage auf, inwieweit der Computer als Entwicklungsumgebung und Trägersystem nur als ein reines Instrument zur Entwicklung der Theorien, Modelle und deren Realisierung benutzt wird oder ob vielmehr diese strukturale und prozessuale Ausgestaltung der kognitiven Modelle durch diese Instrumente vorbestimmt sind (Langley et al/1987). Ein Indiz für Letzteres zeigt sich in der Tatsache, die der Aspekt der evolutionären Entwicklung natürlicher Kognitionen bei der Modellierung außer Acht gelassen wird. Vielmehr scheinen die Begriffe der technologisierten Kognitionswissenschaft, die teils direkt der

---

[206] Bereits in der traditionellen KI-Forschung wird angenommen, dass Sprache gleichermaßen von Maschinen wie von Menschen verarbeitet werden kann. Wissen und Verstehen werden diesem frühen Verständnis demzufolge in formallogischen oder anderen mathematischen Notationen symbolisch beschreibbar.

Informationstechnologie entlehnt sind, die Konzeptionalisierung und Realisierung so zu „triggern", dass das Kognitionsmodell aus einzelnen Funktionen und die artifizielle Kognition aus zu diesen Funktionen korrespondierenden Komponenten besteht. [207] Insofern kann man davon sprechen, dass der Einsatz von Computern in der Konzeptionalisierung zur Realisierung einer artifiziellen Kognition deren funktionale, prozessuale und technologische Ausgestaltung im Allgemeinen und damit deren Theorien und Modelle präjudiziert.

Die bisherigen Instrumente des Computers und der Simulation werden vor allem in der Phase der Validierung und dort im Rahmen von Experimenten in konkreten Anwendungsfällen zur Erkenntnisgewinnung eingesetzt. Markant bei der Entwicklung einer artifiziellen Kognition ist, dass diese Erkenntnisgewinnung mit der Beobachtung im Experiment und Simulation sozusagen deflagriert. Die Erkenntnis scheint sozusagen in das Experiment, dort in die Simulation eingebettet und damit in beiden gekapselt zu sein. Man kann dies in Erweiterung eines Pragmatismus als *simulativen Experimentalismus* bezeichnen, indem die Simulation kognitiver Phänomene unter experimentellen Bedingungen zum Zweck der Erkenntnisentwicklung eingesetzt wird.[208] Der Kern dieses simulativen Experimentalismus ist das Experiment als Simulation und gleichzeitig die Simulation als Experiment. Damit kommt zum Ausdruck, dass die Beobachtungsprozesse sowie deren Erkenntnisobjekte in dem Experiment und dort in der Simulation aufweichen, um in der Folge ineinander überzugehen. Stand bisher beim Experimentieren gewöhnlich das Interesse des Funktionierens bzw. der Machbarkeit und bei der Simulation die Prüfung und die Vorhersage der Ein- bzw. Auswirkungen dieses machbaren Funktionierens im

---

[207] Erst die sogenannte mikrogenetische Theorie bezieht, im Gegensatz zum reinen Kognitivismus, evolutionäre Aspekte in ihr Konzept der Gehirnfunktion mit ein. Die mikrogenetische Theorie versteht demnach jede Form menschlicher Aktivität, sei es Wahrnehmung, Denken, Handeln etc. „als „Entfaltungsprozess.". Entgegen den Konzepten der kognitiven Neurowissenschaft, die kognitive Prozesse als Resultat des Zusammenspiels von mehreren kortikalen modularen Einheiten ansehen, sind kognitive Zustände nach der mikrogenetischen Theorie das Ergebnis eines Prozesses, der evolutionär vorgegebenen hierarchischen Strukturen folgt. (Vgl. Sander, 1928).

[208] In Anwendungsfall des autonomen Fahrens ist dies sogar eine praktische Notwendigkeit, da hier praktisch keine Beobachtungen möglich sind, die nicht auf der Durchführung von Simulationen beruhen.

Vordergrund, so verschmelzen in den durch Simulationstechnologie angereicherten Experimenten diese Aspekte zu einem zirkulären Erkenntnisprozess mit eingebetteten epistemologischen Rückkopplungsschleifen. Diese Rückkopplung zeigt sich darin, dass im anwendungsbezogenen Experiment und Simulation die Theorien, Modelle und deren simulationsbegleitenden Algorithmisierung in der Realisierung verschmelzen. Mit der Simulation wird die Modifikation dieser, die Simulation erst realisierende Technologie, zum unverzichtbaren Bestandteil des Erkenntnisprozesses. Das Phänomen der natürlichen Kognition zu verstehen bzw. zu erklären, ist nur über das Ziel, eine artifizielle Kognition zu entwickeln, um diese innerhalb von Experimenten und dort in Simulationen zu realisieren, zu erreichen. Natürliche Kognition zu modellieren, artifizielle Kognition zu realisieren, um damit das Wesen von Kognition zu begreifen, kulminiert darin, über diese Kognition technologisch zu verfügen. Mit dieser technologischen Verfügbarkeit von Kognition ist nunmehr in Anlehnung an einen Instrumentalismus auch ein gewisser *experimenteller Pragmatismus* verbunden, indem das Experiment bzw. darin die Simulation als Medium der Theorie-, Modell- und Algorithmenentwicklung als auch zu deren Validierung konstitutiv zu sein scheint. Dadurch ergibt sich eine technologisch induzierte Zirkularität, indem Theorie (Modell) und Praxis (Technologie) in der Simulation (Anwendung) konvergieren, so dass die Machbarkeit in Form von Realisierbarkeit im Experiment als Bewährungs- und Verwirklichungskriterium theoriekonstitutiv wird. Bewährt sich die artifizielle Kognition als Brainware im Experiment, d.h. zeigt sie das prognostizierte Verhalten in der Simulation im Verlauf der Validierung, dann wird dieses Artefakt in die Welt bzw. Praxis entlassen bzw. dieser überlassen.

Seit etwa Mitte der zweiten Dekade dieses Jahrhunderts sind die ersten kognitiven Lösungen wie beispielsweise autonome Fahrzeuge, prädiktive Präventions- und Interventionssysteme, kollaborative Roboter etc, in der Lebenswelt nicht nur angekommen, sondern um auch dort zu bleiben. Letzteres verstärkt die Neigung vor allem der Kritiker solcher Lösungen, den an der Entwicklung solcher Systeme beteiligten Disziplinen eine gewisse Metaphysik und Transzendenz zu unterstellen. Diese Unterstellung gründet sich weniger auf technologische Kontexte, als auf epistemologische und anthropologische. Auch die in der technologoscherten Kognitionswissenschaft verwendeten Begriffe tragen zu dieser Kritik nicht unwesentlich bei, liest man doch statt

„Geist" oder „Seele" nunmehr „Kognition, so wie man statt über „Authentizität",
„Spiritualität" oder „Ganzheitlichkeit" nunmehr über „Selbstorganisation" oder
„Emergenz" debattiert. Besagte Unterstellung erfolgt nicht nur vonseiten der
populärwissenschaftlichen Rezeption, auch die Wissenschaftler selbst werden nicht müde,
ihrer Disziplin diesen Anstrich zu geben, und das schon seit Anfängen der sogenannten
Kybernetik. Dieser, als *soziotechnologischer Performatismus* bezeichnete Vorgang erfasst
die Entwicklung einer artifiziellen Kognition als Projekt in ihrer sozialen Praxis. Dem
Begriff der Praxis wohnt dabei eine doppelte Bedeutung inne. Einerseits wird der Blick
auf die alltäglichen Entwicklungsaktivitäten gerichtet und beleuchtet die konkrete Arbeit
an den Entwicklungs- und Simulationswerkzeugen, beim Konzeptionalisieren,
Formalisieren, Implementieren und Validieren von Kognitionsmodellen, beim Kodieren
von Quellcode wie auch das entwicklungsbegleitende Verfassen von Texten und Vorträgen
über die Entwicklung. So ausgeleuchtet erscheint die Entwicklung als Projekt und damit
zunächst als eine praktische Tätigkeit, die sich nicht grundsätzlich von anderen sozial
vermittelten Tätigkeiten unterscheidet. Allerdings ist das Projekt nicht nur Praxis, sondern
auch erlebte und gelebte Kultur, in die die Fakten und Theorien, Fertigkeiten, soziale
Beziehungen, Maschinen, Werkzeuge und Simulationen als Instrumente eingebettet sind.
[209] In dieser Kultur verbinden sich somit unter anderem Modelle, Algorithmen, Material,
Messung, Beschreibung und Interpretation zu Erkenntnissen. Diese Instrumente der
Erkenntniserzielung sind somit keine in sich abgeschlossene Einheiten, Sie sind weder
neutrale Werkzeuge zur Extraktion von Wissen über Kognition noch reine
Einschreibungsgeräte entwicklungsnaher und sozialer Praktiken. Vielmehr erscheinen sie
mit einem Seitenblick auf die Quantenphysik als bedeutungsgenerierende Instrumente und

---

[209] Der Zusammenhang von Simulation und den Möglichkeiten eines Begreifens lässt sich
In Bezug zu Nils Bohrs Konzept des Komplementarismus und den
quantenphysikalischen Erklärungen zum Spaltenexperiment bringen. Am
Phänomenkomplex „Licht als Welle und Teilchen" zeigt sich, dass es nicht möglich
ist, im gleichen Experiment unabhängige Objekteigenschaften zu klassifizieren,
sondern dass Wellen- oder Teilcheneigenschaften des Lichtes nur mit bestimmten
Apparaturen in bestimmten experimentellen Situationen erzeugt und dann beschrieben
werden können. „Welle" oder „Teilchen" sind nach quantenphysikalischer Auffassung
keine eigenständigen Objekteigenschaften des Lichts. Die tatsächliche Erzeugung des
jeweiligen Phänomens realisiert sich erst in der Interoperation von Licht und
Messkonstellation im jeweiligen Apparat.

erst in den diskursiven Wechselwirkungen der Instrumente manifestieren sich Erkenntnisse in Überschreitung der Grenzen zwischen natürlich und artifiziell und damit zwischen Natur und Kultur.[210] Andererseits kommt mit dem Begriff der Praxis eine zweite Bedeutung ins Spiel, indem sich diese Praxis idealtypischer Weise als ein ergebnisoffener Prozess sehen will. Dabei zeigt sich eine Wendung von einem repräsentationalen Verständnis, wo die Technologie eine vorab gegebene Wirklichkeit mehr oder weniger noch genau abbildet, zu einem performativen Imperativ, indem die Technologie nicht mehr als neutrales bzw. objektives Werkzeug gilt, sondern aktiv an der Erkenntnisentwicklung mit- und damit auf sie einwirkt. In diesem Sinne ist die Entwicklung einer artifiziellen Kognition als Projekt eine kontinuierliche Auseinandersetzung mit den Grenzen der Technologie und deren Möglichkeiten bzw. Unmöglichkeiten. Eine Auseinandersetzung, die zudem weithin technologisch und damit rekursiv vermittelt ist. Durch diese Vermittlung wird eine symmetrische Bewertung von alten und neuen Erkenntnissen erschwert und lässt sich nur um den Preis einer zu starken Fokussierung auf die artifizielle Kognition als Technologie und damit gleichzeitiger Ausblendung der natürlichen Kognition als Phänomen im Sinne einer Asymmetrie erreichen. Diese asymmetrische Ausgestaltung zeigt sich darin, dass die natürliche Kognition mit ihrer natürlichen Sprache und die artifizielle Kognition mit ihrer Programmiersprache konstruiert werden. Das bedeutet, dass Sprache und deren Verarbeitung durch Kognition konstitutiv für beide Ausprägungen von Kognition zu sein scheinen. Insofern ist die artifizielle Kognition mehr als die Replikation einer natürlichen Kognition, sondern durch die performative Brückenfunktion der Sprache eher eine Rekonfiguration einer natürlichen Kognition. Um diese Asymmetrie zu durchdringen, ist eine soziotechnologische Dekonstruktion der Entwicklungsroutinen erforderlich, um die selbstverständlichen, weil sich selbst verständigen Einsichten aufzuspüren (siehe Abb.5.4).

---

[210] Dies ist nicht in einer Unwissenheit begründet, sondern liegt in der fundamentalen Undefiniertheit der Natur vor Interoperationen mit der Umgebung. Ein Teilchen hat beispielsweise keinen wohldefinierten Ort, bevor nicht sein Ort gemessen wird und auch keinen wohldefinierten Impuls vor einer Impulsmessung. Sobald eine Unterscheidung zwischen verschiedenen Möglichkeiten eines Systems möglich ist, emergiert und konkretisiert sich ein faktisches Ereignis aus dem quantentheoretischen Meer von Möglichkeiten.

Abbildung 5.4: Konnektionismus-Kognitivismus-Komputationalismus

So wird beispielsweise recht früh die konstruktive Unterscheidung zwischen der Kognition als Phänomen und deren Modellkonzeption als Artefakt aufgeweicht, indem die Algorithmisierung diese Differenz nicht in sich birgt. Insofern oszilliert die Entwicklung einer artifiziellen Kognition zwischen den Erkenntnistheorien eines allgemeinen Realismus und Idealismus. Ein solcher *Realismus* geht von der Dominanz der Tatsachen oder Fakten aus und schreibt damit den Tatsachen die primäre Rolle zu. Der *Idealismus* hievt hingegen die Modellkonzeptionen als Ideen an die entscheidende und dominierende Stelle, insofern die Auffassung vertreten wird, dass die Modelle der natürlichen Kognition ontologisch dem Materiellen und damit der artifiziellen Kognition voraus gehen. Diese Oszillation endet spätestens im Rahmen der Formalisierung und Implementierung, in dem die wechselseitige Abhängigkeit von Tatsachen und Ideen durch die Durchmischung von Modellen und deren Realisierung an Bedeutung verliert.[211]

---

[211] Ein „erkenntnistheoretischer Realismus" vertritt die These, dass man die von einem Bewusstsein unabhängige Außenwelt mit ihren Strukturen, Relationen und Eigenschaften erkennen kann. Das erinnert an die philosophische Position der Strukturrealisten, also an jene, die davon ausgehen, dass man letztlich nur strukturelle bzw. relationale Aspekte von Dingen dieser Welt sicher erkennen können. Der „erkenntnistheoretische Idealismus" behauptet dagegen, dass die Erkennbarkeit der Außenwelt durch die Methoden und kognitiven Fähigkeiten bestimmt ist. Beide Varianten setzen jedoch einen „externen Realismus" voraus, d.h. die These, dass es eine Wirklichkeit gibt, die davon unabhängig ist, wie man diese repräsentiert.

5.4   Makro- und Mesoperspektivierung als Reduktionismus

Das Erklären und Verstehen kognitiver Phänomene durch Modellierung bedeutet zunächst, dass ein zunächst kompliziert erscheinender Prozess auf eine einfachere Struktur in Form eines Modells zurückgeführt wird. Insofern ist ein solches „Zurückführen" (lat. reducere) eine zentrale Aufgabe der Konzeptionalisierung und bestimmt im Wesentlichen die Implementierung. Insofern sind die Entwicklung und Realisierung einer artifiziellen Kognition als solches reduktionistisch geprägt.[212] Ein solcher Reduktionismus kommt auch durch die folgenden Annahmen zum Ausdruck, die der Realisierung sozusagen vorausgehen:

- **Physikalischer Reduktionismus**: Alle kognitiven Phänomene sind auf neuriologischer Ebene und auf der Maschinenebene physikalischer Natur. Es wird damit wird die Reduzierbarkeit der Kognition auf die Gesetze der Physik behauptet (Lycan/2006).

- **Funktionaler Reduktionismus**: Kognitive Phänomene lassen sich mit soft- und hardware-technologischen Komponenten identifizieren, wenn diese die Funktionen der biologischen Vorbilder analog erfüllen.

- **Explanatorischer Reduktionismus**: Phänomen der natürlichen Kognition können sodann mit Hilfe der artifiziellen Kognition nicht nur erklärt, sondern durch die Algorithmisierung umfassend simuliert werden.

- **Algorithmischer Reduktionismus**: Alle kognitiven Funktionen des Kognitionsmodells lassen sich durch eine Algorithmisierung realisieren. Formal: Wenn x eine kognitive Eigenschaft M hat, dann hat x einen Algorithmus P, der M realisiert.[213]

- **Symbolischer und nonsymbolischer Reduktionismus**: Die Funktionen des kognitiven Prozesses werden nicht nur durch symbolische Verfahren, sondern

---

[212] Man folgt dabei dem Prinzip des „Occams razor", indem eine Erklärung umso besser erscheint, je weniger Unerklärtes sie postuliert.

[213] Eingedenk des Umstandes, dass eine exakte Definition des Begriffs Algorithmus fehlt. Man hat bisher nur eine intuitive, aber keine formalisierte Vorstellung davon, was einen solchen Algorithmus ausmacht.

auch auf Basis subsymbolischer Verfahren, insbesondere mittels neuronaler Netze und Cognitive Fuzzy Maps realisiert.

- **Semiotischer Reduktionismus**: Die kognitiven Phänomene und deren kognitive Funktionen basieren auf der Verarbeitung semantischer Konzepte und dort im Kern von Zeichen, Daten, Information und Wissen (Gramelsberger/2008).

- **Dependenzieller Reduktionismus**: Kognitive Phänomene werden durch die Physik beschränkt. festgelegt. Kognition ist von physikalischen Gegebenheiten abhängig und wird durch sie bestimmt.

- **Supervenizieller Reduktionismus**: Physikalische Ununterscheidbarkeit beinhaltet kognitive Ununterscheidbarkeit. Wenn die physikalischen Gegebenheiten gleich sind, sind auch die kognitiven Zustände gleich. Das bedeutet allerdings nicht, dass bei gleichen kognitiven Zuständen alle physikalischen Eigenschaften gleich sein müssen.

- **Ontologischer Reduktionismus**: Eine realisierte Kognition wird sich substanziell nur auf physikalischer Ebene von der natürlichen Kognition unterscheiden.

- **Epistemologischer Reduktionismus**: Erkenntnisse über die natürliche Kognition lassen sich auf die Erkenntnisse der artifiziellen Kognition und über deren Entwicklung zurückführen.

Der reduktionistische Charakter eines durch diese Annahmen geprägten Funktionalismus zeigt sich auch darin, dass der Zugang zu den kognitiven Phänomene zunächst über funktionale Zusammenhänge auf der Makroebene gesucht und deren Zurückführung auf physiologische Zusammenhänge auf der Mikroebene zunächst ausgesetzt wird.[214] Eine solche Betrachtungsweise der natürlichen Kognition aus funktionalistischer Perspektive, ermöglicht eine realisierungsnahe Modellierung, die durch andere Perspektivierungen nicht gewährleistet werden können.[215] So sind kognitive Phänomene zwar im Gehirn zu

---

[214] In Anlehnung und Erweiterung an die reduktiven Physikalismus-Typen des semantischen Physikalismus bzw. der Identitätstheorie und den nichtreduktiven Typen der Supervenienztheorie bzw. Emergentismus.

[215] So beinhalten die funktionalistischen Aspekte auch die metapsychologischen Theorien der Psychoanalyse.

lokalisieren, ersteres existiert nicht ohne letzteres, Kognition als Phänomen und deren Gesetzmäßigkeiten sind jedoch noch nicht oder noch nicht vollständig auf die Physiologie dieses Gehirns zurückführbar (Chalmers/1996). So liegt den folgenden funktionalistischen Konzepten und deren Modellierung eine Top-down-Vorgehensweise zugrunde. Dies bedeutet zum einen, dass oftmals pathologische Phänomene als Erkenntnisquelle für die Modelle dienen.[216] So verdankt nicht umsonst die traditionelle Kognitionswissenschaft einen großen Teil ihres Wissens aus der Beobachtung von Gehirnverletzungen.[217]

Der reduktionistische Charakter des Entwicklungsprojektes zeigt sich auch im Rahmen der Implementierung, indem man spätestens dort ein Phänomen und ein Artefakt, einschließlich derer Modelle und Theorien, aufeinander zurückführen und in Algorithmen überführen muss. Der Bereich, auf den reduziert wird, ist der der artifiziellen Kognition als Artefakt und der Bereich, der reduziert wird, ist der der natürlichen Kognition als Phänomen. Neben der dadurch angestrebten Machbarkeit einer artifiziellen Kognition geht es auch um die Frage, inwieweit die artifizielle Kognition als Verwirklichung bzw. Realisierung einer natürlichen Kognition mit derer als Phänomen bei gegebener Funktionsgleichheit identifiziert werden kann. Letzteres impliziert, dass die richtigen

---

[216] Der klassische Bottom-up Zugang der Neurowissenschaft gewährt in vielen Fällen keine schlüssigen oder nur unzureichenden Antworten auf physiologische und pathologische Phänomene menschlichen Verhaltens. So wird vor allem der Aspekt des subjektiven Erlebens in der gegenwärtigen Neurowissenschaft gänzlich ausgeblendet, sodass für eine Reihe von spezifisch menschlichen Erfahrungen, wie Lachen, Weinen, Angewohnheiten des Verhaltens, Träume, Humor, oder psychopathologische Erscheinungen keine kohärenten Konzepte entwickelt werden können.

[217] Stellvertretend sein der Fall Phineas Gage genannt, der im Jahr 1868 in England im Eisenbahnbau beschäftigt war und dessen Aufgabe bestand darin, Sprenglöcher mit Dynamit zu füllen. Unglücklicher Weise explodierte das Dynamit vorzeitig und bohrte eine Eisenstange durch das Gehirn. Zunächst schien es, dass Gage Glück gehabt hatte, denn bereits eine Stunde später war er wieder auf den Beinen. Die Eisenstange hatte ein Loch durch den Stirnlappen getrieben, aber offensichtlich waren alle lebensnotwendigen Gehirnregionen unverletzt. Dennoch war das Leben von Gage nach dem Unglück vollkommen verändert. Während Gage vorher ein intelligenter und energischer Mann war, wurde er nach dem Unglück psychisch labil. Die Beschädigung des linken Stirnlappen hatte also Gages Persönlichkeit völlig verändert. Solche Gehirnverletzungen und Läsionen haben bis heute viele Erkenntnisse über die Funktion des Gehirns ermöglicht.

Fragen bezüglich der Entwicklung einer artifiziellen Kognition nicht erst in der Implementierung, sondern bereits im Vorfelde der Entwicklung und dort bei der Modellierung zu stellen sind.[218] So findet der reduktive Ansatz der Konzeptualisierung kognitiver Phänomene in Form des Kognitionsmodells zunächst seine logisch konsequente Konsequenz in der Formulierung von Funktionen der Informationsverarbeitung und seine praktische Konsequenz in der darauf basierenden Implementierung von Algorithmen mittels geeigneter Programmiersprachen.

Die ontologische Konsequenz dieser Reduktion zeigt sich darin, dass die Abläufe auf der physiologischen Mikroebene der natürlichen Kognition bei der Konzeptualisierung und Implementierung einer artifiziellen Kognition weniger interessieren, als die Funktionen und deren Auswirkungen auf der Makroebene (Sperry/1986). Dies wird mit der Dominanz der Makrostruktur in der Wirklichkeit legitimiert, wo das Makrosystem die Mikrozustände in der Ausprägung einer *Dekohärenz* versklavt und der Funktionsraum dadurch im Makroskopischen äußerst stabil zu sein scheint.[219] Diese Stabilität gilt demnach nicht uneingeschränkt, indem sich beispielsweise in der artifiziellen Kognition bei der Simulation natürlicher Kognition emergente Phänomene zeigen, die als Einwand gegen reduktionistische Positionen geltend gemacht werden können. Insofern erscheint auch an dieser Stelle die wissenschaftsphilosophische Abdeckung erforderlich, um zum einen den Begriff der Emergenz zu schärfen, um damit zum anderen das Vorliegen einer

---

[218] Ein weiteres Indiz dafür, dass die Begriffe Bewusstsein und alle damit verbundenen Prozesse (Denken, Argumentieren, Entscheiden, Problemlösen und Intelligenz) immer noch als problembehaftete Begriffe in der Kognitionswissenschaft eingeschätzt werden müssen. Zum einen dadurch, dass diese Begriffe nur Substantivierungen darstellen, ausgehend von einem wahrgenommenen Phänomen. Zum anderen gibt es für viele mentale Zustände wie Emotion, Aufmerksamkeit oder Bewusstsein keine klaren Definitionen, hingegen eine Vielzahl an unterschiedlichen Bedeutungen (vgl. Uttal, 2011).

[219] Dekohärenz liegt dann vor, wenn ein System die Möglichkeiten seiner Realisierung dadurch begrenzt, dass es die Systemelemente versklavt. Kognition als Selektion wäre hier identisch mit der Einnahme eines bestimmten Zustandes und somit der selektiven Erzeugung einer Wirklichkeitsausschnittes aus einem Pool möglicher Wirklichkeiten. Auch eine Simulation und dort eine Messung wäre eine Art von Versklavung im Sinne der Begrenzung der Möglichkeiten des kognitiven Systems.

Scheinemergenz auszuschließen.[220] Gerade im Anwendungsfall der Validierung zeigt sich die Makrodetermination als Charakteristikum der Emergenz dahingehend, dass die artifizielle Kognition durch deren Interoperation mit und in der Umwelt und deren Fähigkeit zur Selbststrukturierung und Selbstmodifikation ihrer Komponenten solche neuartige bzw. kognitive Eigenschaften emergiert, die alleine durch den isolierten Einsatz der artifiziellen sowie derer Komponenten nicht in Erscheinung treten.[221] Insofern muss der klassische Begriff der Emergenz aus wissenschaftsphilosophischer Perspektive durchaus als erkenntnistheoretischer Kontrapunkt zum verfolgten Reduktionismus ernst genommen werden, da die Reduzierbarkeit natürlich-kognitiver Phänomene auf artifiziell-kognitive Funktionskomponenten durch die Emergenz konterkariert werden kann.

5.5   Modellierung als Konstruktivismus

Bei der Entwicklung einer artifiziellen Kognition und dort speziell in der Phase der Implementierung fallen durch die agile Vorgehensweise und der darin vorgesehenen Rückkopplungen Experiment und Simulation zusammen, wodurch Beobachtung und die Be- bzw. Verwertung dieser Beobachtung nicht mehr scharf trennen lassen. Denn jede mit bzw. in der Simulation erfolgte Beobachtung beeinflusst im Nachgang bzw. Retroperspektive die Theorie, die der Simulation zugrunde liegt. Aber auch durch die Lernfähigkeit und Selbstmodifizierbarkeit der Komponenten bzw. deren Codesequenzen wirken die in der Simulation auftretenden Rückkopplungseffekte auf die Theorie nicht nur zurück, sondern wirkt insgesamt auf die Theorie und damit wiederum auf die Simulation ein (Rückwirkung als Einwirkung). Insgesamt wird damit eine rechnerbasierte Theorieentwicklung durch die adaptive Algorithmisierung ermöglicht, damit insgesamt

---

[220] Vgl. Stephan 1999, S. 10ff.

[221] Der Begriff der Emergenz geht auf die Theorien des Philosophen G. H. Lewes zurück, der zwischen resultanten und emergenten Eigenschaften differenzierte (Vgl. Lewes, 1879). In dieser Hinsicht wird eine Eigenschaft eines Ganzen, die bereits eine seiner Bestandteile besitzt, als „resultant" bezeichnet. Wenn jedoch ein Ganzes eine Eigenschaft hat, die keiner seiner Teile besitzt, so heißt diese „emergent" (Vgl. Mahner & Bunge, 2000).

die natürliche Kognition als rechnerbasiert-verwirklichtes Modell als artifizielle Kognition konstruiert und somit Kognition insgesamt als Wirklichkeit erzeugt.[222] Natürliche Kognition wird modelliert, als Theorie in Algorithmen formalisiert und als eine auf einem Trägersystem ablaufende artifizielle Kognition manifestiert und damit realisiert. Die natürliche Kognition als modellhaftes Vorbild materialisiert sich sozusagen in deren Simulation und dort durch eine von einer natürlichen Kognition konstruierte artifizielle Kognition.[223]

Im Rahmen eines solchen konstruktivistischen Zugangs kommt der allen Varianten des Konstruktivismus gemeinsame Kerngedanke zum Tragen, dass die menschliche Wahrnehmung, das Denken, Erinnern und damit die natürliche Kognition nicht die Realität einer Kognition abbildet oder repräsentiert, sondern eine eigene Wirklichkeit von Kognition erzeugt bzw. konstruiert, die sich dann in der Realisierung einer artifiziellen Kognition manifestiert. Will man diesen konstruktivistischen Zugang weiter vertiefen, muss man zunächst festhalten, dass die Auffassung dessen, was darunter zu verstehen ist, in der Auseinandersetzung mit dem Konstruktivismus zunächst mehrdeutig und teilweise inflationär geworden ist. Erschwerend kommt hinzu, dass man es im Hinblick auf die Anfänge konstruktivistischen Denkens nicht mit einem eindeutigen historischen Datum zu tun hat, vielmehr sind gerade in der abendländischen Geschichte zahlreiche Begriffe und Positionen dazu entwickelt worden.[224] Vielleicht kann man die Anfänge des

---

[222] So führt beispielsweise die Simulation, gekoppelt mit bildgebenden Verfahren, in Bezug auf die menschlichen Sinnesorgane dazu, dass man die Wirklichkeit „mit anderen Augen" zu sehen vermag. Insofern leisten die Simulationen als Methode genau das: Sie simulieren und visualisieren operational das, was „in welcher Weise der Fall" sein kann.

[223] In der Sprache der Informationstheorie kann man dies auch als Decodierung einer initialen Startinformation auffassen, als Starten eines Programms, das sich selbst analog fortschreibt, oder auch etwas philosophischer als heteronomer Anstoß eines konstruktiven Prozesses rekurrenter Simulationsentwicklung.

[224] Vgl. die philosophischen Arbeiten von Gottfried Wilhelm Leibniz (1646–1716), Giovanni Batista Vico (1668–1744), George Berkeley (1684–1753), David Hume (1711–1776), Immanuel Kant (1724–1804), Friedrich Nietzsche (1844–1900), Charles Sanders Peirce (1839–1914), Hans Vaihinger (1852–1933), William James (1842–1910), Henri Poincaré (1853–1912), John Dewey (1859–1952) und Hugo Dingler (1881–1954), die intuitionistische Mathematik von Luitzen E. J. Brouwer (1881–1966)

erkenntnistheoretischen Konstruktivismus bei Giambattista Vico (1668–1744) verorten, der nicht nur erklärte, dass die menschliche Erkenntnis über die Dinge der Natur begrenzt ist. Vielmehr wird sein oft zitierter Satz, dass das Kriterium und die Regel des Wahren das ist, was man selbst gemacht hat, sozusagen zum Programm der Entwicklung einer artifiziellen Kognition. Eine konzeptionelle, institutionelle oder personelle Geschlossenheit des Konstruktivismus ist dennoch nicht gegeben. Vielmehr lassen sich unterschiedliche Diskursstränge als Konstruktivismen ausmachen, die sich zum Teil überschneiden und ergänzen, zum Teil auch widersprechen oder relativieren, und die sich häufig in einem ungeklärten Verhältnis zueinander befinden.[225] Es gilt also die Tatsache zu akzeptieren, dass es *den* Konstruktivismus nicht gibt, sondern nur Varianten davon, die aber bei aller Unterschiedlichkeit und in Anlehnung an den oben ausgemachten Kerngedanken in der Annahme einer prozessual konstruierten Wirklichkeit zumindest einen groben Identifikationspunkt aufweisen.[226] Damit bietet sich der Konstruktivismus in einer ersten Annäherung als eine erkenntnistheoretische Perspektive an, die die funktionalen und prozessualen Aspekte der Kognition als Wirklichkeitskonstruktion beobachtet, beschreibt, erklärt und die kognitiven Verzerrungen dieser Konstruktion aufzeigt. Davon ausgehend kann der Konstruktivismus als ein Cluster von Forschungstraditionen verstanden werden, der sich in Anlehnung an Karin Knorr-Cetina

---

und Arend Heyting (1898–1980) mit ihrer Forderung nach Rückführbarkeit aller mathematischen Konstruktionen auf das Zählen, sowie die Arbeiten in der Architektur, Bildhauerei und Malerei des russischen Konstruktivismus von Iwan Leonidow (1902–1959), Wladimir J. Tatlin (1885–1953), El Lissitzky (1890–1941) und Aleksandr Rodtschenko (1891–1956).

[225] So lassen sich ganz unterschiedliche Konstruktivismen ausmachen: den Sozialkonstruktivismus von Peter Berger und Thomas Luckmann, den kognitionstheoretischen Konstruktivismus, den empirischen Konstruktivismus, den kognitiven Konstruktivismus, den sozialen Konstruktivismus, den Erlanger Konstruktivismus, den Radikalen Konstruktivismus, Konstruktivismen in der Kunstgeschichte und Mathematik, etc.

[226] Bis heute überwiegt ein Nebeneinander von Ansätzen von zum Teil recht unterschiedlicher Reichweite, die zudem in ihrem Verhältnis zueinander noch kaum zu einer hinreichend geklärten Bestimmung und Abgrenzung gelangt sind. Die daraus resultierende Unübersichtlichkeit macht eine Orientierung über die Gemeinsamkeiten und Unterschiede der Konstruktivismen schwierig.

in drei Hauptrichtungen ausdifferenziert, nämlich in einen kognitionstheoretischen oder radikalen Konstruktivismus, einen lebensweltlichen Sozialkonstruktivismus mit Peter L. Berger und Thomas Luckmann als Zentralfiguren (Berger und Luckmann/1970) und schließlich einen empirisch wissenschaftsanalytischen Konstruktivismus mit einem Fokus auf Laborstudien.[227] Im Detail unterscheiden sich die diese Varianten erheblich, wobei sich die einzelnen Positionen tendenziell jeweils stärker an erkenntniskritischen, wissenschaftsphilosophischen, methodologischen, forschungs-methodischen, interdisziplinären, gegenstandstheoretischen oder themenbezogenen Fragestellungen und Gesichtspunkten orientieren.[228] Entsprechend stehen jeweils andere Grundannahmen, diskursive Verortungen und (meta-)theoretische Anbindungen im Vordergrund. In dieser Hinsicht können u.a. radikal konstruktivistisch und kybernetisch, kognitionswissenschaftliche und neurobiologische, systemtheoretische, sozio-kulturalistische, (sozial-)psychologisch, psychotherapeutisch, (wissens-)soziologisch und philosophisch geprägte Varianten des Konstruktivismus unterschieden werden, die insgesamt Einfluss auf die Entwicklung einer artifiziellen Kognition genommen haben.

- **Philosophischer Einfluss:** Bereits die Skeptiker des vorchristlichen Jahrhunderts haben argumentiert, man könne doch als Wahrnehmender nicht hinter seine Wahrnehmungen zurück, könne nicht aus sich heraustreten, um das eigene Wahrnehmungsprodukt mit der noch von möglichen Verzerrungen unberührten Entität zu vergleichen.[229] Ein Bild von einer menschenunabhängigen

---

[227] vgl. etwa Knorr-Cetina, 1984; Rusch, 1987; Schmidt, 1994; Goodman, 1995; Glasersfeld, 1996; Reich, 1998.

[228] In den verschiedenen geistes-, kultur- und sozialwissenschaftlichen Disziplinen wird der Begriff „Konstruktivismus" immer weiter ausdifferenziert und entsprechend vielfältig verwendet. Bsp. Kritisch-konstruktive Erziehungswissenschaft (Wolfgang Klafki, 1971), Genetische Erkenntnistheorie (Jean Piaget, 1896-1980), Radikaler Konstruktivismus (Ernst von Glasersfeld, 1998), Neurobiologisch fundierte Erkenntnistheorie (Maturana, 1994), Konstruktive Wissenschaftstheorie (Paul Lorenzen, 1915-1994 und Wilhelm Kamlah, 1905- 1976), etc.

[229] Damit werden die kognitiven Verzerrungen in der Ausprägung von Wahrnehmungsverzerrungen angesprochen. Damit ist gemeint, dass der Blick auf die Wirklichkeit davon abhängt, welches Werkzeug die Forscher zu verstehen glauben und daher in diesem Glauben verwenden. Instrumente, die sie nicht verstehen, benutzen sie

Realität ließe sich demnach gar nicht machen. Alles, was sich sagen lässt, sei von den eigenen Wahrnehmungs- und Begriffsfunktionen bestimmt.

- **Psychologischer Einfluss**: Es existieren stets verschiedene, individuelle Interpretationen der Welt. Zu nennen ist auch der soziale Konstruktionismus· der sich gegenüber dem Konstruktionsprozess stets als eingebettet in Situationen und Beziehungen und eine Geschichte zwischen Menschen begreift.[230]

- **Kybernetischer Einfluss**: Die Kybernetik lässt sich grob als Kunst der Steuerung und etwas präziser als die Wissenschaft von der Regelung im allgemeinsten Sinne bestimmen. In Erweiterung dazu figuriert sich die Kybernetik zweiter Ordnung als Kybernetik beobachtender Systeme, indem sie den Dualismus von Beobachter und Beobachtetem aufhebt.[231] Man beobachtet sozusagen, dass man selbst durch sich und andere zum Objekt von Beobachtungen wird. Der erkenntnistheoretische Beitrag liegt darin, dass der Fokus nicht mehr zu sehr auf der traditionellen Kontroll- und Steuerungsthematik, sondern dass Beobachter und Beobachtetes verknüpft und die logischen und die methodischen Probleme, die das Erkennen des Erkennens notwendig mit sich bringt, analysiert wird. [232·]Dies erinnert an das

---

erst gar nicht. Dies könnte so manche Ungereimtheit des wissenschaftlichen Denkens erklären.

[230] Der ursprüngliche „Konstruktionismus" ist eigentlich eine Lerntheorie, welche die Bedeutung des aktiven Handelns für den Lernprozess betont. Sie ist von den Ideen des Konstruktivismus inspiriert.

[231] Im Rahmen der Entwicklung einer artifiziellen Kognition beschreibt die Kybernetik die Kognition als ein Netzwerk an dynamischen Interoperationen, in dem jede Interoperation im Gesamt des Netzwerks interoperiert. Sie beschreibt Kognition als ein System von Wechselwirkungen, die Top-down gesteuert werden. Zugleich erfolgt jedoch die Steuerung intern und bezogen auf das gesamte System Bottom-up. Angesetzt wird an der einzelnen Interoperationen, sozusagen „unten", um dadurch die Kognition an sich und damit als Gesamtsystem „oben" zu bestimmen bzw. in seiner Struktur und seinen Prozessabläufen zu modifizieren.

[232] Provokant formuliert, wurde die Kybernetik zweiter Ordnung nie in ausführlicher und homogener Form präsentiert und in passende Forschungskontexte überführt. Will man sie berücksichtigen, muss eine solche Kybernetik zweiter Ordnung erst von ihren

Beobachtertheorem, demzufolge Fakten, Ordnungen, Strukturen, semantische Konzepte, insbesondere Zeichen, Daten, Informationen, Wissen als Wirklichkeiten nicht „an sich" gegeben, sondern in spezifischen kulturellen, historischen, gesellschaftlichen Kontexten und damit perspektivisch von natürlichen Kognitionen konstruiert werden. Die Entwicklung einer artifiziellen Kognition als Prozess ist damit mehr oder weniger eng mit den natürlichen Kognitionen verknüpft und in den entsprechenden sozio-technologischen Kontext eingebettet.

- **Biologisch bzw. neurobiologischer Einfluss**: Von den äußeren Reizen, die das perzeptive System passieren, wird wiederum nur ein geringer Teil in die Einheitssprache neuronaler Impulse transformiert.[233:] Die Spezifität eines Impulses resultiert dann aus der Topologie des Gehirns bzw. aus dem Ort, an dem der Reiz im Gehirn auftritt. Die einzelnen Aktivitätsorte bestimmen die Modalität, die Quantität und die Intensität des Reizes. Das Nervensystem gilt dabei als operativ geschlossen. Es operiert als ein geschlossenes Netzwerk wechselnder Relationen neuronaler Aktivitätszustände, die stets zu weiteren, sich verändernden Relationen neuronaler Aktivitätszustände führen. Wie neuere Studien gezeigt haben, ist das Nervensystem auch ein Ort intensiver spontaner Aktivität. Es wird ständig von globalen inneren Aktivitätsmustern durchlaufen, die nicht in der äußeren Welt entstanden sind, sondern von innen kommen.[234] Sie

---

Bausteinen her rekonstruiert, neu aufgebaut und als eigenständiges Element im breiteren konstruktivistischen Kontext entwickelt und etabliert werden.

[233] Dieser Einfluss basiert auf den folgenden neurobiologischen Hypothesen. Man geht von der operationalen Geschlossenheit des Nervensystems aus, die Autopoiese wird als notwendiger und hinreichender Erklärungsmechanismus für Leben angesehen. Weiterhin wird angenommen, dass kognitive Systeme die Wirklichkeit als Realitätsausschnitt nicht etwa repräsentieren, sondern konstruieren. Zu guter Letzt transformieren kognitive Systeme unspezifische Reize aus der Umwelt in systemspezifische Ordnungszustände.

[234] Dies entspricht dem theoretischen Modell des globalen Arbeitsraums (Global Workspace Theory) und kann mit der Metapher des Theaters beschrieben werden. Demzufolge gibt es einen globalen „Bühnenbereich", in dem eine Art Synthese zwischen Vergangenheit, Gegenwart und Zukunft stattfindet. Der helle Fleck, den ein Scheinwerfer in einem dunklen Theater auf die Bühne wirft, steht für die Verknüpfung verschiedener Sinneseindrücke zu einem einzigen bewussten Erlebnis. Alles andere,

entstammen der eigentümlichen Fähigkeit der Neuronen, sich auf teils willkürliche Weise selbst zu aktivieren. Aus Sicht eines solchen geschlossenen Systems existieren also lediglich diese inneren Zustände. Nur ein Beobachter vermag ein Innen und ein Außen oder einen Input und einen Output zu unterscheiden und in der Folge die Einwirkung des äußeren Stimulus auf das Innere des kognitiven Systems zu diagnostizieren. Ein Wahrnehmen und Erkennen erscheinen nicht mehr als getreue Repräsentation einer äußeren Welt, sondern muss als eine nach eigenen Prinzipien erzeugte, interne Konstruktion verstanden werden. Ob von der Neutralität des neuronalen Codes die Rede ist, ob die Reizverarbeitung und die Spezifizierung von Impulsen durch die Topologie des Gehirns Thema sind, ob man die Autopoiesis des Lebendigen und die (operative) Geschlossenheit des Nervensystems analysiert, stets bleibt es durch die kognitionsinterne Konstruktionsleistung bei einem Bruch zwischen äußerer und innerer Welt. Dieser neurobiologische Einfluss führt zur Formulierung der folgenden Hypothesen:

- Annahme der operationalen Geschlossenheit der Kognition

- Annahme, dass Kognitionen die Wirklichkeit nicht etwa repräsentieren, sondern konstruieren

- Annahme, dass Kognitionen unspezifische Reize aus der Umwelt in systemspezifische Ordnungszustände transformieren.

■ **Sozialkonstruktivistischer Einfluss**: Kognition als Phänomen und Wirklichkeit entsteht aus dieser Sicht im Gefüge der Gesellschaft, d.h., dass die einzelne Kognition als eine durch diese Gesellschaft und durch die sie umgebende Kultur formbare Instanz gesehen werden muss. Damit wird gefordert, nicht nur die singuläre Kognition, sondern vielmehr multiple Kognitionen zum

---

wie zum Beispiel die Menschen, die im Publikum sitzen oder hinter den Kulissen arbeiten, ist unbewusst. Doch es gibt auch Faktoren wie den Regisseur und das Drehbuch, die den Inhalt des Bewusstseins formen, indem sie den Schauspielern im Rampenlicht vorgeben, was diese sagen sollen.

Beobachtungsgegenstand bei der Entwicklung einer artifiziellen Kognition zu machen.

Dieser massive Einfluss zeigt sich auch in den jeweiligen Diskursstränge sowie der Schlüsselbegriffe der Begründungsdiskussion wie zum Beispiel Autopoiese, Beobachtungsperspektive, Differenz, Emergenz, Koevolution, Koontogenese, System oder Viabilität, etc., die auch bei der Entwicklung einer artifiziellen Kognition nicht nur zur Sprache kommen, sondern durch neue Begriffe ergänzt oder indem alte Begriffe modifiziert oder gar aufgegeben werden. Vor allem diese Modifikation oder Konstruktion von Begriffen führt dazu, dass sich auch Denkgewohnheiten, Modellierungs- und Realisierungsvermögen und damit insgesamt die Erkenntniszugänge in Bezug auf das Verständnis kognitiver Phänomene ändern. Insgesamt führt dies einer Erweiterung der theoretischen wie praktischen Möglichkeiten und zwar sowohl hinsichtlich des methodischen Vorgehens insgesamt als auch angesichts der erkenntnistheoretischen Fundierung von kognitiven Phänomenen. Ein solcher Konstruktivismus ermahnt mit Blick auf die vermeintlich eindeutigen Beobachtungen, Beschreibungen, Erklärungen, Bewertungen und Realisierungen kognitiver Phänomene, dass diese immer auch anders beobachtet, beschrieben, erklärt, bewertet und realisiert werden können. Das so aufgespannte Feld konstruktivistischer Positionen lässt sich allerdings anhand dreier Charakteristika auf die mit dem Vorhaben der Entwicklung einer artifiziellen Kognition relevanten Aspekte wieder verdichten:

- Intensive Befassung mit Fragen der Selbstreferenz und Selbstanwendung.
- Annahme der nicht auszublendenden Perspektivität jeder Erkenntnis.
- Verzicht von Aussagen über die Realität als Wirklichkeit an sich und Fokussierung auf Aussagen über die Wirklichkeit als Annäherung an die Realität.

Alle drei Charakteristika werden im so genannten *Beobachtungstheorem* konserviert, indem Beobachtungen von beobachtenden Instanzen (Menschen, Individuen, Akteuren, Systemen etc.) gemacht werden, die im Prozess der Beobachtung nicht zugleich die „blinden Flecken" (Ausgangspunkte, Perspektiven, Kontextbedingungen usw.) der Beobachtungen beobachten und erkennen können. Dieses Beobachtungstheorem erweist sich sozusagen selbst „blinder Fleck" und zeigt gleichzeitig die Grenzen des

Konstruktivismus.[235] Beobachten meint dabei die Herstellung und den Gebrauch von Unterscheidungen zum Zweck von Bezeichnungen (System-Umwelt-Differenz) sowie der Analyse und Beschreibung individueller und kollektiver Erkenntnisgewinnung in sozio-kulturellen und damit historischen Zusammenhängen sowie in Zeiten der Digitalisierung und Kognitivierung nunmehr auch in sozio-technologischen Infrastrukturen (Weber/2002). Dieser sozio-technologische Aspekt eröffnet unterschiedliche Konstruktionsansätze:

- **Systemtheoretischer Ansatz**: Man konzentriert sich bei der Konstruktion einer artifiziellen Kognition auf die Elemente der natürlichen Kognition, um von den wahrgenommenen Phänomenen auf die Entwicklung der Artefakte zu abstrahieren. Man bedient sich dazu der Systemtheorie, um über die Vernetzungsmechanismen der Neuronen, sowie deren Physiologie die Kognition als materielles Phänomen zu beschreiben. Der Begriff des Systemischen umfasst dabei auch die Aspekte der Vernetzung und Kontextbezogenheit, theoretisch oder praktisch motivierte Akzentsetzungen zu ermöglichen und für ein variables Wechselspiel zwischen Teilen der Kognition und der Kognition als Ganzem offen zu sein. Diese Offenheit soll gleichzeitig flexible Bezugnahmen auf unterschiedliche systemtheoretische Ansätze aus der Kybernetik, der Soziologie, der Psychologie, der Ökologie, der Biologie, der Selbstorganisationstheorie, der Chaostheorie oder der Informatik ermöglichen.

- **Wissensbasierter Ansatz**: Der systemtheoretische Ansatz versucht einen naturalistischen und logischen Aufbau der Kognition als modellierte Wirklichkeit und durch die Simulation als realisierte Kognition und damit insgesamt um eine systemische Wirklichkeitskonstruktion. Mit dieser systemischen Wirklichkeitskonstruktion wird der Begriff des Wissens als handlungsorientierte

---

[235] Dieser Metapher ist angelehnt an den blinden Fleck im menschlichen Auge, weil diesem auf der Rückseite der Retina Fotorezeptoren fehlen, wo die Axone des Retina-Ganglions vereinigt werden, um den Sehnerv zu schaffen. Aber der Mensch bemerkt dies nicht, weil das Gehirn in den blinden Fleck Wahrnehmung einrechnet. Darüber hinaus gibt es dieses Berechnen nicht nur für den blinden Fleck, sondern auch für andere Teile des Sehfeldes, indem in diesen Bereichen das Gehirn Farbe, Muster und Bewegung einrechnet und damit mit Wahrnehmungen auffüllt. Nur im Zentrum des Blicks nehmen die Menschen volle Farben und hohe Auflösung wahr.

Ausprägung eines semantischen Konzeptes zum Inbegriff der Entwicklung einer artifiziellen Kognition und deren programmiertechnischen Objekten sowie deren Wechselwirkungen.[236] Durch diesen wissensbasierten Ansatz im Dienste eines Konstruktivismus erweitert sich Erkenntnisanspruch dahingehend, dass ein Erklären und Verstehen kognitiver Phänomene in Form von Theorien und Modelle nicht mehr ausreicht, sondern dass diese Modelle durch deren Algorithmisierung bzw. Implementierungen in softwaretechnische Systeme appliziert (Simulationen) werden müssen, um und damit insgesamt die Kognition als simulative Wirklichkeit einer realisierten Kognition begreifen zu können.

- **Visueller und simulativer Ansatz**: Die Entwicklung einer artifiziellen Kognition mit Ausrichtung auf die Simulation der natürlichen Kognition hat den epistemologischen Seiteneffekt, dass, wer eine solche Simulation und ihre Visualisierung als Animation wahrnehmend verfolgt, unter Umständen erst lernen muss, was man sieht.[237] Das Sehen in der Simulation fordert zur kritisch reflexiven Auseinandersetzung aufgrund der Konstituierung von Phänomen und der Produktion wirkmächtiger Differenzen zwischen dem, was ermöglicht und dem, was ausgeschlossen wird. Hier gilt es anzumerken, dass man diese Differenzen gewöhnlich nur sehen kann, wenn man auf diese Differenzen aufmerksam wird. Man muss erst simulativ sehen lernen.   Eine solche

---

[236] Dabei steht Sprache im Allgemeinen und die Programmiersprache im Speziellen als wichtiges Vermittlungsinstrument im Fokus. So muss generell Sprache dahingehend kritisch gesehen werden, inwieweit sie die Wirklichkeit angemessen abzubilden vermag. Sprachkonstruktivistisch interessant erscheinen daher auch die Mechanismen der sprachlichen Konstruktion in der objektorientierten Ausprägung, also mit welchen sprachlichen Mitteln welche Vorstellungen von der Kognition als Wirklichkeit ausgedrückt werden. Dementsprechend gilt es den Entwickler als Konstrukteur und Beobachter zu beobachten, wie er die Wechselwirkung zwischen Programmiersprache als sprachlichem Ausdruck und der Kognition als Verwirklichungsobjekt herstellt, um sich Entwicklungs- als Erkenntnismöglichkeiten auf Basis dieser sprachlichen Referenz zu erschließen.

[237] Die Begriffe und Bilder des menschlichen Erkenntnisvermögens haben sich im Laufe der Evolution nur im Umgang mit makroskopischen Objekten entwickelt. Wenn man nun mittels Technologisierung beginnt, in einen neuen Bereich der Erkenntnisräume vorzustoßen, der bisher verborgen war, muss damit gerechnet werden, dass man auch auf ganz neue Erkenntnisobjekte mit ganz neuen Eigenschaften stößt.

Erkenntniskonzeption ist prozessual und stellt Subjekt, Simulation und Erkenntnisobjekt in eine aktive Wechselwirkung. Erkenntnis kann nicht mehr in einer Abbildfunktion eingefasst werden, sondern ist tentativ kreativ bzw. konstruktivistisch. Die Simulation der Kognition konstruiert und gestaltet Kognition als Phänomen einer zu erlernenden Wirklichkeit.[238] Erst nach diesem Lernvorgang, drängt sich diese erlernte „Gestalt" als das zu Sehende vor andere grundsätzlich mögliche Wahrnehmungen. Ein solches „Gestaltsehen" kann somit aus einem intendierten Simulation- als Erkenntnisprozess theoriekonform resultieren, oder ein Erkennen von Zusammenhängen kann sich aber auch erst nach vielen Simulationen als singuläres Ereignis in Form eines Aha-Effektes eintreten. Unabhängig davon besteht die Möglichkeit, dass man in die Wahrnehmung bestimmter Sachverhalte oder Zusammenhänge (Gestalten) quasi simulationskonform hinein gewöhnt und letztlich konditioniert wird, um damit der Konsequenz ausgesetzt zu sein, andere latente Sachverhalte oder Zusammenhänger nicht wahrnehmen zu können. Weder kann das wahrnehmende Subjekt selbst seine Wahrnehmung in der Simulation vollständig kontrollieren noch in ihrer Alterität reflektieren. Die Erkenntnis im Rahmen einer Simulation enthält damit immer ein visuelles und damit gegebenenfalls irrationales Moment.[239]

---

[238] Damit begeben sich solche kognitiven Systeme mit ihrer Wirklichkeitskonstruktion in die Verantwortlichkeit für durchgeführte Handlungen gegenüber den direkten Betroffenen und gegenüber der Gesellschaft. Spätestens an dieser Stelle kommen normative Aspekte ins Spiel. Schon heute ist Kultur technologiegetrieben, indem Automaten, Roboter, Netzwerke und biochemisch hergestellte Produkte das Leben der Menschen bis hin zu wissenschaftlichen, rituellen und künstlerischen Äußerungen bestimmen.

[239] Hierbei kann man auf Erkenntnisse aus der Gestaltpsychologie hinweisen, die postulieren, dass die unmittelbare Wahrnehmung nicht durch akkumulierte Mikrowahrnehmungen gesteuert wird, sondern immer von einer Makrowahrnehmung als Gesamtwahrnehmung, in Form einer Gestalt, ausgeht, um dann sekundär in die Details zu gehen. Diese kognitive Befangenheit hat eine physiologische Begründung, welche aber lediglich zur Gestaltwahrnehmung an sich drängt und noch nicht determiniert, welche konkrete Gestalt effektiv wahrgenommen wird. Für die konkrete Gestaltwahrnehmung muss man daher auch aus Sicht der Gestaltpsychologie Erfahrungs- und Lernmomente verantwortlich machen.

- **Sozio-kultureller Ansatz**: Man versucht bei der Konstruktion von Konstruktion die Aspekte der Sprache, Kommunikation, Medien, Kultur und der Gesellschaft zu berücksichtigen. Dabei geht man von einer wechselseitigen Beeinflussung von Sprache, Kognition und Kultur aus, indem eine natürliche Kognition die Welt aus den wahrgenommenen Zeichen, Daten, Informationen und Wissen konstruiert. In diesem Sinne findet die Entwicklung einer artifiziellen Kognition durch die Erhebung sogenannte Anwendungsgeschichten (use cases, user epics, user stories, etc.) und in Diskursen (Daily Stand up Meeting, Sprint Review, Besprechungen, Think Tanks, etc.) statt und ist in diesem Sinne zugleich ein soziales Phänomen.

Insgesamt kann die Entwicklung einer artifiziellen Kognition durch die der Entwicklung inhärenten systemischen, visuellen, simulativen und kulturellen Ansätzen insgesamt als konstruktivistisch veranlagt bezeichnet werden.[240] Ein solcher Konstruktivismus bezieht sich dabei nicht nur auf die Konstruktion einer artifiziellen Kognition im Rahmen der Modellierung und Algorithmisierung an sich, was eher einem *Konstruktionismus* gleich käme. Vielmehr greift er die Verlagerung einer Kognition als Wirklichkeitsrepräsentanz auf die Kognition in ihrer Beobachterrelativität und verändert so das Beziehungsgeflecht von Verstehen, Erklären und Simulieren in Richtung eines Begreifens. Damit kommt dem Begriff des Begreifens im Zusammenhang mit der Entwicklung einer artifiziellen Kognition eine konstruktivistische Bedeutung und entzieht sich damit der großen Vielfalt an Assoziationen, die dieser Begriff im Kontext eines Verstehens und Erklärens mit sich bringt. So bedeutet eine Erklärung im traditionellen Verständnis, dass ein komplizierter Prozess oder Sachverhalt auf eine einfachere Struktur zurückgeführt und aus ihr heraus erklärt werden kann. In diesem Sinne bildet das Zurückführen der natürlichen Kognition als Phänomen auf ein Modell der Kognition der Kern der Erklärung von Kognition. Ein Verstehen von Kognition kommt dadurch zum Ausdruck, dass es gelingt, das Modell als Theorie der Kognition in Algorithmen zu implementieren. Ein Begreifen hingegen das

---

[240] Dabei kommen gleich verschiedene Systemtheorien zur Anwendung, je nachdem, ob ein System linear, nicht-linear, quantenphysikalisch, mikro-, meso- oder makroskopisch ist, ob es sich selbst konstituiert oder ob es extern konstituiert und kontrolliert wird.

Einfache der Theorie mit dem Komplexen der Algorithmen applizieren, d.h. als eine lauffähige Simulation auf einem Trägersystem integrieren. Das Verb „begreifen" im Sinne von „verstehen" oder „erklären" aufzufassen, wäre somit eine die Bedeutung des Begriffs mindernde Verkürzung und würde die des Begreifens ausmachenden Aspekte des „herstellen" (entwickeln), „wiederherstellen" (nachvollziehen) und letztlich das „in Wirkung bringen" (ein- und auswirken) und damit schließlich „machbar machen" (realisieren) ausblenden.[241] In Bezug auf ein solches Begreifen wird die Simulation dabei gleich mehrfach instrumentalisiert, indem sie zum einen als Instrument der Visualisierung fungiert und zum anderen als ein solches Visualisierungsmedium den Erkenntnisprozess zwischen der Simulation und dem Beobachter als Erkennender koordiniert. Das Ergebnis dieser konstruktivistischen Koordination zeigt sich in der rekursiven Wechselwirkung von Verstehen des Wahrgenommen durch Modellierung, das Erklären des Verstandenen durch Algorithmisierung und das Begreifen des Erklärten durch Simulation.[242]

5.6   Algorithmisierung als Funktionalismus

Die Entwicklung einer artifiziellen Kognition, insbesondere in den Phasen der Konzeptionalisierung und Implementierung basiert auf einem Funktionalismus, indem sich kognitive Phänomene vor allem durch ihre funktionale Ausprägung zeigen. Diese

---

[241] Die Phasen eines solcher Realisierung als Begreifen sind: Analyse (Problemmodell), Projektion (Kontextualität) und Synthese (Lösungserzeugung). Die eigentliche Stellung der richtigen Frage „Was ist das Problem?" und die Erzeugung von Varietät als konstruktive Lösungsalternativen sowie die urteilende Reduktion auf eine treffgenaue Lösung unter Einbeziehung aller möglichen Einflussfaktoren ist die Alleinstellung eines solchen kognitiven Designprozesses. Trotz dieser Phasenorientierung zeichnet sich der Prozess vor allem dadurch aus, dass kein statisch-exekutiver Akt vollzogen wird, sondern ein iterativer und offener Wissens- und Lösungsraum geschaffen wird, die objektiven Wissens-Diskurse projektdurchgängig zulässt.

[242] Das lässt ein Problem der Autologie erahnen, indem kontemplative Vorstellungen von der Kognition als Simulation in der Simulation in Form von verschiedenen sprachlichen oder bildlichen Metaphern generiert werden, mit deren Hilfe man Erkenntnisse austauscht und in dessen Rahmen man Wechselbeziehung zu sich, zur Simulation und zu Anderen eingeht.

kognitiven Funktionen bilden zum einen den Ausgangspunkt der Theoretisierung und Modellierung und zum anderen den Schlusspunkt, wenn die durch den Funktionalismus einhergehende Multirealisierbarkeit es ermöglicht, die kognitiven Funktionen auf unterschiedlichen Trägersystemen zu realisieren. So prägt der Funktionalismus den Zugang zum Phänomen der Kognition, indem Kognition als Gesamtprozess in die drei Teilprozesse Eingabe (Perzeption), Verarbeitung (Processing) und Ausgabe (Aktorik) untergliedert wird, wobei die Verarbeitung die kognitiven Funktionen im Kern bereitzustellen hat. Insofern wird vor allem in der Phase der Konzeptionalisierung nach Ursachen und Wirkungen der kognitiven Phänomene geforscht, um sich dann dem Dazwischen zwischen Ursache und Wirkung zu widmen. Insofern handelt es sich in beiden Fällen um die Berechnung einer Funktion, die zwischen Eingabe respektive Ursache und Ausgabe respektive Wirkung vermittelt. Formal ausgedrückt handelt es sich bei einer kognitiven Funktion $\int$ um folgenden Zusammenhang

$$\text{Kognitive Funktion} = \int(\text{Eingabe, Ausgabe}) \text{ oder}$$

$$\text{Kognitive Funktion} = \int(\text{Ursache, Wirkung})$$

Diese Vermittlung erfolgt bei der natürlichen Kognition durch die Beschreibung der neurobiologischen Zusammenhänge mit den Mitteln einer natürlichen Sprache, im Falle der Modellierung mittels einer Notation dieser narrativen Zusammenhänge und im Falle der Algorithmisierung mittels einer Programmiersprache dieser modellierten Zusammenhänge. Eine solche funktionale Vermittlung in der Ausprägung eines Funktionalismus ist ontologisch offen beziehungsweise neutral, weil keine bestimmte Existenzart als Träger dieser kognitiven Funktionen vorausgesetzt wird.

Bei der Modellierung kognitiver Funktionen geht es im Kern also darum, das Verhalten natürlicher Kognitionen bei ihrer Wechselwirkung mit der Umwelt in konkreten Situationen zu beobachten und diese Beobachtung in den Kontext von Input, Output und Processing zu stellen. Es wird damit die Annahme vertreten, dass die Erkenntnisse aus der Beobachtung natürlicher kognitiver Phänomene funktionale Zusammenhänge erkannt, modelliert und in Algorithmen übersetzt werden können, um damit zu einer adäquaten Theorie der Kognition zu gelangen und letztlich Kognition an sich zu begreifen.[243]

Durch die Modellierung natürlich-kognitiver Funktionen und deren Algorithmisierung findet eine Präzisierung des traditionellen *Funktionalismus* statt, ein in den 1960er Jahren von H. Putnam entwickelten Modell, wonach mentale Zustände als berechenbare Funktionen (ähnlich einem Computerprogramm) begriffen werden können. Es handelt sich also um ein Modell, das durch das stark vereinfachte Motto, dass sich der Geist zu Gehirn wie ein Programm zur Hardware verhalte, umschrieben werden kann.[244] Insofern erscheint bereits eine sprachliche Präzisierung notwendig, indem der eher nebulöse Begriff des „Geistes" zu Gunsten des Begriffs der „Kognition" aus dem Vokabular gestrichen wurde, womit sich nunmehr die natürliche Kognition zu Gehirn wie die artifizielle Kognition als Brainware zur rechnerbasierten Hardware als deren Träger sich verhält.[245] Neben dieser Präzisierung erfolgt auch eine Umkehrung der Argumentation,

---

[243] Eine Ähnlichkeit dieses Vorgehens mit dem Behaviorismus zeigt sich darin, indem in einigen Varianten des Behaviorismus ein Extrem des funktionalistischen Ansatzes dahingehend verfolgt wird, indem vornehmlich auf das Verhalten von Lebewesen, also Input und Output, Wert gelegt wird und interne Zustände der Verarbeitung eher keine Rolle spielen, weil sie - quasi in einer Black Box verschwindend - nur im Sinne von Wahrnehmungs- und Verhaltensdispositionen berücksichtigt werden.

[244] In der Literatur findet man diese Ausprägung auch als Computer-, Maschinen- oder Kalkülfunktionalismus, wo er die Grundlage der These der „starken" künstlichen Intelligenz darstellt, dass es möglich ist, Artefakte auf Basis von Programmen zu konstruieren, die kognitive Zustände nicht nur simulieren, sondern emulieren. Solche Programme sind dann in der Lage, ausgelöste Wirkungen nicht nur zu simulieren. Vielmehr interoperieren solche Programme durch selbstbezügliche rekursive Netze, kybernetische Systeme und rekurrente Wechselwirkungen. Die Etablierung von Iteration, autokatalytischen Prozessen, von rekurrenter Kopplung und multidirektionaler Rekursivität wird sein, um Kognition nicht nur zu simulieren, sondern auch zu emulieren.

[245] Generell gilt es einige Begriffe und deren Bedeutung zu präzisieren. So kann beispielsweise der „Verstand" nicht mit dem menschlichen „Geist" und dieser nicht „Kognition" gleichgesetzt werden. Vielmehr ist der Verstand ein Unterbegriff von Kognition und kann umgangssprachlich für die Teile des Gehirns, mit dem der Mensch denkt, mit dem der Mensch also alle auf Sprache und Begriffen beruhenden neuronalen Prozesse bearbeitet, verwendet werden. In diesem Sinne ist die Vernunft ein subjektiver Teilbereich des Verstandes, indem sie Verstandesprozesse rational bewertet. Generell haben die altehrwürdigen Begriffe des „Geistes", „Seele" und des

der zufolge Hardware und Software so verschieden sind, wie Gehirn und Geist, um aus diesem essentiellen Unterschied eine Nichtreduzierbarkeit des Geistes auf das Gehirn abzuleiten. Aus Sicht des Funktionalismus und dort spätestens in der Simulation als Realisierung einer artifiziellen Kognition ist die Brainware als Software nicht mehr von der Hardware als Trägersystem der Brainware zu separieren, sondern beide wechselwirken miteinander und sind somit hardware- und softwaretechnisch verschränkt.[246]

Diese Verschränktheit schafft den Rahmen für die Annahme einer partiell-funktionalen *Berechenbarkeit* von Kognition. Der Begriff der Berechenbarkeit und dessen Antipode, der der Unberechenbarkeit wird dabei in einem nichtmetaphorischen Sinn entfaltet, indem die Berechenbarkeit von Kognition zum einen als ein intrinsischer Bestandteil der Kognition erklärt wird. Als ein solcher Bestandteil bezieht zeigt sich die Berechenbarkeit insbesondere auf das durch Berechnen semantischer Konzepte im Allgemeinen und der Symbolmanipulation bzw. Symbolverarbeitung auf Basis symbolischer und non-symbolischer Verfahren im Speziellen (siehe Abb.5.5).

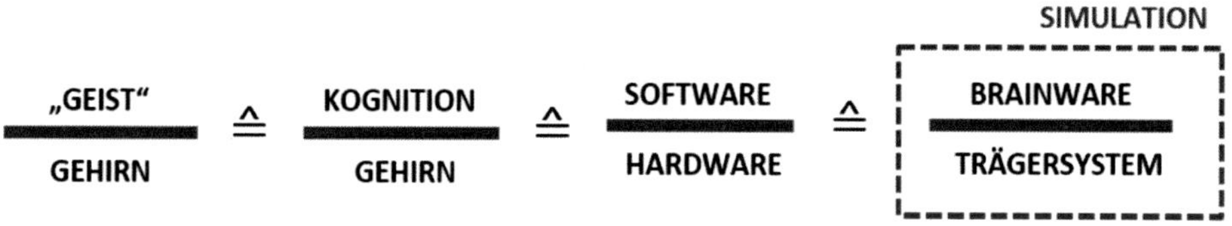

Abbildung 5.5: Brainware und Trägersystem[247]

„Ich" im Rahmen der Entwicklung einer artifiziellen Kognition keine Daseinsberechtigung mehr. Aber auch der eher neuzeitliche Begriff des „mentalen Zustandes", der für eine Mixtur aus emotionalen und rationalen Bewusstseinskomponenten steht, findet im aktuellen Modell der Kognition aufgrund der funktionalen Differenzierung und Präzisierung keine Verwendung.

[246] Strenggenommen, ist jedes Ding nur mit sich selbst identisch. Der auf Aristoteles zurück gehende Satz der Identität besagt genau das, nämlich, dass jedes Ding mit sich selbst identisch ist. Im Rahmen dieser Arbeit muss daher mit einem erweiterten Identitätsbegriff gearbeitet werden, indem dort Identitäten dadurch zur Sprache kommen, dass Objekte in verschiedenen Sprachebenen unterschiedlich bezeichnet werden.

[247] Die nach dieser Metapher aufzufassende komputationale Theorie des Gehirns ist sicherlich einer der großen Leistungen der Moderne. Ihren Anfang fand diese Theorie

Letzteres lässt zunächst die artifizielle Kognition als ein System begreifen, das sensorischen Input letzten Endes in ausführbares Verhalten transformiert. Aufgrund der Tatsache, dass man die initialen Algorithmen für diese Transformation formalisiert und diese Algorithmen auf das Trägersystem implementiert hat, verfügt man über eine Theorie, mit der sich artifizielle Kognition zumindest softwaretechnisch beschreiben und erklären lässt.[248] Damit wird jedoch kein *Eigenschaftsmaterialismus* oder in dessen logischen Konsequenz ein *Substanzmonismus* vertreten, wobei erster besagt, dass kognitive Eigenschaften als Funktionen auf materielle Eigenschaften reduzierbar sind.

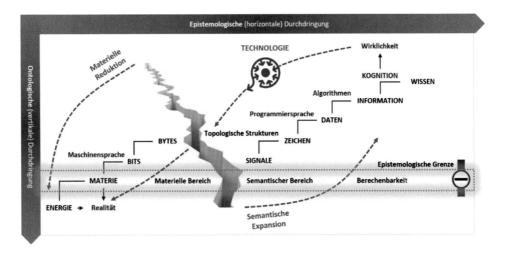

Abbildung 5.6: Materielle Reduktion und semantische Expansion

Auch wird der *analytische Identitätstheorie* widersprochen, der zufolge alle kognitiven Eigenschaften mit materiellen Eigenschaften identisch sind.[249] Vielmehr geht man davon

---

mit der kognitiven Revolution in den 1950er Jahren und dort in den frühen Arbeiten von Alan Turing. Menschliches Denken wird als eine Art des Rechnens aufgefasst und das Gehirn als Träger ist eine sehr komplexe Maschine, die Informationen verarbeitet.

[248] Diese Erschließung funktionaler Zusammenhänge geht einher mit den derzeitigen Bemühungen, im Rahmen der Konnektome in Zukunft gegebenenfalls angeben zu können, wie die 10^{12} Neuronen eines menschlichen Gehirns mit bis zu 10^3 anderen Neuronen in welcher Stärke verbunden sind.

[249] Immerhin verlangt eine solche analytische Identitätstheorie, dass sich jede Modellbeschreibung kognitiver Phänomene und im Prinzip darin jeder Satz der

aus, dass die Reduzierbarkeit und damit die Berechenbarkeit kognitiver Funktionen nur auf Basis materieller Trägerstrukturen einerseits und der Verarbeitung semantischer Konzepte andererseits möglich sind. So entspricht beispielsweise die kognitive Funktion des Schmerzes einer bestimmten neuronalen Vernetzung in Form eines neuronalen Musters, was durch den Einsatz künstlicher neuronale Netze simuliert werden kann.[250] Im Rahmen der Implementierung werden die Funktionen des Kognitionsmodells als Brainware implementiert und auf ein rechnerbasiertes Systems als kognitive Maschine appliziert, wobei letztere aufgrund sehr einfacher Maschinenoperationen diese kognitive Funktionen berechnet (Turing/1950). Insofern kann eine solche Brainware auf Maschinenebene als Symboltransformationsmaschine charakterisiert werden, die Zeichenketten nach formalen Algorithmen nach den Vorschriften naturanaloger Verfahren und dabei auf der Grundlage von einfachen Basisoperationen schrittweise und syntaktisch verarbeitet (siehe Abb.5.6).[251] Flankierend dazu findet eine Formalisierung der kognitiven Funktionen, indem dadurch eine funktionale, mathematisierbare Beschreibungsebene kognitiver Phänomene entwickelt wird. Dies steht im Einklang mit den Bemühungen parallellaufender Forschungsprojekte, wo kognitive Vorgänge mit Gehirnzuständen in Zusammenhang gebracht und Gehirnprozesse und -bilder mit großem rechnerischem Aufwand im Rahmen der Konnektomik ausgewertet werden. Im Gegensatz zum Ziel der

---

Alltagssprache in eine bedeutungsgleiche Struktur einer wie auch immer gearteten physikalischen Sprache übertragen lässt.

[250] Die Identität besteht aber auch darin, dass das Auftreten bestimmter neuronaler Prozesse, die eine kognitive Funktion als Zustand repräsentieren, nicht durch die spezielle neuronale Konstellation in der fachspezifischen Sprache beschrieben wird, sondern dass der kognitive Zustand einen eigenen Namen in der Umgangssprache bekommt. Diese Identität bezieht sich also darauf, dass der Zustand, beispielsweise der des Schmerzes, identisch ist mit einer Beschreibung neuronaler Vernetzungen.

[251]Wenngleich dieser populäre Vergleich von Gehirn und Geist, respektive Kognition mit Hardware und Software eines Computers nicht konsequent zu Ende gedacht ist. Dieser Vergleich berücksichtigt nicht die Tatsache, dass sich Gehirne evolutionär entwickelt haben und Computersysteme eher von Menschen konstruiert werden. Zum anderen wird der Aspekt des verkörperlichten Denkens, der sogenannten embodied cognition, und damit die Verknüpfung aller Aspekte des geistigen Lebens mit den körperlichen Erfahrungen ausgeblendet. Wenngleich die in den letzten Jahren entwickelten Computerprogramme mehr oder minder glaubwürdig dafür sprechen, dass Kognition ohne einen Körper existieren kann.

vollständigen funktionalen Abdeckung der Kognition versucht man bei den Konnektomen die Gesamtheit der Verbindungen im Nervensystem eines Lebewesens zu erfassen. Wenn also derzeit in beiden Vorhaben die vollständige Berechenbarkeit noch an der Komplexität scheitert, so liegt dies keineswegs an einer falschen Auffassung funktionaler Zusammenhänge oder einem zu groben Modell der Kognition, sondern vielmehr an einer noch unvollständigen Physik. Letzteres ermöglicht es dennoch, artifizielle Kognitionen als kognitive Maschinen aufzufassen, sie dabei architektonisch in Hard-, Soft- und Brainware zu untergliedern, um sie im Anwendungsfeld als unikognitiv und daher als Uniware erscheinen zu lassen.[252] So als Uniware aufgefasst, kapselt die kognitive Maschine gleich mehrere Ebenen der semantischen Konzeptverarbeitung (Marr/1982):

- **Naturanaloge Ebene**: Kombination naturanaloger Verfahren zur funktionalen und prozessualen Ausgestaltung berechenbarer kognitiver Funktionen.
- **Algorithmische Ebene**: Transformation der berechenbaren Funktionen in Algorithmen Algorithmus für die symbolische und nonsymbolische Verarbeitung semantischer Konzepte.
- **Komputationale Ebene**: Installation und Verteilung der Algorithmen auf einem Trägersystem zur physikalischen Realisierung der artifiziellen Kognition durch Berechnung maschineller Systemzuständen.

Mit dieser maschinellen Perspektivierung gelingt es mit dem verfolgten Funktionalismus auch zentrale Thesen der repräsentationalen Theorie des Geistes (Computational theory of mind, Computational-representational theory of thought) zu einer rechnerbasierten *Theorie der Kognition* verbinden.

---

[252] Das Konstrukt der Uniware ermöglicht es auch, die psychosomatischen Phänomene zu erklären. Dabei wird verständlich, dass Menschen nicht nur auf materielle Einwirkungen wie Tabletten (Bottom-up), sondern in gleichem Maße auch auf soziale und psychische Informationswirkungen (Top-down) reagieren können. Die Information erweist sich dabei als einigendes Klebeband zwischen den Einflüssen aus Genetik, pränataler und frühkindlicher Entwicklung, dem sozialen Umfeld sowie dem aktuellen individuellen körperlichen und psychischen Zustand. Insofern erweisen sich auch die semantischen Konzepte als Klebeband zwischen den einzelnen Ebenen.

- **Modularität**: In Anlehnung an die Erkenntnisse der Neurobiologie und der dortigen Orientierung an den unterschiedlichen Funktionsweisen verschiedener Gehirnareale erfolgt eine Modularisierung der Kognition als Phänomen in separaten kognitiven Funktionen (Fodor/1983).

- **Repräsentationalismus**: Intentionale kognitive Zustände beziehen sich nicht direkt auf die Wirklichkeit, sondern nur auf die in den Funktionen implementierten Objekte und der dortigen Verarbeitung semantischer Konzepte (Fodor/1981).

- **Konnektionismus**: Durch die Konzeptionalisierung, Formalisierung und Implementierung eines rechnerbasieren Konnektionismus wird zum einen die Verarbeitung nonsymbolischer Strukturen und damit Strukturen ohne explizite, syntaktischen Strukturen möglich. Zum anderen lassen sich eher funktionale Anforderungen an eine Kognition wie beispielsweise eine hohe Lernfähigkeit, eine gute Toleranz von verminderter Input-Qualität, Robustheit der Resultate sowie die Verarbeitung paralleler Prozesse und verteilte Repräsentation erfüllen.[253]

- **Komputationalismus**: Auf Basis des Kognitionsmodells werden unter Verwendung einer formalisierten Programmiersprache berechenbare kognitive Funktionen implementiert und damit insgesamt eine Theorie der artifiziellen Kognition postuliert.

Gerade der Komputationalismus in der Ausprägung eines rechnerbasierten Funktionalismus basiert auf der Vorleistung, für die Modellierung der Modelle und Implementierung der Algorithmen verwertbare Beschreibungen sowie Erklärungen kognitiver Sachverhalte entwickeln. zu müssen. Die Erbringung dieser Vorleistung wird unter anderem dadurch erschwert, dass Erkenntnisse in Form von Gesetzmäßigkeiten und Kausalbeziehungen über die Kognition als Phänomen sozusagen nur von außen, d.h. aus

---

[253] Insgesamt ergibt sich dadurch, dass durch morphologische Ähnlichkeit des Schemas von künstlichen neuronalen Netzen mit den Verschaltungen natürlicher Neuronen auch solche kognitiven Phänomene realisiert werden können, die sich einem strukturierten Ansatz entziehen. Gleichwohl ist darauf hinzuweisen, dass sich die simulierten konnektionistischen Netzwerke und biologische Neuronenverbände noch nicht vollständig vergleichen lassen.

der Beobachterperspektive gewonnen werden können. Methodologisch wird dementsprechend versucht, durch Beobachtung des situativen Verhaltens einzelner Kognitionen deren funktionalen Elemente zu identifizieren, diese miteinander in Beziehungen zu setzen und diese statischen und dynamischen Gegebenheiten zu lokalisieren. Zu diesem Zweck werden bildgebende Verfahren, Simulations- und Testverfahren eingesetzt, die vorwiegend Techniken zur Erhebung quantitativer Daten und deren statistischen Auswertung beinhalten. Gerade die Integration dieser Techniken in das Entwicklungsdesign und damit deren Bedeutung für die Modellierung respektive Implementierung und damit deren Ergebnistypen, erfordert das Einschließen dieser Instrumente in die wissenschaftsphilosophischen Überlegungen. Man muss damit der erkenntniskritischen Tatsache Rechnung tragen, dass durch den Einsatz dieser Techniken die Phänomene der Kognition so erkannt werden, wie es dieses Instrumentarium zu lassen.[254] Weiterhin wird man dadurch der Tatsache gerecht, dass man bestimmte Ergebnistypen als Erkenntnisobjekte nur dadurch erkennt, indem bestimmte Beobachtungsbedingungen im Vorfelde anerkennt. So zum Beispiel, wenn in Rahmen einer Multi-Modalität einzelne Instrumentarien wie beispielsweise fMRI mit EGG kombiniert werden, um sowohl räumliche als auch zeitliche Eindrücke und damit die modalen Aspekte der Gehirnaktivitäten während des kognitiven Prozesses zu erfassen.[255] Ein solches Anerkennen von Vorbedingungen reicht sogar so weit, dass ein deterministisches Menschenbild etabliert wird, indem die beobachteten Probanden in ihrem Verhalten durch die Situation bestimmt oder als Produkt ihrer Laborumgebung

---

[254] So erfasst die Funktionale Magnetresonanztomographie (fMRT), in welchen Regionen des Gehirns besonders viel sauerstoffreiches Blut fließt. Auf diese Weise lässt sich ermitteln, welche Areale gerade aktiv sind. Dieser so genannte neurovaskuläre Effekt setzt allerdings erst mit einer Zeitverzögerung von einigen Sekunden ein. Schnelle Veränderungen im Bereich von 10 bis 1000 Millisekunden werden nicht erfasst. Bei der Positronen-Emissionstomographie (PET) hingegen werden Stoffwechselvorgänge im Körper mit Hilfe von schwach radioaktiven Substanzen sichtbar gemacht.

[255] Gerade diese Multi-Modalität von einzelnen Verfahren zur nichtinvasiven funktionellen Bildgebung ermöglicht es, ohne operativen Eingriff von außen die Hirnaktivitäten im arbeitenden menschlichen Gehirn zu messen und zu analysieren. Dabei gilt es darauf hinzuweisen, dass unter „Hirnaktivität" vor allem molekulare Vorgänge in Neuronen Gehirn gemeint sind, die untereinander Signale austauschen sowie mit Zellen außerhalb des Gehirns in Verbindung stehen können.

angesehen werden. So zum Beispiel, wenn bei der Betrachtung von Pathologien in Form von psychischer Erkrankungen, diese Pathologien in die Modellierung von Anwendungsfällen als eine Störung des „Normalen" einfließen.[256] Damit beeinflussen Phänomene und Situationen, in denen das gewohnheitsmäßige, normale, bequeme In-der-Welt-Sein ins Stocken gerät, nicht unwesentlich die Ausprägung des Kognitionsmodells. Derartige Zusammenbrüche kognitiver Funktionen haben demnach eine äußerst wichtige, erkenntnisvermittelnde Funktion, indem nicht nur normale Verfahren- bzw. Verhaltensweisen, sondern vielmehr deren Umkehrung oder ihr Nichtvorhandensein sich in dem Kognitionsmodell niederschlagen.[257] Insofern wird das Kognitionsmodell aus dieser Perspektive mit pathologischen Funktionen infiltriert, die im Versuchsaufbau bzw.im Alltag von der Normalität abweichen.[258] Damit werden Pathologien in das Kognitionsmodell importiert und gleichzeitig die Annahme akzeptiert, dass jeder pathologische Verlauf durch eine Störung von kognitiven Funktionen bedingt ist. Solche Störungen kognitiver Funktionen lassen sich beispielsweise bei Patienten mit Aphasie oder Schizophrenie beobachten. Solche Beobachtungen legen die Ursachen und Wirkungen funktionaler Zusammenhänge oftmals in Grenzsituationen offen.[259] Insgesamt werden

---

[256] Nachfolgend wird daher synonym von psychischer Erkrankung und psychischer Störung gesprochen, obwohl in der Fachliteratur immer noch beide Begrifflichkeiten anzutreffen sind, wenngleich der Begriff der Erkrankung aus dem Katalog der psychischen Störungen entfernt wurde.

[257] Stellvertretend sei der Zweifel aufgeführt, dass sich das Bewusstsein nur im zerebralen Cortex befindet. Bei Untersuchungen an Patienten ohne Cortex fand man heraus, dass auch diese im Gegensatz zu früheren Annahmen zu einem gewissen Grad über ein Bewusstsein verfügen. So stellte man fest, dass sie Ereignisse in der Umgebung wahrnehmen und Emotionen und Freude ausdrücken. Damit erfüllen sie einen Teil der Kriterien für das Bewusstsein.

[258] Dabei versteht man psychopathologische Symptome als solche Orchestrierungsprozesse, die zu früh und daher unvollständig zur Interoperation kommen und damit in Erscheinung treten. Die erscheinenden unvollständigen kognitiven Prozesse können nun mit dem interoperativen Verhalten im Einklang stehen oder nicht. Im Falle der Kongruenz zwischen frühen Orchestrierungsprozessen und Verhalten resultiert beispielsweise nach dieser Theorie eine Psychose, im Falle der Inkongruenz eine Psychoneurose.

[259] Man kann das aus so ausdrücken, dass die alten Fragen der Philosophie des Geistes hinsichtlich des Kognitiven der Form „Gibt es Kognition?" bzw. „Was ist Kognition?"

damit ein ganzes Set von miteinander verwobenen Denkfiguren, Postulaten und Leitmotiven des biologischen *Kausalismus* in den Funktionalismus des Kognitionsmodells eingewoben und damit die Verursachung pathologischer Funktionen neben den Regelmäßigkeiten kognitiver Funktionen zu Formen von Determination erhoben[260]

5.7   Funktionalismus und Konstruktivismus als Reduktionismus

Die Konzeptionalisierung einer artifiziellen Kognition folgt einem sogenannten *empirischen Konstruktivismus,* indem die natürliche Kognition zum einen als Phänomen bzw. Vorbild zur Entwicklung einer artifiziellen Kognition als softwaretechnologisches Artefakt und Wirklichkeit dient und zum im Rahmen der Implementierung eine Orientierung an vorgegebenen Mustern der Künstlichen Intelligenz erfolgt. Dies erfordert auch die wissenschaftsphilosophische Erfassung aller der Instrumente, die bei der Entwicklung einer artifiziellen Kognition einen technologischen und epistemologischen Beitrag leisten. Ein sicherlich zentrales technologisches Instrument bilden die Methoden und Techniken der Künstlichen Intelligenz. Methodisch erfolgt hier zum einen ein Zugang zu Themen über Selbst- und Fremdbeobachtungen, um die Anforderungen eines erweiterten Kognitionsbegriffs durch Integration von Funktionen der Emotion, Motivation, Intuition und Kreativität zu erfüllen.[261]Zum anderen erfolgt ein Zugang über

---

nunmehr in der neuen Form „Welche Bedeutung hat Kognition?" bzw. „Welche Rolle spielt Kognition für den Menschen?" gestellt und zu beantworten versucht werden.

[260] Damit unterscheidet sich dieser Funktionalismus auch vom Behaviorismus, der in der Literatur oftmals als Untergruppe des Funktionalismus behandelt wird. Im Behaviorismus wird ein Extrem des funktionalistischen Ansatzes erreicht, da sich vornehmlich auf das kognitive Verhalten, also Input und Output, konzentriert wird und interne Zustände keine Rolle spielen, weil sie in einer Black Box verschwindend nur im Sinne von Verhaltensdispositionen betrachtet und damit ignoriert werden.

[261] In Anlehnung an Albert Einstein sei daran erinnert, dass man, wenn man Kognition als Phänomen verstehen will, sich in einer ähnlichen Position befindet wie eine Person, die den Mechanismus einer geschlossenen Uhr, die nicht geöffnet werden kann, verstehen will. Sie kann das Äußere der Uhr untersuchen, die Bewegung ihrer Zeiger betrachten und vielleicht auch ihr Ticken hören. Wenn diese Person sehr erfindungsreich ist, kann sie das Bild eines Mechanismus entwerfen, der für all das,

bildgebende Verfahren, die je nach Verfahren und Skalenniveau für die Kognitionswissenschaft ein empirisches Ultimativ, aus wissenschaftsphilosophischer Sicht aber eher ein epistemologisches Relativ darstellen. So kommen Messverfahren wie die Positron-Emissions-Tomographie (PET), die Magnet-Enzephalographie (MEG), die Kernspin- oder Magnetresonanz-Tomographie (MRT) und die Einzel-Photonen-Emissions-Computer-Tomographie (SPECT) zum Einsatz. Mit diesen Verfahren lassen sich Hirnprozesse am lebenden Menschen sichtbar machen und zwar anhand von raumzeitlich definierten Stoffwechsel- oder Blutflussveränderungen im Gehirn. Die Magnet-Resonanz-Tomographie ermöglicht es beispielsweise, über die Messung von Radiowellen aus dem Gehirn kognitive Funktionen im Gehirn zu verorten. Allerdings sind alle diese Messverfahren noch zu grob, um Intentionalität identifizieren zu können. Um im Rahmen der Implementierung so verortete Funktionsmodelle zu realisieren, wird auf Lösungsmuster wie Semantische Netze, Frames, Scripts, etc. sowie auf Techniken wie Produktionsregelsysteme, Neuronale Netze, Fuzzy Systeme, Evolutionäre Algorithmen, Agentensysteme etc. zurückgegriffen.

---

was sie beobachten kann, verantwortlich sein könnte. Aber sie kann nie sicher sein, dass dieses Bild das einzige ist, das ihre Beobachtungen erklären kann. Und sie wird niemals in der Lage sein, ihr Bild mit dem realen Mechanismus zu vergleichen, ja sie kann sich nicht einmal vorstellen, wie ein solcher Vergleich möglich sein könnte und was er bedeutet.

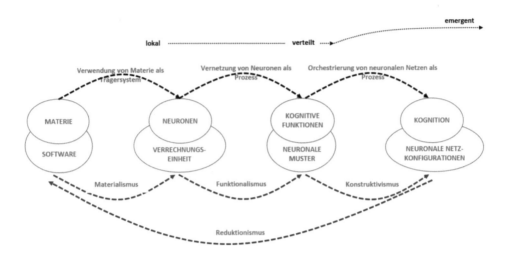

Abbildung 5.7: Funktionalismus und Konstruktivismus als Reduktionismus

Sowohl die Methoden als auch die Techniken komplettieren den funktionalistischen Ansatz und ermöglichen es, sich nicht nur auf ontologische Was-Fragen, sondern auch und vor allem auf epistemologische Wie-Fragen fokussieren zu können. Artifizielle Kognition als Konstruktion verorteter Funktionen einer natürlichen Kognition charakterisiert sich dadurch als selbstreflexiver Konstruktionsprozess, der wiederum in vielfacher Weise von den sozio-technologischen Umgebungsbedingungen beeinflusst wird. Natürliche und die artifizielle Kognition gestalten sich somit durch einen vom Funktionalismus und Konstruktivismus geprägten Reduktionismus (Einstein und Infeld/1938). Ein Begreifen von Kognition erfolgt damit auf einer durch reduktionistische Theorien und funktionalistischen Modellen basierender Konstruktion unter Anwendung von Technologien der Künstlichen Intelligenz. Theorien, Modelle und Algorithmen amalgamieren so zu einer artifiziellen Kognition als Wirklichkeitskonstruktion. Artifizielle Kognition als konstruierte Kognition ist machbar und durch deren Realisierung als Simulation in der Wirklichkeit erlebbar (siehe Abb.5.7).

In diesem Sinne lässt sich auch die Simulation als Finalisierung einer Vermischung von Theorie und Praxis, Modell und Algorithmus und damit Abstraktum und applikativen Konkretum auffassen. Simulation als „lauffähige" Theorie ist damit auch gleichzeitig ein Teilprozess des Erkenntnisprozesses, indem durch die Anwendung der Simulation deren inhärente Modelle erprobt und durch die Rückkopplungseffekte des agilen

Entwicklungsprozesses deren Hypothesen validiert und gegebenenfalls modifiziert werden. Simulation als rechnerbasierte Theorie und Erkenntnisform ist dann neben einem reinen Instrument zur empirischen Entwicklung von Kognitions- als Wirklichkeitsmodellen auch ein Generator von Wirklichkeiten. So werden die validierten Modelle als algorithmisierte Theorien implementiert, zu Objektcode kompiliert und so als konservierte Applikationen zur Ausführung in die Lebenswelt eingebettet. Die Übergänge zwischen Theoretisieren und Praktizieren gestalten sich fließend, indem wissenschaftliches Theoretisieren immer nahtloser in ein praktisches Algorithmisieren überzugehen scheint. Der Algorithmus der Kognition „dekompiliert" sich zur Theorie der Kognition, wie die Theorie der Kognition sich zur artifiziellen Kognition „kompiliert".[262] Artifizielle Kognition als konstruiertes Simulakrum ist die Algorithmisierung von funktionalen Kognitionsmodellen und deren zugrundeliegende reduktionistische Theorie der natürlichen Kognition.[263]

5.8   Implikationen

Die wissenschaftsphilosophische Abdeckung in diesem Kapitel hat die Entwicklung einer artifiziellen Kognition auf ihrem Weg von der Reduzierbarkeit kognitiver Phänomene (Reduktionismus) auf kognitive Funktionen (Funktionalismus), über deren Algorithmisierung mittels formaler Programmiersprachen und deren Applikation auf rechnerbasierten Trägersysteme (Konstruktivismus) begleitet. Kognition avanciert zum

---

[262] Bei einem Recompiler handelt es sich um ein Hilfsprogramm, das ein zu einem früheren Zeitpunkt von einem Compiler generiertes, ablauffähiges Programm wieder zurück in den Quellcode übersetzt (dekompiliert).

[263] Damit soll nicht die Meinung vertreten werden, dass wissenschaftliche Theorien dem Ende geweiht oder gar schon tot sind. So schrieb im Jahr 2008 der Wired-Herausgeber Chris Anderson seinen Essay The End of Theory, in dem er die Meinung formulierte, dass Daten in unvorstellbarer Menge imstande seien, Theorien zu ersetzen und somit das Paradigma der theoriengeleiteten Forschung abzulösen. Korrelation ist seiner Meinung nach die neue Kausalität, indem ein kausallogischer Zusammenhang dann nebensächlich erscheint, wenn nur genügend Daten zur Verfügung stehen. Allein über die Korrelationen ließen sich Vorhersagen treffen, die sämtlichen theorie-, hypothesen- und kausallogisch geleiteten Prognosen überlegen sind.

einen zu einem reduktionistischen, weil funktionalistisch und konstruktivistisch geprägten Begriff, der im Falle der natürlichen Kognition für das Resultat der konnektionistischen Prozesse in Form neuronaler Vernetzungen und deren Muster steht. Zum anderen muss Kognition als expansionistischer Begriff bewertet werden, wenn im Rahmen der Entwicklung einer artifiziellen Kognition diese sich als eine Realisierung kognitiver Funktionen mit Hilfe von Programmiersprachen auf Basis naturanaloger Verfahren des Cognitive Computing funktional, prozessual und technologisch ausgestaltet. Beide Begriffscharakterisierungen kulminieren in einem semantischen Substanzmonismus, indem beide Ausprägungen von Kognition die Verarbeitung semantischer Konzepte (Signale, Zeichen, Daten, Informationen, Wissen) bedingen. Die auf die Verarbeitung semantischer Konzepte angewiesenen Kognitionen, sowohl die natürliche als Phänomen als auch die artifizielle als Artefakt sind funktional adäquat. Damit wird der Positionen des Substanzdualismus in der Form, dass Kognition und Trägersystem verschiedene, materielle und immaterielle Entitäten sind, widersprochen und der Position des Eigenschaftsdualismus in der Form, dass der Mensch nicht aus zwei Substanzen Kognition und Körper zusammengesetzt ist, sondern dass der Mensch als Träger einer Kognition körperlich und kognitive Eigenschaften hat, entsprochen.[264] Kognition reduziert sich ontologisch auf Materie und expandiert epistemologisch durch die Verarbeitung dieser Materie zu semantischen Konzepten. Natürliche Kognition als Phänomen ist funktional adäquat durch die Entwicklung einer artifiziellen Kognition abbildbar und damit machbar. Beide Ausprägungen von Kognition sind als Erkenntnisobjekt durch Modelle einer Fachsprache und Algorithmen einer Programmiersprache gegenseitig überführbar. In diesem Transformationsprozess zeigt sich, dass Kognition sowohl in seiner natürlichen als auch in der artifiziellen Ausprägung kein einseitiger, von außen bestimmter Akt ist. Kognition als semantische Konzepte verarbeitender Prozess ist nicht passiv, sondern trägt durch seine mannigfaltigen intrinsischen und extrinsischen Wechselwirkungen zum Begreifen bei. Die Theorie der Kognition umfasst dabei nicht nur das Wahrnehmen, Erkennen und Entscheiden als rein rationale Tätigkeit, sondern sieht sich je nach Situation

---

[264] Die Bestätigung des Substanzmonismus einerseits und die gleichzeitige Ablehnung eines Materialismus bzw. Reduktionismus andererseits schließen sich also gegenseitig aus. Ein Substanzmonismus, der den Materialismus bestreitet, wäre eine Contradictio in Adjecto.

durch emotionale, situative und affektive Bewertung durchdrungen. Neben dieser funktionalen Expansion des Kognitionsbegriffs ist ein weiteres, prägendes Element der Entwicklung einer artifiziellen Kognition und der entwicklungsbegleitenden wissenschaftsphilosophische Abdeckung, dass die epistemologische Bedeutung die latent wirkenden Ismen adressiert. Das entwickelte Theorie der Kognition auf Basis eines konsequent verfolgten Reduktionismus in der Ausprägung eines Funktionalismus und Konstruktivismus modelliert eine Kognition, die nicht nur an die Grenzen der technologisierten Kognitionswissenschaft und Philosophie geht, sondern zwischen Extrempositionen wie beispielsweise menschlich/nicht-menschlich, natürlich/artifiziell, gesund/pathologisch oszilliert und dadurch die Elimination altehrwürdiger Begriffe wie „Vernunft", „Geist" oder einem „Ich" provoziert. Im Verlauf dieser Provokation wird auch das Problem der *kognitiven Verursachung* gelöst, indem kognitive Funktionen auf der Ebene der Vernetzung von Neuronen als Prozess (Mesoebene) funktional entstehen und erst ab da auf materielle Konfigurationen bzw. deren physikalische Zustände einer Mikroebene materiell reduziert werden können.[265]

Als Konsequenz des verfolgten Reduktionismus und darin dem angewendeten Funktionalismus und Konstruktivismus müssen kognitive Funktionen der natürlichen Kognition als Prozesse der Vernetzung von Neuronen differenziert von den diese ermöglichenden physikalischen Prozesse betrachtet werden.

---

[265] Dies widerspricht einer Mehrzahl von Philosophen und deren Überzeugung, dass die natürliche Kognition eine gewisse Eigenständigkeit hat und dass diese nicht auf reine Gehirntätigkeit und auf Physik reduziert werden kann.

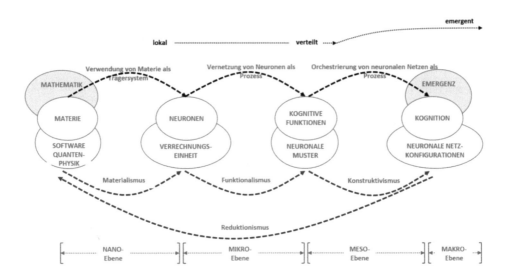

Abbildung 5.8: Mathematisierung der Kognition als Emergenz

Kognitive Funktionen sind die Ergebnistypen kognitiver Prozesse und damit mit bestimmten Konfigurationen neuronaler Vernetzungen auf der Meso-Ebene identisch.[266] So wie natürliche Kognition und darin das Bewusstsein als ein bestimmter Ergebnistyp des Gehirns als Träger erscheint, ist die artifizielle Kognition die funktionsadäquate Kombination von kognitiven Funktionen, realisiert mit Hilfe von softwaretechnischen Algorithmen auf Basis naturanaloger Verfahren des Cognitive Computing auf einem rechnerbasierten Trägersystem. Eine natürliche Kognition ist als Phänomen modellierbar, als Theorie der Kognition algorithmisierbar, als artifizielle Kognition in Form einer Brainware realisierbar und als applizierte Simulation machbar. Als solche erbringt die artifizielle Kognition auf einem rechnerbasierten System kognitiv-adäquate Funktionen einer natürlichen Kognition. Dennoch sind beide Ausprägungen der Kognition ontologisch nicht identisch zu setzen ist. Artifizielle Kognition als algorithmisierte Theorie funktioniert wie natürliche Kognition, ist aber keine! Vielmehr ist die artifizielle Kognition eine funktional-adäquate Projektion einer natürlichen Kognition (siehe Abb.5.8).

---

[266] Ein Prozess wird, wie in der Systemtheorie üblich, als Folge von logisch zusammenhängenden Berechnungen gesehen, die Inputs zu Outputs transformieren.

So wird eine solche Theorie der Kognition in einer bestimmten sprachlichen Notation verfasst, in Modellen zusammenfasst, um von dort als softwaretechnische Algorithmen ausimplementiert zu werden. Eine solche Theorie als sprachliches Modell respektive Modell als algorithmisch formulierte Theorie ermöglicht die Realisierung einer artifiziellen Kognition und der Überprüfung derer empirische Angemessenheit bzw. deren funktionalen Adäquatheit in der experimentellen Simulation. Man verfolgt damit einen reduktionistischen Erkenntnispfad als expansionistischer Technologieentwicklungspfad, indem die natürliche Kognition begreifbar, weil kognitive Phänomene auf rein funktionaler, weil unter Ausschluss biochemischer Vorgänge als Theorie modellierbar und in Form von softwaretechnischen Algorithmen mittels einer Programmiersprache zu einer artifiziellen Kognition realisierbar wird. Technologie als multiplikative Verknüpfung von Methoden und Techniken nimmt eine Mittlerfunktion zwischen Ontologie und Epistemologie war (siehe Abb.5.9).

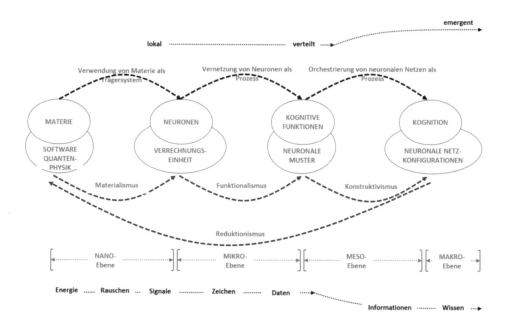

Abbildung 5.9: Semantische Konzepte und Kognition

Das Begreifen von Kognition ist somit ein soziotechnologischer Konstruktionsprozess und damit sind Experiment und Simulation keine wertneutralen Instrumente, sondern konstitutiv eingebunden in die Erkenntnisproduktion. Dies führt einerseits zu einem wissenschaftskritischen Konstruktivismus und dort zur erkenntniskritischen Position, dass die Entwicklung einer artifiziellen Kognition und das Begreifen von Kognition zum einen als sprachliche und programmiersprachliche Konstruktion betrachtet werden muss.[267] Zum anderen sind die Träger bzw. Treiber der Erkenntnisgewinnung wie beispielsweise Akteure, Sprachen, Experimente, Simulationen, Apparaturen in die wissenschaftsphilosophischen Betrachtungen einzubeziehen.[268] Damit wird betont, dass Konzepte, Theorien, Methoden und Techniken und damit die Technologien als nicht erkenntnisneutrale Instrumente die Ausgestaltung der artifiziellen Kognition und damit das Begreifen der natürlichen Kognition wesentlich beeinflussen (siehe Abb.5.10).

---

[267] Dies zeigt sich auch in den Beschreibungen der natürlichen Kognition als Phänomen in den verschiedenen Sprachebenen. Umgangssprache: Die natürliche Kognition ist die Fähigkeit des Menschen rational zu denken und emotional zu fühlen. Philosophische Sprache: Die natürliche Kognition und dort das Bewusstsein ist die Fähigkeit zu abstrahieren, Zusammenhänge zu erkennen und sprachlich zu formulieren und über sich selbst zu reflektieren. Neurowissenschaftliche Sprache: Die Kognition ist die Fähigkeit des Gehirns als deren Träger, durch innere oder äußere Eindrücke erzeugte neuronale Muster in neuronalen Prozessen unter Verwendung von Sprache zu neuen neuronalen Mustern zu verarbeiten. Technologisch-Kognitionswissenschaftliche Sprache: Die artifizielle Kognition ist die Fähigkeit eines rechnerbasierten Trägersystems, durch die Verarbeitung semantischer Konzepte auf Basis naturanaloger Verfahren des Cognitive Computing unter Verwendung von Programmiersprachen kognitive Funktionen der natürlichen Kognition als Modell und Vorbild zu simulieren. Biologische Sprache: Die Kognition ist die Fähigkeit des menschlichen Gehirns als deren Trägersystem, bestimmte Arten von Zellverbänden in bestimmten Prozessen neu anzuordnen. Chemische und Physikalische Sprache: Die Kognition ist die Fähigkeit des menschlichen Gehirns im Zusammenspiel von großen und kleinen Molekülverbänden bestimmte chemische und physikalische Reaktionen auszulösen. Materialistische Sprache: Die Kognition ist die Fähigkeit, die Teilchen und Wellenfunktionen einer Menge von Atomen und Molekülen in definierten Prozessen zu verändern.

[268] Er steht damit im Gegensatz zu einem „eliminativen Materialismus", der behauptet, dass es sich bei kognitiven Zuständen insgesamt um Illusionen handelt, weil es in Wirklichkeit im Universum nur materielle Zustände und Vorgänge gibt.

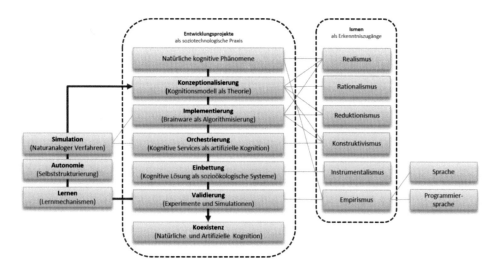

Abbildung 5.10: Wissenschaftsphilosophische Abdeckung als Implikation

Wenn demnach bei der Entwicklung einer artifiziellen Kognition modelliert wird, dann kann weiterhin nicht mehr vorausgesetzt werden, dass die modellierten Entitäten unabhängig von den Analyse- und Modellierungswerkzeugen existieren.[269] In diesem Sinne ist die Entwicklung einer artifiziellen Kognition insgesamt als umfassende Theorie der Kognition auch eine Erkenntnistheorie, welche die Wechselwirkung von Kognition als Sein (Ontologie) und Begreifen von Kognition als Phänomen (Epistemologie) im Allgemeinen und die Wechselwirkung von der Verarbeitung semantischen Konzepte und Kognition im Speziellen aufzeigt.[270] In diesem Sinne fallen die Entwicklung einer Theorie der Kognition und deren anschließenden Algorithmisierung zu einer artifiziellen Kognition mit einer Erkenntnistheorie der Kognition zusammen.

---

[269] Und damit im Sinne der klassischen Ontologie als eine Teildisziplin der Philosophie, als Lehre von allem Existierenden, die sich mit den Dingen befasst, die in der Welt tatsächlich und damit wirklich existieren.

[270] Mit anderen Worten befasst sich die Ontologie sich mit dem, was wirklich existiert, während sich die Epistemologie dafür zuständig zeichnet, was kognitiv zu existieren und was man darüber zu wissen scheint.

6.   Ausblick als Motivation

6.1   Artifizielle Kognition als Provokation

Die Entwicklung einer artifiziellen Kognition hat gezeigt, dass die Funktionen einer natürlichen Kognition funktional-adäquat über die Modellierung, Algorithmisierung und Implementierung mittels Sprachen auf rechnerbasierten Systemen realisiert werden können. Aus Sicht des dieses Entwicklungs-, Realisierungs- und Erkenntnispfades lassen sich damit kognitive Funktionen auf physikalische Trägersysteme applizieren und damit im Rahmen eines solchen funktionalistischen und konstruktivistischen Reduktionismus auf Basis von Materie realisieren, jedoch nicht auf diese Materie ontologisch reduzieren. Der traditionelle Eigenschaftsdualismus, also die Annahme einer Nicht-Reduzierbarkeit kognitiver Eigenschaften auf physikalische Eigenschaften wurde damit als philosophische Scheindiskussion demaskiert. Natürliche Kognition realisiert sich in ihrer Funktionsvielfalt durch Verarbeitung semantischer Konzepte auf Basis der Vernetzung von Neuronen. Allerdings werden diese Funktionen der Kognition, darunter auch solche wie ein Bewusstsein, weder auf der Mikroebene biophysikalischer Vorgänge, noch auf der Makroebene einzelner Neurone, sondern in der Mesoebene der Vernetzung solcher Neurone verortet.

Der sozusagen totipotente Entwicklungsstrang der artifiziellen Kognition, indem sich die Brainware als Software mittels maschineller Lernverfahren aus sich selbst heraus entwickelt, hat sich nicht nur bewährt, sondern hat sich inzwischen als Lösungsansatz bei der Entwicklung autonomer Systeme etabliert. Dieses Prinzip wird auch dazu führen, dass durch die Entwicklung weiterer Versionen artifizieller Kognitionen, diese sich der noch in Teilen unbegreiflichen natürlichen Kognition nicht nur funktional annähern, sondern eventuell leistungsmäßig darüber hinausgehen wird. Auch aus diesem Grund ist es sinnvoll, sich auch in Zukunft wissenschaftsphilosophisch auf die Technologisierung der Kognition und damit auf die technologisierten, epistemologischen Erkenntniszugänge zu konzentrieren, um im Schwerpunkt vertikaler (epistemologischer) bzw. horizontaler (technologischer) Durchdringung und damit im Schnittpunkt von Immanenz und Transzendenz die Kognition als Wirklichkeit zu begreifen. Insbesondere die Simulation als eine in der Entwicklung einer artifiziellen Kognition zum Einsatz kommende Technik und die dadurch möglichen Visualisierung touchieren die Grenzen der Wahrnehmung- als-Erfahrungssubjektivität.[271] Subjektivität und Objektivität schienen sich bisher gleich mehrfach epistemologisch gegenüber zu stehen, indem zum einen die Perspektive der 1. Person (Ich) ein Erleben qualitativ als Eigenwahrnehmung qualifiziert, jedoch die Perspektive der 3. Person (Anderer) hingegen eher quantitativ als Fremdwahrnehmung für die Modellierung kognitiver Phänomene disqualifiziert. Zum anderen scheint man damit aus der subjektiven Eigenwahrnehmung nicht heraustreten zu können, um zu der Subjektivität als ihrer eigenen Wirklichkeit in Distanz treten zu können. Eine Verobjektivierung der eigenen subjektiven Perspektive im Rahmen der Modellierung kognitiver Phänomene gelingt nur durch Analogiebildungen. Subjektive Wahrnehmung und Erfahrung schienen nicht grenzenlos reduzierbar, ohne dass sich die Subjektivität auflöst (Searle/1992). Subjektivität ist damit eine zentrale Eigenschaft der natürlichen Kognition und damit eine funktionale Anforderung der artifiziellen Kognition. Hierin offenbart sich eine weitere Motivation der technologisierten Kognitionswissenschaft als Provokation, indem durch die Entwicklung kognitiver Agenten und deren Einbettung in agentenbasierte Simulationsplattformen die Kluft der ontologischen Subjektivität respektive der epistemischen Objektivität überbrückt, der blinde Fleck der Subjektivität ausgeglichen und damit die Erkenntnislücke zum Objektiven geschlossen werden kann.

Durch die wissenschaftsphilosophische Perspektivierung der Entwicklung gleich mehrerer Ismen und damit der bewussten Abkehr von der Tradition, eine ganz bestimmte „erkenntnistheoretische Schule" verfolgen zu müssen", haben sich Zugänge eröffnet, die ohne eine solche konstruktiv-kritische Offenheit verschlossen geblieben wären. Dass dadurch altehrwürdige Begriffe wie „Verstand", „Geist", „Seele", „Ich", etc. zwar nicht völlig in den Überlegungen subtrahiert, aber dort in deren Bedeutung dennoch dekonstruiert und in der Folge aus dem Vokabular dieses Textköpers eliminiert wurden, präjudiziert zum einen eventuell deren zukünftige Daseinsberechtigung in

---

[271] In diesem Sinne erinnert dieses Grenzproblem an das Verschränkungsproblem aus der Quantenmechanik.

philosophischen Auseinandersetzungen und provoziert zum anderen sicherlich zur weiteren Aufarbeitung dieser sprachlichen bzw. begrifflichen Verwirrungen.[272] Generell charakterisiert sich dadurch die Entwicklung einer artifiziellen Kognition auch als eine Geschichte sich entwickelnder Begriffe (Canguilhem/1979). Diese Entwicklung ist eine Geschichte einer extern vermittelten, aber gleichzeitig intern erfolgenden Selektion, der Anpassung, der gezielten und anforderungsgerechten Verstärkung oder Abschwächung bestimmter Begriffsentwicklungstendenzen.[273] Fachliche Begriffe sind eben keine rein rationalen, logischen Gebilde, sondern unterliegen veränderten Gebrauchs- und Bedeutungsweisen im Austausch mit den technologischen Veränderungen.[274]

Die Entwicklung einer artifiziellen Kognition wurde von Ismen begleitet, indem die erkenntnistheoretischen Überlegungen im Rahmen eines Funktionalismus, Konstruktivismus und damit eines Reduktionismus die funktionale, prozessuale und technologische Ausgestaltung von Kognition als Artefakt wesentlich beeinflusst haben. Auch im Verlauf der wissenschaftsphilosophischen Abdeckung ist man weiterer Ismen begegnet, da eine Auseinandersetzung unter anderem mit einem Realismus, Rationalismus, Empirismus, etc. unausweichlich erschien. Insofern erscheint es konsequent, diesen Abschnitt auch mit Ismen sein provokatives Ende finden zu lassen. Gerade weil die natürliche Kognition auch nach der Entwicklung einer artifiziellen

---

[272] Ergänzend gilt es festzustellen, dass die natürliche Kognition die umgangssprachliche Beschreibung bestimmter, nämlich mit Sprache und Begriffen zusammenhängender, neuronaler Strukturen' ist. Insofern existieren kognitive Zustände also zum einen als neuronale Strukturen und Prozesse, sie existieren zum anderen aber auch als durch diese Strukturen und Prozesse sich manifestierenden umgangssprachlichen Beschreibungen.

[273] Damit gleicht dieser Geschichte der technologisierten Kognitionswissenschaft interessanterweise die ihrer Ergebnistypen. Auch die Geschichte eines kognitiven Systems ist die Geschichte der durch die Umgebungsbedingung extern vermittelten, doch immer nur algorithmisch und dadurch intern erfolgenden Selektion, Anpassung, gezielten und systemgerechten Verstärkung oder Abschwächung bestimmter konnektionistischer Muster und damit Realisierungstendenzen.

[274] Beispielsweise haben sich trotz der zunehmenden Bedeutung und des großen Potenzials rechnerbasierter Simulationen für die Entwicklung von Wissenschaft, Wirtschaft, Politik und Gesellschaft, die Kurrikula in Forschung und Lehre nicht adäquat mitentwickelt.

Kognition ein Phänomen bleibt, erscheint die Intensivierung eines *epistemologischen Inflationismus*, also das Vertreten eines Funktionalismus, Konstruktivismus und damit Reduktionismus, angebracht, da dieser im Gegensatz zu einem *epistemologischen Deflationismus*, die Kognition als phänomenales Erkenntnisobjekt akzeptiert. Damit wird einem *epistemologischen Mystizismus*, der die Meinung vertritt, dass das Rätsel der Kognition grundsätzlich unlösbar sei und dies damit begründet, dass eine Kognition sich niemals vollständig begreifen kann, vorläufig, aber vehement widersprochen.

Um diesem Widerspruch wissenschaftlich gerecht zu werden, gestaltet sich die Entwicklung einer artifiziellen Kognition als ein hochgradig interdisziplinäres Vorhaben, das von der Philosophie, der Medizin über die Neurophysiologie und -pathologie zur Psychiatrie, von der Zellbiologie zur Neurobiologie oder Neurologie, von der Mikrobiologie zur Biochemie, von der Verhaltensbiologie und -psychologie über die Kognitionsforschung zur Neuroinformatik reicht. Die Disparatheit der zur Sprache kommenden Teildisziplinen zeigt sich auch daran, wie die Erkenntnisse als Ergebnistypen im Verlauf der Arbeit benannt werden. Die Spanne umfasst Fälle, Phänomene und Evidenzen. Gerade in der Phase der Validierung mit ihren Fällen und Phänomenen zeigen sich Evidenzen, womit empirische Beweise oder Belege gemeint sind, die die theoretischen Hypothesen unterstützen. So war in den frühen Kapiteln dieser Arbeit vorwiegend dort von Phänomenen der Kognition die Rede, wo es um die qualitativen Aspekte von Kognition und deren Eigenschaften geht. Sobald die Technologisierung greift und präzise quantitative Aussagen liefert, werden eher Effekte und Evidenzen des Kognitiven konstatiert. Effekte dieses Kognitiven sind demnach dann solche Phänomene, die sich unter spezifischen Bedingungen einstellen und sich oft theoretisch als Ereignisse vorhersagen lassen. Evidenzen sind hingegen klare simulative Belege für bestimmte Effekte. Demnach sind die Phänomene des Kognitiven anfänglich das, wofür noch keine Theorie vorliegt. Sie sind das, was sich zwar schon als stabile, gesetzmäßige Erscheinung zeigt, was aber noch der Erklärung harrt. Wissenschaftsphilosophisch sind Phänomene die Explananda von Theorien.[275] Umgekehrt sind Evidenzen die signifikanten Signale oder

---

[275] In der Philosophie und dort in der Logik ist ein Explanandum ein Satz, der zwar das zu Erklärende umschreibt, aber nicht das Phänomen selbst beschreibt. Es ist damit das

simulativen Resultate, an denen sich eine Theorie der Kognition bestätigt. Wiederum aus wissenschaftsphilosophischer Sicht sind das die Bewährungsinstanzen für Theorien. Die Rede von Phänomenen, Effekten und Evidenzen spiegelt sich auch in den verfolgten top-down-Ansätze und bottum-up-Ansätze der Entwicklung wieder. Phänomene der Kognition sind die Explananda, die der wissenschaftlichen Erklärung in top-down-Richtung harren. Effekte werden bottom-up als Wirkungen einer bestimmten Ursache vorhergesagt. Evidenzen wiederum bestätigen eine Theorie in top-down-Richtung, von den beobachteten Phänomenen hinab zu den Ursachen der Kognition.

6.2   Kognitive Kybernetik als Plädoyer

Die Entwicklungen an der artifiziellen Kognition werden weiter gehen und die Teilbereiche der an dieser Entwicklung beteiligten Wissenschaftsdisziplinen werden wie bisher Kooperationen eingehen, um, so die Befürchtung, nach Erfüllung der Mission dann wieder auseinanderzugehen. Die Lösungen werden jedoch bleiben, in ihren nichtlinearen, funktionalen Wechselwirkungen spürbar sein, Entscheidungen treffen, antizipieren, lernfähig, adaptiv, sich selbst decodieren, um somit ihren programmtechnischen Rahmen autonom zu verlassen. Diese kognitiven Systeme sind nicht mehr mit den herkömmlichen Techniken und Methoden zu entwickeln und noch weniger können sie durch traditionelle Mechanismen überwacht, gesteuert und kontrolliert werden können. So muss beispielsweise das durch die bisherige funktionale und maschinelle Sicherheit zugesicherte Ideal einer orthogonalen Kontrolle der Wechselwirkungen durch den Konstrukteur zugunsten einer durch die Technologie vermittelnden Ermöglichung von einer allumfassenden Autonomie aufgegeben werden. Dabei müssen diese neuen Wege der funktionalen bzw. maschinellen Sicherheit im Rahmen einer erweiterten Technologiefolgenabschätzung aber im Vorfelde prä technico beschritten werden, um post technico gewappnet zu sein, wenn diese Systeme ihr initiales Verhaltensskelett verlassen, um ihrer formalen Determination zu entkommen.

---

beobachtete Ereignis, das erklärt werden soll, und ist bei einer erfolgreichen Erklärung das Ergebnis des Schlusses aus dem Explanans.

Durch die rasanten Fortschritte im Bereich der Erforschung künstlicher Intelligenz und durch die Verfügbarkeit immer leistungsfähiger Techniken des Cognitive Computing werden immer leistungsfähigere, artifizielle Kognitionen realisierbar, um mit diesen in bisher technologisch unberührte Anwendungsgebiete vor- und damit in angestammte Lebensbereiche einzudringen. Die damit sich ermöglichenden Chancen aber die dadurch implizierten Risiken auf die Menschen und Gesellschaften proklamieren als logische, prädiktive und praktische Konsequenz eine neue Wissenschaftsdisziplin in der Ausprägung einer technologisierten Kognitionswissenschaft und im Namen einer *Kognitiven Kybernetik*.[276]

In der inhaltlichen Ausgestaltung orientiert sich diese Disziplin an den Kompetenzen, die zur Entwicklung einer artifiziellen Kognition und deren nachhaltige Integration in Lebenswelten notwendig sind. So gilt es Themen einer erweiterten und damit reanimierten Kybernetik aufzunehmen, um damit auf Erkenntnisse der Systemtheorie, insbesondere der multimodalen Perzeption, der Selbstbezüglichkeit zwecks Autoregulierung durch kognitive Feedback-Schleifen sowie der interoperativen Affektion, zugreifen zu können.[277] So liegt ein Schwerpunkt der Kybernetik in der intrinsischen, d.h. von innen

---

[276] Die „Kognitive Kybernetik" kann nur dann eine neue und eigenständige Wissenschaft sein, wenn sie über eigene Theoriekerne verfügt, um die herum originäre Aussagesysteme entwickelt werden. Eine bloße Anwendung der Theoriekerne anderer Wissenschaften reicht nicht aus. Diese Forderung wendet sich nicht gegen die Anwendung von Erkenntnissen aus anderen Wissenschaften in der Kognitiven Kybernetik und auch nicht gegen die Entwicklung von Theorien, die auf der Bildung von Analogien zu anderen Untersuchungsobjekten als dem der Kognitionswissenschaft basieren. Hat sich doch gerade die Bildung von Analogien als außerordentlich fruchtbar für die Erkenntnisgewinnung in dem Entwicklungsprojekte herausgestellt. Demzufolge dürften Theoriekerne der Kognitiven Kybernetik zwar Ideen von Theoriekernen der Kognitionswissenschaften und anderer Wissenschaften aufgreifen, sie müssten aber Sachverhalte benennen und darüber Annahmen treffen, die durch die Theoriekerne der tangierten Disziplinen nicht untersucht und erklärt werden können, um eine Eigenständigkeit der Kognitiven Kybernetik als Wissenschaft zu begründen.

[277] Diese Reanimation bezieht sich dabei auf die Erweiterung der Schemata der traditionellen Kybernetik. Dort werden durch Aufrechterhaltung einer intrinsischen Selbstbezüglichkeit eines Systems, das sich iterativ immer wieder selbst abbildet und vollzieht, sich selbst regelnde Auto-Feedback-Schleifen etabliert. Insofern gestalten sich diese traditionellen kybernetischen Regelkreisläufe eher primitiv. Sie sind nicht in der Lage, komplexe Informationen und Ablaufmuster so auf der basalen Ebene zu

her erfolgenden Steuerung, also in der kreativen, adaptiven Selbstorganisation von Grundmustern anstatt externen Kontroll- bzw. Steuermechanismen und damit insgesamt in einer orthogonalen Systemarchitektur. Dieser kybernetische Ansatz ist um eine *Synergetik* zu ergänzen, die als Lehre vom Zusammenwirken von Elementen durch deren Wechselwirkungen, die Initiation und Evolution von Systemen erfasst, um Aspekte der Wechselwirkungen bzw. Emergenz von Strukturen und Prozesse zugänglich zu machen.[278] Dies bedingt die Aufnahme mathematischer Anteile für die Identifikation solcher fundamentalen Grundmuster. Als solche formalisiert die *Mathematik* die Relationen und identifiziert Grundmuster, die sich dynamisch in Form von kognitiven Funktionen und deren Simulationen verwirklichen. Insbesondere sind durch eine solche Mathematik die semantischen Konzepte als formale und formierende Bedingung der Kognition zu entschlüsseln.[279] Zur Entschlüsselung der kognitiven Phänomene und Prozesse der Lebewesen, sowie die daraus resultierenden Eigenschaften und Leistungen erfordern die Beschäftigung mit Themen der Biologie (Bionik), Medizin, Physik und im Falle physiologischer Betrachtungen mit der Chemie. Ausgehend von der Grundannahme, dass sich diese kognitiven Phänomene und kognitiven Funktionen als Berechnungsvorgänge

---

verarbeiten, dass entsprechend komplexe Interoperationen mit der Umgebung ermöglicht werden. Die Systeme der traditionellen Kybernetik sind daher nur beschränkt adaptiv, in gewissen Grenzen lernfähig, teil autonom und daher nicht kognitiv.

[278] Dabei stehen die die gegenseitigen Wechselwirkungen der Systemelemente im Fokus. Jedes der Systemelemente wirkt auf seine ihm eigene spezifische Weise. Zugleich wird das Wirken der einzelnen Systemelemente global (extrinsisch) integriert und von innen heraus (intrinsisch) durch das System gesteuert. Die Vernetzung dieser extrinsischen (holistischen) Integration mit dieser intrinsischen Steuerung und die daraus resultierende Gesamtwirkung werden als Kausalität des Systems aufgefasst. Auch diese synergetische Kausalität bzw. die Kausalität, die in Synergien am Wirken ist, besitzt eine ordnende, formierende, Komponente (Information) sowie eine energetische Komponente (Materie). Die Wechselwirkung energetischer und informationeller Wirkung im Rahmen einer Synergetik vermittelt daher die Zeit.

[279] Erst in der Interoperation als Ein- und Auswirkung gelangt eine artifizielle Kognition zur Wirklichkeit, oder anders ausgedrückt: In der zeitlichen Persistenz und Transformation wird die Subsistenz einer artifiziellen Kognition als Simulation und System vermittelt.

beschreiben und in Algorithmen pressen lassen, müssen Anleihen in der Informatik gemacht werden.

Die Entwicklung artifizieller Kognitionen wird neue Systemhierarchien hervorbringen, die sich nicht mehr nur einfach additiv aus der Summe ihrer Teile zusammensetzen, sondern die sich auch als multiplikative Verknüpfungen der Teile und somit aus deren Produkte generieren.[280] Hierzu gilt es, die Techniken zur Verfügung zu stellen, um die funktionale und prozessuale Ausgestaltung sowohl der Teile als auch das diese tragende Gesamtsystem auf Basis naturanaloger Verfahren des Cognitive Computing implementieren zu können.[281] Im Bereiche des Cognitive Computing wird Grundlagenforschung zu betreiben sein, um sich Erkenntnisse in Bereichen zu erzielen, die sich derzeit einer Durchdringung noch entziehen. So lässt sich beispielsweise ein

---

[280] Um auf diese Weise eine synergetisch-kybernetisch-kognitive System zu modellieren bzw. realisieren, werden die synergetisch-kybernetischen Einzelelemente anhand topologischer Varianten miteinander verbunden, spezifisch gewichtet, mit kognitiven Fähigkeiten ausgestattet und individuell adressiert. Letzteres ist notwendig, damit sich jedes autonome Element funktional transformieren, neue Funktionen übernehmen und sich eigeninitiativ im Verband umgruppieren übernehmen kann. Die Interoperationen erfolgen quasi-parallel, sodass die Zustandsänderung eines fernen Elements quasi-instantan einen Effekt auf den Zustand eines anderen Elements hat. Damit wird gewährleistet, dass nicht nur die benachbarten Elemente aufeinander wirken wie beim zellulären Automaten, sondern dass Elemente translokal aufeinander ein- und sich auswirken können. Dies bedingt, dass statt einer sequenziellen Verarbeitung von Information über Zustandsänderungen eine hohe Parallelisierung dieser Verarbeitungsprozesse angestrebt werden muss. Auch können die Interoperationen zwischen den Elementen variabel gestaltet werden, so dass dieselben Interoperationen different auf differenzierte Elemente sich räumlich, zeitlich, qualitativ etc. unterschiedlich auswirken können. Die synergetisch-kybernetisch-kognitiv geprägte Wirkung wird damit auf der Ebene des Systems durch lineare und/oder nicht-lineare Wechselwirkungen zwischen den Teilen und deren Verarbeitung von semantischen Konzepten erzielt. Die Wechselwirkungen als Relationen bilden damit die Basis der formalen Beschreibung der Linearität und der Nicht-Linearität, insofern sie Wechselwirkungen auf Basis eingereichter semantische Konzepte (Zeichen, Daten, Informationen, Wissen) verstärken oder abschwächen, und so zur Ausbildung bzw. Ausprägung von konnektionistischen Strukturen führen.

[281]Die Wirkungen einer solchen konnektionistischen Systemhierarchie resultieren somit nicht einfach additiv aus der Summe ihrer Teile, sondern emergieren aus dem multiplikativen Produkt der Teile (Bottom-up), gesteuert durch eine kontrollierte Rückwirkung (Top-down).

konnektionistisches System nicht direkt, sondern nur indirekt anhand seiner Auswirkung erschließen.[282] Es gilt das Phänomen der Kognition, das sich bisher als Emergenz der Mikrozustände (Neuronen) in Abhängigkeit vom Mesozustand (Konnektionismus) als Makrozustand (Kognition) zeigt, durch die Entwicklung eines algorithmischen Fundamentes zu entphänomenalisieren.[283] Insofern ist durch die Aufnahme von *Managementdisziplinen* vorzusehen, um den gesamten Forschungs- und Entwicklungsprozess artifizieller Kognitionen abdecken zu können. Immerhin reicht dieser Prozess von der Theorieentwicklung, Modellbildung, mathematischer Formalisierung, Konstruktion von Algorithmen, Realisierung kognitiver Systeme, Verifikation bzw. Validierung in Anwendungsfällen, Technologiefolgenabschätzung, bis hin zur Beschäftigung mit normativen Aspekten (siehe Abb.6.1).

---

[282] Immerhin verwirklicht sich ein solches konnektionistisches System durch eine Vielzahl von Schichten hindurch. Beispielsweise durch die oberen Schichten, die als Differenzierung des Möglichkeitsraumes in unterschiedliche Bereiche definiert werden können, sowie durch spezifische Schichten des Systems selbst, definiert als tieferliegende Netzschichten, die das Ergebnis einer emergierten Zusammenfassung, Repräsentation und Verarbeitung der semantischen Konzepte einer nächsthöheren Schicht sind.

[283] Entropie ist hier als ein abstraktes Maß in Form einer Kennzahl des Strukturverlustes, der Auflösung von Prozessen, der Zunahme an zufälliger Bestimmung anstatt einer Selbstbestimmung, des Zerfalls der Systemstabilität und als Wärmeverlust zu verstehen. Insofern Struktur, Prozess bzw. Form verloren geht, büßt das System auch Information ein und dies unabhängig davon, was man unter Information versteht. Entropie ist damit ein Maß für die Menge von verloren gegangene, unbekannte und damit der logarithmische Kehrwert der Information.

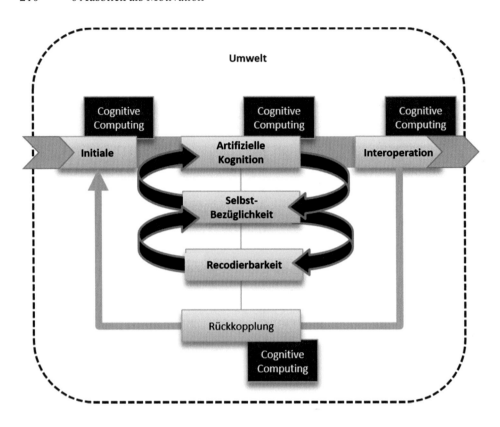

Abbildung 6.1: Kognitive Kybernetik und Cognitive Computing[284]

---

[284] Im Rahmen der Kognitiven Kybernetik stellen die semantischen Konzepte als Initiale
und die Interoperationen als Affektionen die formalen Ein- und Ausgabeelemente dar.
Ferner beinhaltet das Modell ein kognitives Element zur Verarbeitung und Erzeugung
nicht-linearer Wechselwirkungen sowie ein deterministisches Element, indem im
Rahmen der Algorithmisierung die strikte Befolgung basaler Notationen und Regeln
einer Programmiersprache die Vitalkonstruktion bedingen. So äußert sich die Nicht-
Linearität sich in den Differenzen zwischen Input und Output und bringt eine gewisse
Transformation in und durch die Wechselwirkung zum Ausdruck. Insofern bezieht sich
Nicht-Linearität auf den Prozess der Wechselwirkung. Zusätzlich kommen die
Entwicklung einer kybernetischen Selbstbezüglichkeit und die Ermöglichung einer
programmiertechnischen Recodierbarkeit hinzu. Sowohl die Rückkopplung aus der
Umwelt als auch die Selbstorganisation der Brainware als artifizielle Kognition kann
sich nicht-linear und damit jenseits von progammiersprachlichen Rekurrenzen sich
realisieren. Diese Selbstbezüglichkeit und Selbstorganisation wird durch repetitive und
iterative Zyklen durch eine entsprechende Taktung des Trägersystems realisiert. Diese
Taktung dient der zeitlichen Ordnung und ist ein strukturierender und somit die
Selbstorganisation disponierender Bestandteil des Systems, also das, was das System
zeitlich bewegt. Die Taktung ermöglicht somit die Entwicklung, die Ein- und
Auswirkung und damit die Interoperationen von Systemen auf deren Umwelt. Man

Letzteres zeigt, dass diese Wissenschaftsdisziplin von ihrer Grundorientierung auf praktische Anwendungsfragen ausgerichtet und damit auf die enge Kooperation mit unterschiedlichen Fachdisziplinen angewiesen ist. Erst durch eine Fachgrenzen überschreitende Interdisziplinarität wird die Kompetenz sicher zu stellen sein, die die Entwicklung solcher Systeme erfordern. Neben dieser Sicherstellung von Kompetenz in Bezug auf die Modellierung kognitiver Phänomene und der Realisierung kognitiver Artefakte müssen auch Transferleistungen erfolgen, indem Menschen, Wirtschaft, Politik und Gesellschaft Wirtschaft frühzeitig und damit rechtzeitig auf die Technologiefolgen vorbereitet werden müssen. Es gilt Entwicklungs- mit Anwendungsfragen, Technik- mit Methodenentwicklung, Funktions- mit Maschinensicherheit und Menschen mit Maschinen in einer Lebenswelt nachhaltig zu verschränken. In diesem Sinne markiert die Forderung nach einer solchen transferorientierten Wissenschaftsdisziplin eine *professionssoziologische Wende*.[285] In dieser Wende muss eine Sensibilität für die Grenzen und Risiken solcher neuen ubiquitären Technologien in ihren vielfältigen Funktionszusammenhängen entwickelt werden. So korrespondiert die Entwicklung artifizieller Kognitionen in gewissem Sinne immer mit einer gesellschaftlichen Entwicklung, in der die „Risikogesellschaft" verstärkt ein Bewusstsein ihrer eigenen Komplexität, ihrer Kontingenz und Verletzbarkeit sozusagen mitentwickeln muss. Daher muss die Entwicklung artifizieller Kognitionen eng gekoppelt werden mit der Entwicklung einer wertebasierten Technologiefolgenabschätzung sowie einer gezielten

---

kann davon sprechen, dass die Zeit als Taktgeber die Rolle des Treibers übernimmt, die eine Dynamik, die Adaption, Kreativität, Selbstorganisation und damit die generellen kognitiven Prozesse erst zu ermöglichen. So wie die Zeit ein „Vorher und Nachher" ermöglicht, so ermöglicht der Kognitionsraum die Unterscheidung eines „Hier und Dort". Insgesamt zeigt sich das kognitive Verhalten aufgrund dessen Nicht-Linearität und der Projektion natürlich kognitiver Fähigkeiten und Eigenschaften in deren artifizielles Pendant. Diese Projektion wird dabei durch die Emergenz konnektionistischer Muster realisiert sowie durch die Interoperationen in der Umwelt nachhaltig etabliert.

[285] Eine solche Professionalität realisiert die wissenschaftliche Kompetenz, die den Umgang mit Theorie und den engen Kontakt zum Fachwissen der tangierten Disziplin betrifft und die hermeneutische Kompetenz, aufgrund derer ein bestimmtes Problem verstanden werden kann. Dazu ist wissenschaftliches Wissen allein nicht ausreichend, sondern praktische Erfahrung ist notwendig. Letzteres spiegelt sich auch in dem Kurrikulum des Studienganges der Kognitiven Kybernetik wieder.

Förderung der notwendigen kritischen Kompetenz durch Forschung und Lehre. Insofern gilt es die Entwicklungen von einer systematischen Reflexion seitens der *Sozial-* und *Geisteswissenschaften* begleiten zu lassen. So ist diese Arbeit in einer Zeit entstanden, in der einige Wissenschaftler behaupten, dass die „Philosophie heute tot ist" (Hawking/2010). Es ist eine Zeit der Digitalisierung und Kognitivierung der Lebenswelt und die aktuelle Orientierungs- bzw. Ratlosigkeit der Philosophen in Bezug auf die Erkenntnisse einer technologisierten Kognitionswissenschaft und deren Implikationen auf die Menschen, ihre Arbeit sowie auf die Gesellschaft, gibt der Behauptung irgendwie recht.[286] Viele der gegenwärtigen Philosophen haben nichts mit der Entwicklung der Technologisierung, deren Implikationen und den dadurch veränderten Weltbildern zu tun. In einer solchen Abkehr formuliert die Philosophie immer noch den alten Zusammenhang, dass das „Sein" die Weltanschauungen als Zeitgeist erzeugt. Die Philosophie vertauscht also die Kausalität, indem sie verkennt, dass das „Sein" durch die durch die Koexistenz von Mensch und Maschine sich auflösenden Menschenbilder, durch die visualisierten und technologisierten Weltanschauungen bzw. durch den Technologie-süchtigen Zeitgeist zu einem bestimmten Zeitpunkt geprägt wird. Viele Akteure sind heute mit der Entwicklung artifizieller Intelligenzen beschäftigt, noch mehr Menschen damit direkt konfrontiert, aber sie erwarten derzeit keinerlei Hilfe von den Philosophen, weil seit mindestens 50 Jahren die Lücke zwischen der technologisierten Wissenschaft und der Philosophie nicht geschlossen werden konnte. Diese Lücke beruht sicherlich auf dem exponentiellen Wissenswachstum in den einzelnen Wissenschaftsdisziplinen und der damit einhergehenden Entschuldigung, dass sich dieses notwendige Wissen zur Reflexion nicht immer im vollen Umfang aneignen lässt. Diese Lücke gilt es durch die Aufnahme von Themen der *Philosophie* in den Kanon der Wissenschaftsdisziplinen zu schließen.[287] Die

---

[286] Die Philosophie versteht in der Regel immer noch zu wenig von der Kognitionswissenschaft und der naturwissenschaftlichen Sprache, um die tatsächliche Erklärung der natürlichen Kognition zu verstehen, geschweige denn die Entwicklung einer artifiziellen Kognition nachvollziehen zu können. Allerdings ist auch bis zum Abschluss dieser Arbeit der Kognitionswissenschaft und dort speziell der Neurowissenschaft auch noch nicht gelungen, das kognitive Phänomen eindeutig auf einen Konnektionismus und dort auf neuronale Vernetzungsprozesse zu reduzieren.

[287] Insofern kann die Fragestellung von der KI-Konferenz am 20. und 21. Februar in Darmstadt, ob in Zukunft die konjunktive Sichtweise „Philosophie und Künstliche Intelligenz" zugunsten einer adjektivierenden Behandlung "Philosophie der

Wissenschaftsphilosophie, als ein Teil dieser Philosophie muss in Form einer analytischen Abdeckung als integrierter Bestandteil des Wissenschaftssystems sozusagen von innen heraus die Grundlage dafür bilden, wissenschaftliche Aussagen artikulieren und bewerten zu können. Daneben gilt es sich konsequenterweise auch mit der Nicht-Wissenschaft, mit der Ideologie und mit der politischen und gesellschaftlichen Praxis auseinanderzusetzen und dort einen normativen Anspruch im Rahmen einer Kommunikations- und Transformationsfunktion zu erfüllen. Damit ist zunächst der Kanon der Disziplinen formuliert, der die technologische Entwicklung und den nachhaltigen Einsatz artifizieller Kognitionen wissenschaftlich umrahmt (siehe Abb.6.2).

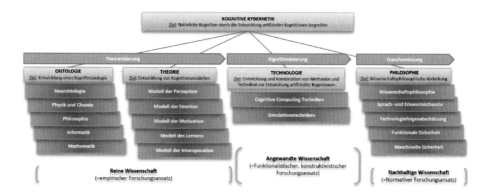

Abbildung 6.2: Kognitive Kybernetik als Wissenschaftssystem

Disziplinär so ausgestattet kann die Kognitive Kybernetik als eine inter- und transdisziplinäre Wissenschaftsdisziplin verstanden werden, die als konzeptionelle Erweiterung einer reanimierten Kybernetik und als realisierungskompetente Ergänzung einer technologisierten Kognitionswissenschaft die Kognitivierung von technischen Systemen (Soft-, Hard-, Brainware, Maschinen, Anlagen) sowie soziotechnologischen

---

Künstlichen Intelligenz" aufgegeben werden muss, mit einer weiteren Provokation begegnet werden. Es wird in Zukunft eher eine multiplikative Verknüpfung der Form „Philosophie mal Künstliche Intelligenz" notwendig sein, will eine Philosophie im Zeitalter der Technologisierung und Kognitivierung nicht ihre Daseinsberechtigung einbüßen. So wie die Philosophie mit technologischem Verständnis auf die Künstliche Intelligenz zugehen muss, so muss sich die Künstliche Intelligenz einer wissenschaftsphilosophischen Abdeckung eben philosophisch öffnen.

Systemen (Organismen, Organisationen) zum Ziel hat. Hierzu betreibt die Kognitive Kybernetik zum einen Grundlagen-als auch Anwendungsforschung zur kognitiven Ausgestaltung von Systemen auf Basis von naturanalogen Kognitionsmodellen und deren funktionalen, prozessualen Ausimplementierung mittels Cognitive Computing Techniken auf Basis leichtgewichtiger Trägerarchitekturen. Flankierend entwickelt die Kognitive Kybernetik geeignete Methoden als praktische Vorgehensmodelle zur agilen Entwicklung solcher kognitiven Lösungen als auch schlanke Managementansätze zur sicheren Realisierung solcher Projekte bzw. zum nahhaltigen Betrieb solcher Systemlösungen. Durchdrungen wird die Kognitive Kybernetik zum einen durch eine wissenschaftsphilosophische Abdeckung und zum anderen durch eine durch die funktionale und maschinelle Sicherheit erweiterte Technologiefolgenabschätzung.

Thematisch so gefüllt, wird sich die Entwicklung und Etablierung der Kognitiven Kybernetik als Wissenschaftssystem bezüglich ihres Reifegrades in verschiedene Phasen wie die der Initialisierung, Etablierung und Konsolidierung unterteilen. Die Einführung im Rahmen der *Initialisierung* wird sicherlich recht eruptiv und konflikthaltig verlaufen. Dies ist jedoch nicht erstaunlich, sondern wird sogar erwartet, da die Kognitive Kybernetik etliche Grundprinzipien der bis dahin dominierenden Forschungsfelder und Theorieansätze bis hin zum Wissenschaftsverständnis selbst einer grundsätzlichen Kritik unterziehen wird. Die Wissenschaftsdisziplin wird sich auch an ihrer integrativen Leistung messen lassen müssen, indem sie sowohl die die geistes- und kulturwissenschaftlichen Disziplinen als auch die naturwissenschaftlichen Disziplinen in epistemologischen, methodologischen, technischen und damit technologischen Entwicklungen unterstützen will. Insbesondere wird die Kognitive Kybernetik in der traditionellen Kognitionswissenschaft und dort vor allem die Neuroismen durch eigene Beiträge zu bereichern bzw. zu korrigieren versuchen, ohne sich aber zum dominierenden Paradigma oder Ansatz zu erheben.[288] Dies ist vor dem Hintergrund eines von der Kognitiven Kybernetik selbst geforderten Pluralismus nahezu selbstverständlich. In einer weiteren Phase wird die *Differenzierung* zu anderen Wissenschaftsdisziplinen durch deren Modell

---

[288] Als Paradigma soll hier eine Art Leitfaden, ein Frame, ein Rahmen verstanden werden, und das nicht im Sinne einer fest definierten Axiomatik, sondern eher im Sinne eines Leitbegriffs, einer Leitidee.

und Theorie als Epistemologie, Methodik und Technik als Technologie zunehmen, aber gleichzeitig wird die *Diffusion* dieser Ansätze in andere Theorien oder Forschungsfelder nicht abnehmen und dies wird insgesamt zu einer *Konturierung* als daseinsberechtigte Disziplin beitragen.[289] Eine enge Verbindung theoretischer Forschung mit praktischer Anwendung wird für die Kognitive Kybernetik als eine technologisierte Erkenntnistheorie charakteristisch sein. Mit diesem Wesenszug einer technologisierten Erkenntnistheorie ist die kognitive Kybernetik als aktuelle Parawissenschaft eben keine Pseudowissenschaft, sondern eine Art Protowissenschaft, die nicht nur Erkenntnisse und Technologien im Umfeld der Kognition entwickelt, sondern sich mit und in dieser Entwicklung- als Erkenntnispfad auch solche Fragestellungen untersucht, die andere noch nicht untersuchen oder untersucht haben, weil sie unter anderem nicht in die traditionellen Erkenntnismuster passen.

---

[289] Zumal sich in der Diffusion disziplinärer Gedanken in andere Theorien und Forschungsfelder die Fruchtbarkeit oder Viabilität eines Ansatzes widerspiegeln. Allerdings besteht dann die Gefahr der Verwässerung, vor allem der epistemologischen Grundlagen. Die Auflösung dieses Dilemmata kann nur darin bestehen, sich ständig weiterzuentwickeln, weitere Anwendungsgebiete zu suchen, die Praxis als Viabilität zu nutzen, die Nähe mit anderen Ansätzen auszuhalten, um sich durch die Differenz zu ihnen gleichermaßen einerseits inspirieren zu lassen und andererseits sich an der Differenz zu ihnen in der eigenen Logik zu schärfen.

Epilog

Diese Arbeit folgte von ihrer Struktur her dem prozesshaften Ablauf der Entwicklung einer artifiziellen Kognition und begleitete dabei wissenschaftsphilosophisch die Phasen der Initialisierung, Konzeptionalisierung, Formalisierung, Implementierung, Validierung bis hin zur Realisierung. Sie endet aus historischer Perspektive noch rechtzeitig, weil in einer Zeit des Hypes rund um die Künstliche Intelligenz. So bringt das dritte Jahrtausend derzeit durch die drastische Verkürzung der Innovationszyklen bedingt, Technologien hervor, die den Bau kognitiver Lösungen nun nicht mehr nur möglich erscheinen lassen, sondern die diese Lösungen in einer hierzu nicht immer vorbereiteten Lebenswelt zum Einsatz bringen und damit den Menschen darin nicht selten aufzwingen. So ist der Mensch bereits heute nicht nur von lernfähigen Staubsaugerrobotern, autonomen Autos, sprachfähigen Avataren und prädiktiven Entscheidungssystemen umgeben. Vielmehr sieht er sich zum anderen einer multimedialen Omnipräsenz von Neuroismen oder künstlichen Intelligismen ausgesetzt, die sich auf der angeblichen Grundlage der Hirnforschung als Neuroökonomik, Neuromarketing, Neuropädagogik, Neurojura, Neurotheologie, Neuroanthropologie, Neuroästhetik, Neurokapitalismus usw. im Alltag breitmachen.

Diese Arbeit endet rhetorisch damit nicht mit der eingangs gestellten Frage nach dem Wesen der natürlichen Kognition, dies scheint weitestgehend durch Algorithmisierung einer artifiziellen Kognition geklärt. Bei dieser Klärung hat sich ein Funktionalismus, Konstruktivismus als Reduktionismus bewährt. Letzterer trägt die Auffassung, dass die Neurone Strukturen sind, die aus vielen Millionen von Atomen bestehen. Auch die Wissenslücken bezüglich dieser Neurone auf der untersten physikalischen Ebene erscheinen weitgehend irrelevant für die Entwicklung einer artifiziellen Kognition. So lassen sich alle derzeit bekannten Vorgänge bei der Signalübertragung innerhalb und zwischen Neuronen mit den Vorstellungen der klassischen Physik beschreiben. Auch kann man davon ausgehen, dass mögliche indeterminierte Quanteffekte bei neuronalen Prozessen keine Rolle für die Entwicklung spielen.[290] Die basale Erkenntnis, dass die

---

[290] Jeder indeterminierte Prozess wäre per Definition zufällig, da in determinierten Prozessen gemäß dem Kausalprinzip das Ergebnis des Prozesses durch die vorangegangenen Bedingungen des Prozesses determiniert wird. Alle Ursachen zeigen

natürliche Kognition und das darin verortete Bewusstsein, die Wirkung von Sprache-repräsentierenden neuronalen Netzwerke sind, wird also von der Unwissenheit über die genauen Strukturen der materiellen Ebene nicht berührt. Insofern hat sich diese anfangs so unschuldig anmutende Ausgangsfragestellung im Verlauf dieser Arbeit wie von selbst gewandelt, weil verengt, indem man nicht mehr danach fragen muss, wie man solche Systeme technologisch entwickeln kann, um diese in angemessener Weise im Alltag einzusetzen, weil erstere erfolgt und letzteres bereits geschieht. Vielmehr sieht man sich mit der eher philosophischen Frage konfrontiert, wie die nicht mehr zu verhindernde Koexistenz funktional, prozessual, technologisch und damit artifiziell auszugestalten ist, um diese Koexistenz natürlich-menschlich aushalten zu können. Vielleicht zeigt sich gerade in dieser letzten Frage ein wesentliches Herausstellungsmerkmal dieser Arbeit, indem in dieser Auseinandersetzung eine neue Art des Fragens nach dem Wesen der natürlichen Kognition entwickelt, Antworten in dem Vorhaben der Realisierung einer artifiziellen Kognition gefunden, die dadurch nicht zu vermeidenden Irritationen und Provokation ausgehalten und das Aufzeigen der Implikationen auf das Menschenbild nicht ausgelassen, weil gefürchtet wurde. Bisher unterstellt, weil lange nicht oder nur unterschwellig gestellt, bricht die grundlegende Frage durch, was es heißt, (noch) ein Mensch zu sein. Am Ende dieser Arbeit und sozusagen retroperspektivisch erscheint die Beantwortung dieser Frage selbst als ein Entwicklungsprozess, in den man dann immer schon technologisch aber auch persönlich verwickelt ist. Die Philosophie und die Wissenschaftsphilosophie im Allgemeinen bleiben nach wie vor gefordert, eine sich neu aufzustellende Existenzphilosophie im Speziellen wird hiermit aufgefordert, sich bezüglich der Technologisierung der Wissenschaft und der Lebenswelten zu positionieren. Nicht zuletzt deshalb, da erstmals in der Geschichte dieses Planeten und seiner Menschen damit begonnen wird, dass durch die Entwicklung artifizieller Kognitionen die natürlichen Kognitionen nicht nur beginnen, sich selbst zu „begreifen", sondern durch Implantierung solcher Technologien in sich „hineinzugreifen". Vielleicht ist diese abnehmende

---

eine bestimmte Wirkung, diese Wirkungen repräsentieren dann das Ergebnis des Prozesses. In indeterminierten Prozessen wäre dieses strenge Kausalprinzip verletzt. Dam man davon ausgehen muss, dass bei jeder neuronalen Vernetzung eine Vielzahl von Neuronen beteiligt ist, wird auch ein möglicher Quantenindeterminismus statistisch weg gemittelt.

Koexistenz von Mensch und Maschine zu Gunsten einer Vermischung von Menschen durch Maschine nur die praktische und evolutionäre Konsequenz der Tatsache, dass sich die Menschen mit ihrer natürlichen Kognition in der Bewältigung von existenziellen Problemen (Klima, Ernährung, Weltgemeinschaft, etc.) derzeit nicht gerade mit Ruhm bekleckern. Vielleicht liegt die Lösung in einer synergetischen Konvergenz einer natürlichen Kognition mit deren evolutionärem Entwicklungsprinzip der Energieeffizienz mit einer artifiziellen Kognition mit deren technologischem Entwicklungsprinzip der Verarbeitungsgeschwindigkeit, Verarbeitungskapazität und damit der Verarbeitungsmöglichkeit semantischer Konzepte. Die natürlichen Kognitionen scheinen die Folgen dieser synergetischen Entwicklung derzeit noch nicht absehen zu können. Vielleicht besteht aber auch hier die Chance auf eine Prädiktion und rechtzeitige Intervention in der Dialektik von natürlicher Kognition als Phänomen und der artifiziellen Kognition als Artefakt im Dienste eines „Begreifnis" von Kognition, womit sich der Kreis in Form einer ontologischen Reduktion, technologischen Konstruktion, funktionalen Simulation und damit epistemologischen Dekonstruktion von Kognition schließt.[291]

---

[291] Eigentlich folgt man damit einer alten Ingenieursweisheit, der zufolge man eigentlich nur das richtig versteht, was man auch bauen kann.

Literatur

Ayer, A. (1956): The Problem of Knowledge, Harmondsworth.

Balashov, Y. & Rosenberg, A. (Hrsg.) (2001): Philosophy of Science. Contemporary Readings, London: Routledge.

Balsinger, P.W. (1999): Dialogische Theorie? - Methodische Konzeption! in: Ethik und Sozialwissenschaften 4, 1999, S. 602-603.

Barr A., Feigenbaum E.A. (1982): The Handbook of Artificial Intelligence. 3 Bde. London.

Bateson, Gregory (1972): Steps to the Ecology of Mind. Collected Essay in Anthropology, Psychiatry, Evolution and Epistemology. Northvale/London; Jason Aronson.

Balzer, W. & Manhart, K. (2014). Scientific Processes and Social Processes. Erkenntnis, 79 (S8), 1393–1412.

Bedau, M. 1997: Emergent models of supple dynamics in life and mind. In: Brain and Cognition 34, S. 5-27.

Beer, R (1995): A dynamical systems perspective on agent environment interaction. Artificial Intelligence 72, S. 173-215.

Benjafield John C. (1992): Cognition. Engelwood Cliffs.

Bergeron, Vincent/Matthen, Mohan (2008): Assembling the emotions. In: Faucher, Luc/Tapploet, Chrisine (eds.), The Modulartiy of Emotions. Universitiy of Calgary Press.

Berger, Peter/Thomas Luckmann (1970): Die gesellschaftliche Konstruktion der Wirklichkeit. Frankfurt am Main: Suhrkamp.

Bichard, M.H. (2000): Motivation and Emotion: An Interactive Process Model. In: Ralph D. Ellis & Natika Newton (eds.), The Chaldron of Consciousness: Motivation, Affect and Self-Organization.

Bloor, D. (1991): Knowledge and Social Imagery, Chicago-London, The Univ. of Chicago Press, S.6.

Boden, M. (1988): Computer Models On Mind: Computational Approaches In Theoretical Psychology, Cambrigde University Press.

Boyd R.,/Gasper J./Trout J.D. (Hrsg.) (1991): The Philosophy of Science. Cambridge 1991.

Brendel, K. R. (2010). Parallele oder sequentielle Simulationsmethode? Implementierung und Vergleich anhand eines Multi-Agenten-Modells der Sozialwissenschaft (Informatik, Bd. 88). München: Herbert Utz Verlag.

Bühler, A. (Hrsg): Hermeneutik. Basistexte zur Einführung in die wissenschaftstheoretischen Grundlagen von verstehen und Interpretation. Heidelberg: Synchron.

Cardon, Alain (2006): Artificial consciousness, artificial emotions, and autonomous robots. In Cognitive processing (4), S. 245-267.

Carnap, Rudolf: Scheinprobleme in der Philosophie. Das Fremdpsychische und der Realismusstreit. Berlin-Schlachtensee: Weltkreis-Verlag 1928.

Carnap, R. (1956): The Methodological Character of Theoretical Concepts, in: Feigl, H./Scriven, M. (ed.), Minnesota Studies in the Philosophy of Science Vol. I, Univ. of Minnesota Press, Minneapolis, S. 38-76.

Carrier, M. (2002): Explaining Scientific Progress. Lakatos Methodological Account of Kuhnian Patterns of Theory Change. In: Kampis, Kvasz & Stöltzner (2002), S. 53-71.

Casti, J.L: Would-be worlds. New York. New York, Chichester, Weinheim: Wiley. 1997.

Chalmers, D. J. (1996): The Conscious Mind. Oxford: University Press.

Chalmers, A.F. (2001): Wege der Wissenschaft: Einführung in die Wissenschaftstheorie, 5. Aufl., Berlin u.a. 2001.

Churchland, P. M. (1997): Die Seelenmaschine. Heidelberg: Spektrum Akademischer Verlag

Crick, F., & Koch, C. (1990). Towards a neurobiological theory of consciousness. In Seminars in the Neurosciences (Vol. 2, pp. 263-275). Saunders Scientific Publications.

Dahlberg, Ingetraut (1974): Grundlagen universaler Wissensordnung. Probleme und Möglichkeiten eines universalen Klassifikationssystems des Wissens. Pullach 1974.

Devitt M.: Realism and Truth. Oxford 1984.

Dewey, John (1998): Die Suche nach Gewißheit. Eine Untersuchung des Verhältnisses von Erkenntnis und Handeln. (1029) Frankfurt am Main: Suhrkamp.

Eccles, J. C. (1994): Wie das Selbst sein Gehirn steuert. München: Piper.

Eigen, M., Winkler, R. (1975): Das Spiel, Naturgesetze steuern den Zufall, Pieper, München, Zürich.

Einstein, Albert/Leopold Infeld (1938): The Evolution of Physics. Cambridge: Cambridge Univ. Press.

Flanagan, G. Güzeldere (Hrsg.), The nature of consciousness (S. 755–771). Cambridge: MIT Press.

Fodor, J. A. (1981): Representations. Cambridge: MIT Press.

Fodor, J. A. (1983): The modularity of mind. Cambridge: MIT Press.

Fodor, J.A. (2000): The Mind Doesn't Work That Way: The Scope and Limits of Computational Psychology. MIT Press.

Foerster, Heinz von (1993) : Wissen und Gewissen. Versuch einer Brücke. Frankfurt am Main: Suhrkamp.

Foerster, Heinz von (1966): From Stimulus to Symbol: The Economy of Biological Computation, in: Gyorgy Kepes (Hrsg.), Sign, Image, Symbol, New York, NY: George Braziller, S. 42-61.

Frigg, Roman/Reiss, Julian (2009): The Philosophy of Simulation: Hit New Issue or Same Old Stew, Synthese, Vol. 169- S. 593-613.

Garvin, Paul L. (1970): Cognition. A Multiple View. New York: Spartan.

Gehirn & Geist (2004): Das Manifest. Elf führende Neurowissenschaftler über Gegenwart und Zukunft der Hirnforschung. In: Gehirn & Geist. 6. Jg. H. 4. S. 30–37. URL: http://www.wissenschaft-online.de/artikel/834924. (Abgerufen am 06.1.2017).

Gergen, Kenneth J. (1985): The Social Constructionist Movement in Modern Psychology. In: American Psychologist. 40. Jg. S. 266–275.

von Glasersfeld, Ernst (1987): Siegener Gespräche über Radikalen Konstruktivismus. Ernst von Glasersfeld im Gespräch mit NIKOL (1982, 1984). In: Siegfried J.

Schmidt (Hrsg.): Der Diskurs des Radikalen Konstruktivismus. Frankfurt am Main: Suhrkamp. S. 401–440.

Glasersfeld, Ernst von (1990): Aspects of Constructivism. Vico, Berkeley, Piaget. Paper read at the Conference "Evolution and Cognition – The Heritage of Jean Piaget's Genetic Epistemology", Bergamo, 6–8 October 1990.

Godfrey-Smith, Peter (1986): Complexity and the Function of Mind in nature. Cambridge University Press.

Gramelsberger, Gabriele: Computersimulationen – Neue Instrumente der Wissensproduktion. In: Mayntz, Renate/Neidhardt Friedhelm/Weingart, Peter/Wengenroth, Ulrich (Hrsg.): Wissensproduktion und Wissenstransfer. Wissen im Spannungsfeld von Wissenschaft, Politik und Öffentlichkeit, Bielefeld.

Graßhoff, G., Casties, R & Nickelsen, K. (2000): Zur Theorie des Experiments. Untersuchung am Beispiel der Entdeckung des Harnstoffzyklus. Bern.

Hameroff, S. & Penrose, R. (1996): Orchestrated reduction of quantum coherence in brain microtubules: a model for consciousness? In S.R. Hameroff, A.W.

Kaszniak, A.C. Scott (Hrsg.), Toward a science of consciousness (S. 507–540). Cambridge: MIT Press.

Haugeland, J. (1987): Künstliche Intelligenz – Programmierte Vernunft? Hamburg: McGraw-Hill.

Haun, M. (2010): Behavior modeling with cognitive computing technology, In: Proceedings of the RobTec 2010, S. 85.

Hawkins, Jeff (2004): On Intelligence, mit Sandra Blakeslee, New York: St. Martini's Griffin.

Hempel, C.G. (1977): Aspekte wissenschaftlicher Erklärung, Berlin: de Gruyter.

Hofstätter DR (1991): Gödel, Escher, Bach. Ein Endloses Geflochtenes Band. Deutscher Taschenbuch Verlag, München

Holland, O./Goodman, R. (2003): Robots with internal models: A route to a machine consciousness? In: Journal of Consciousness Studies 10, S. 77-109.

Horst, S. (1999): Symbols and computation: A critique of the comptational theory of mind. In: Minds and machines 9, S. 347-381.

Howes, S./ Anderson, M. G.: Computer simulation in geomorphology. In: M.G. Anderson (Ed.), Modelling Geomorphological Systems. Chichester. Wiley, 1988. S. 421-440.

Hoyningen-Hune, P. (1985): Zu Problemen des Reduktionismus der Biologie. In: Philosopia Naturalis 22, 1985, S. 271-286.

Hume, D. (1973): Ein Traktat über die menschliche Natur (Übersetzung: T Lipps). Hamburg.

Humphreys, Paul: The Philosophical Novelty of Computer Simulation Methods. Synthes, Vol. 169 (3). S. 615-625.

Janich, Peter (2000): Realitätsbezug auf Natur oder Praxis? Zur Konstruktivität des Kulturalismus. In: Hans, Rudi Fischer/Siegfried J. Schmidt, (Hrsg.): Wirklichkeit und Welterzeugung. In memoriam.

Kirsh, David (2009); Problem Solving and Situated Cognition. In Robbins, P./ Aydede, M. (eds), The Cambridge Handbook of Situated Cognition. Cambridge.

Krämer, Sybille (2009): Simulationen und Erkenntnis. Über die Rolle computergenerierter Simulationen in den Wissenschaften.

Krohn, Wolfgang/Küppers, Günter (Hrsg.) (1992.): Emergenz. Die Entstehung von Ordnung,Organisation und Bedeutung. Frankfurt/M.

Krohs, U. (2008): How Digital Computer Simulations Explain Real-World Processes. In: Internal Studies in the philosophy of Science. Vol. 22, No.3. S. 277-292.

Kuznetsov, V. (1997): A Concept and its Structures. The Methodological Analysis. (in russischer Sprache). Kiev: Institute of Philosophy of National Academy of Sciences of Ukraine.

Lewes, G.H. (1879): The study of psychology. Houghton, Boston.

Levy, A. (1979): Basic Set Theory. Berlin: Springer.

Nelson Goodman. Heidelberg: Carl-Auer-Systeme. S. 65–76.

Knorr-Cetins, Karin (1989): Spielarten des Konstruktivismus. Einige Notizen und Anmerkungen. In: Soziale Welt. 1. Jg. H. 2. S. 86-96.

Kuhn, Thomas S. (1973): Die Struktur wissenschaftlicher Revolutionen. Frankfurt am Main: Suhrkamp.

226

Langley, P. W., Simon, H. A., Bradshaw, G. & Zytkow, J. M. (1987). Scientific
     Discovery.

Computational Explorations of the Creative Processes. Cambridge, MA: MIT Press.

Lenhard, Johannes/Küppers, Günther/Shinn, Terry (Hrsg.): Simulation: Pragmatic
     Construction of Reality. Dordrecht.

Lenk, Hans: Das flexible Vielfachwesen: Einführung in die moderne philosophische
     Anthropologie zwischen Bio,- Techno- und Kulturwissenschaften, Weilerswirst
     2010.

Lorenzen, P. (1974): Konstruktive Wissenschaftstheorie, Frankfurt/Main 1974.

Luhmann, Niklas (1990): Soziologische Aufklärung 5. Konstruktivistische Perspektiven.
     Opladen: Westdeutscher Verlag.

Lycan, W. G. (1997): Consciousness as internal monitoring. In N. J. Block, O. J.

Lyre, Holger (2003): Lokale Symmetrien, Unterbestimmtheit und Strukturenrealismus,
     Philosophie und/als Wissenschaft, Proceedings der G. A. P 5, Bielefeld.

Lycan, W. G. (2006): Consciousness and qualia can be reduced. In R. Stainton (Hrsg.),
     Contemporary debates in cognitive science (S. 189–201). Malden: Blackwell.

Mahner M, Bunge M (2000): Philosophische Grundlagen der Biologie. Springer Verlag,
     Berlin.

Manhart, K.: KI-Modelle in den Sozialwissenschaften. München, Wien. Oldenbourg
     Verlag. 1995. Seite 22.

Mainzer, K. (2004): Thinking in Complexity: The Computational Dynamics of Matter,
     Mind, and Mankind. Berlin/Heidelberg/New York.

Marr, D. (1982): Vision: a computational investigation into the human representation and
     processing of visual information. New York: Freeman.

Mastermann, M. (1974): Die Natur eines Paradigmas. In: Imre Lakatos, Alan Musgrave
     (1984), S. 59-88.

Maturana, Huberto R. (1970): Neurophysiology of Cognition. In: Paul L. Garvin (Hrsg.)
     Cognition: A Multiple View. New York/Washington: Spartan. S. 3-23.

Maturana, Humberto R. (1982): Erkennen. Die Organisation und Verkörperung von Wirklichkeit. Ausgewählte Arbeiten zur biologischen Epistemologie. Braunschweig/Wiesbaden: Vieweg.

Maturana, H.R., Varela, F.J. (1987): Der Baum der Erkenntnis - Die biologischen Wurzeln des menschlichen Erkennens, Scherz Verlag, Bern, München, Wien.

McCulloch, Warren S./Walter Pitts (1943): A Logical Calculus of the Ideas Immanent in Nervous Activity. In: Bulletin of Mathematical Biophysics. 5. Jg. S. 115–133.

McDermott, D. (2007): Artificial intelligence and consciousness. In: Philip David Zelazo, Morris Moscovitch & Evan Thompson (eds), The Cambridge Handbook of Consciousness. Cambridge

Mitterer, Josef (1992): Das Jenseits der Philosophie. Wider das dualistische Erkenntnisprinzip. Wien: Passagen.

Mol, Annemarie; Ingunn Mooser; Jeannette Pols; Hrsg. 2010. Care in practice. On tinkering in clinics, homes and farms. Bielefeld: transcript.

Moore, E.E. (1984): Principia Ethica (Übersetzung B. Wieser). Stuttgart.

Mountcastle, Vernon B. (1978): An Organizing Principle for Cerebral Function: The Unit Module and the Distributed System, in: Gerald M. Edelman und Vernon B. Mountcastle, The Mindful Brain: Cortical Organization and the Group-Selective Theory of Higher Brain Function, Einführung von Francis O. Schmitt, Cambridge, MA: MIT Press, S. 7-50.

Müller, G .E. & Pilzecker, A. (1900): Experimentelle Beiträge zur Lehre vom Gedächtnis. Zeitschrift für Psychologie 1, 1–300.

Nelson, R. (1987): Machine models for cognitive science. In Philosophy of Science 54, S. 391-408.

Newell A. (1990.): Unified Theories of Cognition. Harvard University Press. Cambridge, Mass.

Parisi, Domenico (2007): Mental robotics. In: Antonio Chella & Riccardo Manzotti (eds). Artificial Consciousness- Imprint Academic.

Piccinini, G. (2003): Computations and Computers in the Sciences of Mind and Brain. Dissertation. University of Pittsburg.

Piccinini, G. (2007). Connectionist computation. In: Proceedings of the 2007 Internal Joint Conference on neuronal Networks.

Popper, K.R. (1994): Logik der Forschung, 10. Aufl. Tübingen 1994 (9. Aufl. = 1989; 3. Aufl. 1969).

Popper K (1994) Ausgangspunkte – Meine intellektuelle Entwicklung. Hoffmann & Campe, Hamburg.

Putnam, H. (1962): What Theories are Not, in: Nagel, E./Suppes, P./Tarski, A. (ed.), Logic, Methodology and Philosophy of Science (Proceedings of the 1960 Congress), Stanford Univ. Press, 240-251.

Raichle, Marcus E. (2009): Kognitive Aspekte des Schreibens (Schriften der Philosophisch-historischen Klasse der Heidelberger Akademie der Wissenschaften, Bd. 14), Heidelberg: Universitätsverlag C. Winter)

Ramachandran, Vilayanur, Blakeslee (1998): Die blinde Frau, die sehen kann: Rätselhafte Phänomene unseres Bewusstseins, übersetzt von Hainer Kober, Vorwort von Oliver Sacks, Reinbek bei Hamburg: Rowohlt, 2001.

Reich, Kersten (1998): Die Ordnung der Blicke. Bd. 1: Beobachtung und die Unschärfen der Erkenntnis; Bd. 2: Beziehungen und Lebenswelt. Neuwied/Kriftel: Luchterhand.

Reich, Kersten (2009a): Die Ordnung der Blicke. Bd. 1: Beobachtung und die Unschärfen der Erkenntnis; Bd. 2: Beziehungen und Lebenswelt. 2., überarb. Aufl. Neuwied/Kriftel: Luchterhand. URL: http://www.uni-koeln.de/hf/konstrukt/reich_works/buecher/ ordnung/index.html. (Abgerufen am 09.1.2017).

Rosenthal, D. (2005): Consciousness and Mind. Oxford: Clarendon Press.

Rorty, Richard (1981): Der Spiegel der Natur. Eine Kritik der Philosophie. Frankfurt am Main: Suhrkamp.

Roth, Gerhard/Helmut Schwegler (1991): Kognitive Referenz und Selbstreferentialität des Gehirns. Ein Beitrag zur Klärung des Verhältnisses zwischen Erkenntnistheorie und Hirnforschung. (Arbeitspapier, Univ. Bremen).

Roth, Gerhard (1994): Braucht die Hirnforschung die Philosophie? In: Juttta Fedrowitz/Dirk Matejovski/Gerd Kaiser (Hrsg.): Neuroworlds. Gehirn-Geist-Kultur. Frankfurt am Main/New York: Campus. S. 81-92.

Roth, Gerhard (1995): Das Gehirn und seine Wirklichkeit, 3. Aufl., Frankfurt/Main 1995.

Roth G, Wullimann MF (1996) Evolution der Nervensysteme und der Sinnesorgane. In: Dudel J, Menzel R, Schmidt RF (Eds) Neurowissenschaft. Vom Molekül zur Kognition. Springer Verlag, Berlin, Heidelberg, New York, pp 1–31.

Roth, Gerhard (1997): Das Gehirn und seine Wirklichkeit: Kognitive Neurobiologie und ihre philosophischen Konsequenzen, Frankfurt am Main: Suhrkamp.

Roth, G. (2003): Fühlen, Denken, Handeln. Wie das Gehirn unser Verhalten steuert. Frankfurt a.M.: Suhrkamp.

Ruß, H. G. (2004): Wissenschaftstheorie, Erkenntnistheorie und die Suche nach Wahrheit: Eine Einführung, Stuttgart 2004.

Sander F (1928) Experimentelle Ergebnisse der Gestaltpsychologie. In: Becher E (Ed) 10. Kongressbericht experimentelle Psychologie. Fischer, Jena

Sacks, Oliver (1985): Der Mann, der seine Frau mit einem Hut verwechselte, übersetzt von Dirk van Gunsteren, Reinbek bei Hamburg: Rowohlt, 1989.

Schischkoff, G. (Hrsg.) (1978): Philosophisches Wörterbuch, Stuttgart, Kröner, S. 693.

Schurz, G. (1983): Wissenschaftliche Erklärung. Ansätze zu einer logisch-pragmatischen Wissenschaftstheorie. dbv Verlag für die TU Graz.

Schurz, G. (Hrsg.) (2001): Erklären und Verstehen in der Wissenschaft, Wien-München.

Searle, J. R. (1986): Geist, Hirn und Wissenschaft. Frankfurt am Main.

Searle, J. R. (1992): The rediscovery of the mind. Cambridge: MIT Press.

Searle, J. R. (1999): The Mystery of Consciousness. London: Granta Books.

Schmidt, Siegfried J. (Hrsg.) (1987): Der Diskurs des Radikalen Konstruktivismus. Frankfurt am Main: Suhrkamp.

Schülein, J.A. (2002): Autopoietische Realität und konnotative Theorie. Über Balanceprobleme sozialwissenschaftlichen Erkennens, Weilerwist, Velbrück, S. 139.

Singer, Wolf (2002): Der Beobachter im Gehirn: Essays zur Hirnforschung, Frankfurt am Main: Suhrkamp.

Singer, R.; Willimczik, K. (Hrsg.) 2002: Sozialwissenschaftliche Forschungsmethoden in der Sportwissenschaft: Eine Einführung, Hamburg 2002.

230

Sneed, J. (1971), The Logical Structure of Mathematical Physics, Reidel, Dordrecht.

Sokolowski, J./Banks, C.M.: Principles of Modeling and Simulation. A Multidisciplinary Approach. Hoboken.

Spencer-Brown, George (1997): Laws of Form. Gesetze der Form. (1969) Lübeck: Joh. Bohmeier.

Sperry, R.W. (1986): Discussion: Macro- versus Micro-Determinism. In: Philosophy of Science 53, S. 265-270.

Stegmüller, W. (1970): Probleme und Resultate der Wissenschaftstheorie und Analytischen Philosophie, Band II, 1. Halbband (Teil C), Springer, Berlin. (1973): Band II, 2. Halbband (Teil D), Springer, Berlin. (1986): Band II, 3. Halbband, Springer, Berlin.

Stegmüller W (1973): Unvollständigkeit und Unentscheidbarkeit. Die metamathematischen Resultate von Goedel, Church, Kleene, Rosser und ihre erkenntnistheoretische Bedeutung. Springer, Wien

Stephan, A. (1999): Emergenz. Von der Unvorhersagbarkeit zur Selbstorganisation. Dresden: Dresden University Press.

Turing, A. M (1950): Computing machinery and intelligence. Mind, LIX(236), 433–460.

Uttal, R. William (2011), Mind and Brain – A Critical Appraisal of Cognitive Neuroscience, The MIT. S. 271. Press, Cambridge, Massachusetts, London, England

Van Gulick, R. (2004): Higher-order global states (HOGS): an alternative higherorder model of consciousness. In R.J. Gennaro (Hrsg.), Higher-order theories of consciousness: an anthology (S. 67–92). Herndon: John Benjamins Publishing.

Varela, F.J. (1990): Kognitionswissenschaft - Kognitionstechnik - Eine Skizze aktueller Perspektiven, surkamp taschenbuch wissenschaft, Frankfurt a.M.

Varela, Francisco J., Jean-Philippe Lachaux, Eugenio Rodriguez und Jacques Martinerie (2001): The Brainweb: Phase Synchronization and Large-Scale Integration, Nature Reviews Neuroscience 2, S. 229-239.

Von Foerster, Heinz; Bernhard Pörksen. 2006. Wahrheit ist die Erfindung eines Lügners. Gespräche für Skeptiker. Heidelberg: Carl-Auer-Systeme-Verl.

Weber, Stefan (2002): Konstruktivismus und Non-Dualismus, Systemtheorie und Distinktionstheorie. In: Armin Scholl (Hrsg.): Systemtheorie und

Konstruktivismus in der Kommunikationswissenschaft. Konstanz: UVK. S. 21-36.

Weiller Cornelius (1999): Funktionelle Bildgebung in der Neurologie, in: Deutsches Ärzteblatt 96/26, S. A-1772-1778.

Weingart, P. (2001): Die Stunde der Wahrheit? Zum Verhältnis der Wissenschaft zu Politik, Wirtschaft und Medien in der Wissensgesellschaft, Weilerswist, Velbrück, S. 75-76.

Weiß, Martin G. (2011): Verstehen wir, was wir herstellen können? Martin Heidegger und die Synthetische Biologie. In Was ist Leben – im Zeitalter technischer Machbarkeit? Beiträge zur Ethik der Synthetischen Biologie (Lebenswissenschaften im Dialog). Bd. 11. Hrsg. P. Dabrock, 173-196. Freiburg: Alber

Wiener, Norbert (1948): Cybernetics or Control and Communication in the Animal and the Machine. New York: Wiley.

Winograd, T. Flores, F. (1989): Erkenntnis, Maschinen, Verstehen - Zur Neugestaltung von Computersystemen, Rothbuch Verlag, Berlin.

Wittgenstein L (2006): Tractatus logico-philosophicus, Werkausgabe, Bd 1. Suhrkamp, Frankfurt a. M.

Zima, P.V. (2004): Was ist Theorie? Theoriebegriff und Dialogische Theorie in den Kultur- und Sozialwissenschaften, A. Francke, Tübingen und Bassel, S.20.

Zimmerli W., Wolf Stefan (Hrsg.) (1994): Künstliche Intelligenz. Philosophische Probleme. Stuttgart.

Index

(Re)Engineering, 18

agentenbasierte Ansätze, 113

Agentensysteme, 59, 97, 191

Aggregat, 62

Aggregation, 86, 88

Aktorik, 70, 115, 121, 128, 181

Algorithmisierung, XVII, 9, 21, 24, 26, 27, 38, 72, 76, 90, 112, 132, 133, 142, 147, 148, 152, 154, 160, 163, 164, 168, 177, 179, 180, 181, 182, 193, 199, 201, 210, 217

Amalgamierung, 29

Amygdala, 77, 107

analoge Inferenzmechanismen, 109

Analogie, 62, 76, 84, 138

Analyse, XVI, 18, 24, 85, 86, 87, 130, 133, 176, 180, 199

analytische Identitätstheorie, 184

Anthropologie, 20, 50, 226

Anwendungsgeschichten, 179

Approximationsapparat, 25

Artefakt, XIII, XV, 3, 8, 11, 23, 53, 74, 149, 152, 160, 163, 166, 190, 194, 203, 219

Autologie, 151, 180

autonome Systeme, 56, 96, 97

Autonome Systeme, 111

Autonomic Computing, 94

Autopoiesis, 174

Basalganglien, 41, 78

Beobachterrelativismus, 150

Beobachtungstheorem, 175

Berechenbarkeit, 65, 110, 112, 147, 148, 183, 185

Bidirektionalität, 69

Blaupause, XXIV, 78, 100

blinder Fleck, XVI, XXIII, XXIV, 8, 10, 102, 103, 175

Boolesche Netzwerke, 96, 113

Bottom-up, 14, 166, 172, 186, 208

BrainwareChunkboard, 114

236

Printed in the United States
by Baker & Taylor Publisher Services